数字出版商业模式研究

张　立　汤雪梅　介　晶　等著

中国书籍出版社
China Book Press

图书在版编目（CIP）数据

数字出版商业模式研究／张立，汤雪梅，介晶等著．—北京：中国书籍出版社，2016.3
ISBN 978-7-5068-5390-3

Ⅰ.①数… Ⅱ.①张… Ⅲ.①电子出版物—出版发行—商业模式—研究 Ⅳ.①G237.6

中国版本图书馆 CIP 数据核字（2016）第 023632 号

数字出版商业模式研究

张　立　汤雪梅　介　晶　等　著

责任编辑　吴　琼
责任印制　孙马飞　马　芝
封面设计　北京楠竹文化发展有限公司
出版发行　中国书籍出版社
地　　址　北京市丰台区三路居路 97 号（邮编：100073）
电　　话　（010）52257143（总编室）　（010）52257140（发行部）
电子邮箱　eo@chinabp. com. cn
经　　销　全国新华书店
印　　刷　三河市顺兴印务有限公司
开　　本　787 毫米×1092 毫米　1/16
字　　数　260 千字
印　　张　18
版　　次　2016 年 3 月第 1 版　2016 年 3 月第 1 次印刷
书　　号　ISBN 978-7-5068-5390-3
定　　价　38.00 元

数字出版商业模式研究

主要执笔人：张　立　汤雪梅　介　晶　张凤杰
梁楠楠　张丁南　李　鑫　於　靖
其他参与人员：孔　瑞　李慧娟　姚　飞　杨　雅
张　宁　李云翔　毛湛文　林羽丰
王　斌

序　言

著名管理学大师彼特·德鲁克说过："企业之间的竞争，不是产品之间的竞争，而是商业模式之间的竞争。"当今世界，一家成功的企业，其商业模式必有其独到之处。在市场经济日益成熟的今天，人们越来越发现：企业在产品、技术、服务、管理、人才、品牌等各方面的竞争，多以一种有形的商业模式存在或出现。这种商业模式把企业有形的资源与无形的资源整合起来，赋予企业以特殊的生命力，企业就依靠这个独特商业模式发挥出来的力量，最大限度地合内化外、纵横驰骋。因此，寻找、发现、剖析、创新商业模式，成为当今企业发展中的重要课题。

20 世纪 90 年代后，信息技术日渐普及，数字技术在提高人们体验的同时，也催生了新的商业模式。在新闻出版领域，数字出版作为一种新兴的出版业态，与建构于传统工业化时代、以版权经济为主体的纸质出版商业模式有了极大的不同，探析数字出版的商业模式，建构数字出版产业链间良性互动关系，实现数字出版的价值实现与价值分享，是本书的写作初衷。

目　录

导　论

1. 研究背景

数字出版是传统出版产业在数字化和网络化时代背景下融合而成的新的产业形态，它是数字内容产业的组成部分，也是现代信息服务业的重要组成部分；既有信息化在传统出版业各个环节的渗透、融合的结果，也有网络技术、数字技术带来的出版业态的全新颠覆。

我国数字出版这一概念的使用源自2005年第一届中国数字出版博览会。与国际数字出版进程相比，我国数字出版起步并不算晚，但由于体制、机制等原因，我国数字出版产业的发展还不成熟，造成这种现象的原因是多重的，但传统出版单位的数字化效益低下，投入产出不成比例，适合自身发展的数字出版商业模式一直处于探索中，未能形成有效的带动作用，也是其中一个重要原因。数字技术的发展在提高人们应用体验的同时，也催生了新的商业模式。建立良好的商业模式对数字出版产业稳步发展至关重要，因此加强数字出版商业模式的研究是数字出版研究领域的一个重要内容。

2. 国内外研究现状

（1）商业模式的理论基础

虽然早在20世纪50年代就有人提出了“商业模式”的概念，但直到40年后（二十世纪九十年代），商业模式才被真正重视起来。商业模式的概念化有很多版本。它们之间有着不同程度的相似和差异。一般认为，商业模式就是公司通过什么途径或方式来赚钱。

迄今为止，国外对商业模式比较有代表意义的定义有以下四种：

一是将商业模式描述为企业的经济模式，本质内涵为企业获取利润的逻辑。例如Rappa（2000）[1]认为，商业模式的最根本内涵是企业为了自我维持，也就是赚取利润而经营商业的方法，从而清楚地说明企业如何在价值链上进行定位，并获取利润。

二是把商业模式描述为企业的运营结构，即说明企业通过何种内部业务流程和基本构造设计来创造价值。比如Timmers将商业模式定义为表示产品、服务和信息流的架构，内容包含对不同商业参与主体（business actors）及其

1 Michael Rappa. Business Models on the web [EB/OL]. 2001. http://digital. enterprise org/models/models.html.

作用、潜在利益和获利来源的描述[1]。

三是将商业模式描述为对不同企业战略方向的总体考察，涉及市场主张、竞争优势和可持续性等。比如 Weill 等（2001）把商业模式定义为对企业的顾客、合作伙伴与供货商间关系与角色的描述，目的在于辨认主要产品、信息和资金的流向，明确参与主体能获得的主要利益[2]。

四是从整体上和经济逻辑、运营结构与战略方向三者之间的协同关系上，说明企业商业系统运行的本质。比如 Morris 等（2003）认为商业模式是一种简单的陈述，旨在说明企业如何对战略方向、运营结构和经济逻辑等方面一系列具有内部关联性的变量进行定位和整合，以便在特定的市场中建立竞争优势[3]。

我国学者对商业模式内涵的看法也不尽相同，比较独特的是北大、清华两位学者魏炜、朱武祥的定义：商业模式本质上就是利益相关者的交易结构。完整的商业模式体系包括定位、业务体系、关键资源能力、赢利模式、自由现金流结构和企业价值 6 个部分。

从上述关于商业模式定义的不同描述可以看出，商业模式主要涉及三个方面的问题，即企业的赢利或收入来源，企业内部的业务流程和在识别利益相关者基础之上的外部交易结构，企业的发展战略定位或价值观。

（2）关于出版商业模式的研究

综合中外学者对商业模式的定义，并结合出版业实际，我们认为，出版商业模式是指出版企业在识别读者或客户价值的前提下，构建差异化的内部出版业务流程和外部交易结构，以获得出版企业持续发展所需的收益流和竞争优势，并体现出版企业文化和经济价值的商业运行逻辑。

在现代市场经济条件下，作为生产经营者，出版企业必须从读者或者客户需求出发，设计并提供某种知识、信息产品或服务，供读者或客户购买，并以此获得持续的现金收益，从而体现出版企业独特的社会价值和经济价值。

完整的、有效的出版商业模式是由多个要素构成的统一体系，包括以下几个主要要素：体现出版企业社会价值和市场价值的定位，即出版企业选择做什么，不做什么；出版业务体系和外部交易流程，即根据定位构建内部业

1 Paul Timmers. Businees models for electronic markets [J]. Electronic Markets, 1998, 8(2).

2 Weill, P, and Vitale.M R From Place to space: Migrating to e business models[M]. MA: Harvard Busi-ness School Press, 2001.

3 Michael Morris, Minet Schindebutte, and Jeffrey Allen. The entrepreneur’s business model: Toward a unified perspective [J]. Journal of Business Research, 2005, 58(1).

务环节并识别内部和外部相关利益者；赢利模式，即通过相关利益者分配成本、赚取利润、获得收入的方式。

（3）关于数字出版商业模式的研究

从文献收集方面来看，由于物质和技术条件的限制，能够收集到的国外有关数字出版商业模式的研究不是很多，这里仅仅讨论国内的研究情况。通过对目前国内数字出版商业模式的初步梳理，本书认为：由于数字出版是个新兴的产业，国内对与之有关的商业模式的研究比较少。国内数字出版商业模式研究的目前状况是内容提供商特别是传统出版单位的探索和行动已经开展起来，但是由于缺乏系统成熟的理论指导，收效甚微。从传统出版业转型发展的角度来说，商业是一种方向，它的发展迫切需要我们认真研究整个行业的商业模式问题，但目前有关这方面的研究很少，理论与实践发展极不平衡。

3. 对数字出版商业模式的理解

早期出版社的数字出版是在既有资源里选择优秀作品进行数字化生产，再提供给读者，这与传统出版一样，是一种“先生产后销售”的线性、单向度经营模式。但随着出版市场的发展变革，读者对于信息服务的要求越来越高，传统出版模式已经不能满足今天的需要。内容的信息化和服务的信息化将改变数字资源供应链上的传统分工和角色定位。用户关注的不再是简单的文献、知识获取，而是关注如何从复杂的信息环境当中吸取解决问题的信息内容，并将这些信息动态重组为相应的解决方案。因此，数字出版商业模式与传统出版的商业模式相比，出现了很大变化，出版商发展数字出版，不能仅仅停留在数字化内容的提供上，而是应开始从网络经济的商业模式来建构内容产业。新的角色定位将从根本上改变传统出版的以版权为主的商业模式，具体来说呈现出以下三方面特点：

一是将内容与网络技术深度融合。服务型数字出版的内容展示与传播在很大程度上要依赖网络平台，利用互联网技术特点对内容进行整合是非常重要的一环。数字内容服务应结合网络的互动性、即时性、社区化以及海量存储等特点进行模式创新，设计多样化的增值服务业务架构，建立多元传播格局下的内容与经营模式。

二是变目标驱动型为用户驱动型。传统出版以“内容销售”作为目标，以产品大量销售、获取大规模的复制利润为追求，是一种“以产品为中心”

的经营模式。而服务型数字出版，则以满足“用户需求”为目标，从用户角度出发，内容销售围绕为用户需求提供解决方案而展开，对用户行为记录，进行追踪、分析，提供个性化定制与专属服务，是一种“以人为中心”的经营模式。

三是实现从物理属性到逻辑属性的转换。传统出版是基于文献的物理属性而提供的服务，需要以图书、报刊等有形物而呈现，出版经营实际上是对这些“载体物”的经营，这种实体经济属性带有强烈的工业化时代的产业特点：标准化、规模化和流水线[1]，反观数字出版，其载体形式脱离了“实物”的羁绊，而以“比特流”的形式呈现，从基于物理属性的单向度线性建构变为基于数字内容逻辑属性的多向度建构，内容组合与服务提供更趋立体化，产业特点呈明显的后现代属性：个性化、碎片化和组装性。

4. 研究方法描述

从商业模式的概念引出数字出版商业模式的具体内容，并分别从技术、经营模式和政策条件等方面对数字出版的商业模式进行阐述，并重点研究我国数字出版商业模式在发展过程中所面临的困难及可能的应对措施。

本书主要采用对比研究和案例分析相结合的方法来研究。

首先对出版、数字出版的概念进行了详细界定，从传统出版入手，解析传统出版的商业特性，对传统出版的商业模式进行解析，在这些基础上，对比分析数字出版与传统出版的差异，从社会学和传播学角度分析数字出版商业模式真正本质和规律，最终形成科学的观点和见解；从该观点出发，探讨解决数字出版商业模式面临的问题的方法和对策。

研究一个行业的商业模式，没有一定程度的案例研究是没有说服力的。从方法论的角度来看，在国内，以详尽的案例分析对数字出版进行系统研究的较少，这正是本书所要弥补的空白，也是本书的鲜明特点。课题组使用了包括问卷调查、实地访谈、网络调查和文献调查等一系列方法，用于获取数字出版商业模式的第一手资料和数据。希望通过翔实的一手资料，全面客观地描述我国数字出版商业模式的现状和形成条件，并对国内外成熟的先进的商业模式进行分析研究，最后形成适合我们自己特点的商业模式。

1 凯恩斯总结。

第一章

出版与数字出版概念研究

1.1　什么是出版？

1.1.1　国内外关于出版概念的综述

国内外学者对“出版”有不同的理解，因此也有各自的定义。

美国 1973 年版的《不列颠百科全书》中对“出版”（Publishing）的解释是：对书籍、报纸、杂志、小册子等印刷品的选稿、编辑或发行。在“世界出版史”条目中说：出版涉及印刷品的选择、编辑和销售活动，它从小规模的原始阶段发展成为一个大规模的综合行业，负责推销从最高级到最普通的各种文化资料。

1976 年版的《世界图书百科全书》的解释是：出版就是把富有想象力的人们创作的经过编辑、选择、加工的并由印刷厂印刷的文字、图片公之于众。

1983 年版的《新知识之书》认为：将印刷文字以图书、杂志和报纸的形式供给公众的生意。

英国 1989 年版的《牛津英语大词典》认为：出版是指发行或向公众提供用抄写、印刷或其他方法复印的书籍、地图、版画、照片、歌篇或其他作品。

日本学者认为：出版就是采用印刷术及其他机械的化学的方法，对文稿、图画、照片等著作品进行复制，将其整理成各种出版物的形态，向大众颁布的一系列行为。[1]

上述定义有的侧重出版过程与环节的描述，有的侧重出版物形态，有的侧重出版意义与价值，其中日本学者的定义概念范畴最为全面，但仍不够完整。

国内对于出版的定义有以下几个比较权威的表述：

《实用出版词典》定义为：出版机构有目的地接受来自社会上的各种有价值的信息，经审定和加工整理以后，通过出版生产手段使其附以不同形式的物质载体，再经流通渠道（即发行）传播于社会。

《编辑实用百科全书》定义为：社会上各种作品，包括文稿、图片、信息、音响、录像制品等原件，汇集到出版机构以后，经过审定、选择、编辑和加工，使用一定的物质载体，复制成各种形式的出版物，通过流通渠道传播到全社会。

《辞海》的出版定义是：（1）印刷图书，复制录音、录像盘带，利用微缩技术将书籍、报刊、文章等，复制成微缩胶片，以及利用电子技术制作计算机可读磁带、软磁盘、只读光盘等；（2）泛指出版事业中编辑、印刷、发行

1　中国出版科学研究所 . 编辑实用百科全书 [M]. 北京：中国书籍出版社，1994.

三方面的工作；（3）专指出版社内部负责管理书稿印刷、生产方面的工作。

《中国大百科全书·新闻出版》定义为：出版是通过一定的物质载体，将著作制成各种形式的出版物，以传播科学文化、信息和进行思想交流的一种社会活动。出版通常是指图书报刊的编辑、印刷和发行；广义的出版不仅是指图书报刊，还指录音、录像以及其他文字语言和图像的媒介载体的编辑、印刷、制作和传播。

《新闻出版工作基础知识》定义为：出版机构根据一定的方针和计划，选择、整理人类的思维成果和资料，通过出版生产赋予它们一定的物质形态，然后向社会传播。出版的对象一般是编撰者的著作物，也包括用语言、符号、音响、图像等记载的其他精神产品。

1991 年颁布的《中华人民共和国著作权法实施条例》规定：出版是将作品编辑加工后，经过复制向公众发行。

1.1.2 本研究对出版的定义

综观上述国内外出版定义，可以看出，出版的基本内涵应包括以下三方面内容：①编辑加工：出版是将已有的信息进行选择、编辑等并使之成为出版物的过程；②大量复制：原始信息必须经过一个大量复制的过程，使其形成一定的载体形式，成为出版物；③公开发行：通过一定方式使公众获得这些出版物，也是出版活动不可或缺的重要组成部分。

本书认为，联合国教科文组织在 1952 年讨论通过，1971 年修订出版的《世界版权公约》第 6 条给出版所下的定义更为准确与完整。

它将出版定义为："可供阅读或者通过视觉可以感知的作品，以有形的形式加以复制，并把复制品向公众传播的行为。"

这一定义有四层意思：第一，概念范围界定，可供阅读或者通过视觉可感知的作品，不仅仅包括书报刊，也包括音视频作品；第二，对出版物的形式进行了界定，是指有形作品；第三，从印刷角度对出版进行了界定，指出出版也是一种复制行为；第四，对发行范围进行界定，既面向公众的传播活动。这个定义从作品的范畴、形式、印刷、发行四个维度进行了定义，是较为全面的一个概括。

综上，将上述定义略加修改，即可作为出版的相对完整的定义，即："可供阅读或者通过视觉听觉可以感知的作品，以有形的形式加以复制，并把复制品向公众传播的行为。"这就是本书对出版的定义。

本质上出版就是将内容生产加工后以介质形式公之于众的行为，这里面有四个要素，即内容、生产加工、介质形式、公之于众。这是一个泛出版的定义。

1.2　什么是出版产业?

1.2.1　出版产业的形成

出版发展的历史表明，随着出版技术形态的变化，出版的功能也在发生变化。在漫长的历史长河中，出版基本发挥着知识的储存和传播功能，起到了文化积累的作用，只是到了近代，出版物才像其他文化产品一样逐步变成“工业”，出版的功能也随之得到延伸，成为一种产业。出版从单纯的传播知识到成为工业社会的发展动力之一，再到形成一个独立的产业部门即出版产业，经历了一个漫长的历史过程。

人就其本质而言，是社会的存在物，是各种社会关系的总和。而交往是维系社会关系的最基本的手段。人类的交往离不开信息的交流、传播、互动和存储延续。从现在开始，沿着历史的长河往上追溯，人类在信息的沟通和使用上经历了五次革命：第一次是语言的产生，使人类有了最基本的沟通工具。人类丰富的语言表达方式和交流方式，使人类从动物中提升出来。第二次是文字的产生，有了文字，信息才可以记录下来、保存下来，从而使得信息传递的准确性、延续性有了保障。第三次是印刷技术和造纸技术的发明，前者使人类摆脱了单数次的刻字及书写的困难，具有了可复制性，提高了效率，避免了重复劳动；后者则为信息提供了价格低廉、传递方便的载体。这样，从时间维度上说，人类的知识和信息就可以得到记录、积累和流传；从空间维度上说，印刷术和造纸技术的应用，可以把信息传递到人类所及的任何地方，从而极大地推动了文化的发展和文明的进步。第四次是电在通信中的应用和推广，即电报、电话以及后来的传真、广播、电视的发明，这些发明都在一定程度上克服了传播在时空上的障碍。第五次是计算机技术、通信技术尤其是现代网络技术有机结合而形成的现代信息技术的迅猛发展所引起的交往方式的变革，它完全打破了时空的界限，扩大了人类智力活动的范围，为人类创造能力的发挥提供了广阔的舞台，从而在改变人类的生产方式、生活方式、消费方式、文化艺术活动方式以及受教育方式等方面，使社会有了一种全新的运行方式。

在这五次信息交往的革命中，至少有三次与出版的变革密切相关，从而也形成了出版发展的三个大阶段：第一阶段是文字的产生与书籍的形成阶段；第二阶段是印刷术的应用与出版物大范围传播阶段；第三阶段是互联网迅速普及之后的数字出版阶段。下面主要介绍一下前两个阶段，传统出版产业的形成与发展过程。数字出版放在下一节中详细阐释。

第一阶段与农业社会相适应，是文字的产生和古代书籍出版的形成阶段。

文字产生后，有了创造书籍的基本条件。当人们开始有意识地将文字写在各种各样的材料上，记录事件、总结经验、传播观念、表达思想，并使之传播久远的时候，真正的书籍便出现了。但早期的文字及书籍的最初用途却不是为了传播信息，而是为了记载占卜、宗教仪式以及社会生活中的重大事件，并为上层社会所垄断，即所谓的“学术在官”。到了封建社会初期，“学术在官”的局面才被打破，开始了“学术下移”，而造纸术和印刷术的发明则对“学术下移”起到了加速作用。

在古代中国，自从蔡伦改进造纸术，以及雕版印刷术得到推广后，在以后几百年的实际运用中，人们越来越意识到这两项发明的巨大作用，从而使这样发端于民间的工艺日渐成为人们生活中不可或缺的事物，由于它能在较快的时间内复制大量的图书，使其渐渐进入流通领域，从而使图书具有了商品的性质。从这时起，图书出版才作为社会公共事业，作为一种手工业体系，作为文化的积累手段，从其他门类中独立出来，形成独特的形式、机构、格局和人员建制。当时，从事出版事业的力量来自三个方面：（1）政府出版机构。由于政府有充足的人力、物力、组织等保证，因而用料优、付印快、质量高，成为传统出版的主体。官办出版机构出版的书籍，一为收藏，二为赠送，三为售卖。但售卖的很少，且不以营利为目的。（2）私人自费刻书或集资出版。（3）商办的书坊书肆。书坊刻书在刻书业中出现最早、地域分布最广、刻印数量在社会图书生产总量中所占的比例最大，是图书商品流通的主体。宋代以后图书市场相当活跃，在刻书业发达地区、重要城市和交通要道，都有繁荣的图书市场。刻书业发达地区不仅书肆林立，而且大多开设作坊，雇佣工人，从事印刷，成为兼营制作与售卖的工商联合体。这类书坊具有一定的生产规模，往往子承父业，使出版成为世业，出现了一些出版世家。他们有丰富的经营经验，在市场中有较强的竞争能力。而且，在我国，自宋代以后，在长期的图书交流中还形成了较为完备的工价和图书定价制度。[1]

国外图书史的发展演变历程与此相类似。现存最早的书是一个有关洪水的古巴比伦的迦勒底故事，公元前4000年它被刻在一块泥土上。埃及人用纸

1 韩玉红.论新媒体时代我国图书出版业的发展策略[D].郑州：郑州大学硕士学位论文.2011.

莎草卷来记载文字，形成图书。罗马人的手抄本《圣经》是近代图书形式的起源。他们用纸莎草纸或者羊皮纸或仿羊皮纸作为书写对象，装订成书。英文中“BOOK”一词是从古德语词“BOC”变异而来，意思是“山毛榉”及装订用的木材。最早的图书是宗教书或虔诚的信仰类图书，也有关于巫术、占星术、医药、历史等方面的书籍。在古希腊罗马时期，图书一度较为繁荣，出现了很多私人图书馆，图书贸易也兴盛起来了，甚至出现了书店用招贴画的形式做广告推销图书的行为。到了中世纪，西方的出版业开始走下坡路，出版活动仅仅在寺院中进行。但从 13 世纪以后，由于纸张的使用和眼镜的发明，才使读书和出书的热潮再次兴起。

总之，在农业社会，出版业主要是为宗教、为宫廷、为上层社会的统治、为政治上层建筑服务的，虽然也进行贸易交流，但图书为经济发展所发挥的功能微乎其微。古代社会从未把出版当作一个有影响的、有一定经济规模的行业，出版基本上起到的是教化的作用。

第二阶段与工业社会相适应，是活字印刷技术的应用及其与现代大工业的结合阶段。

15 世纪后，随着古登堡把活字印刷变成实用的技术，印刷和出版进入到一个新的发展时期，书籍印刷很快传遍欧洲，书籍出版成了一个繁荣的行业。随着书籍需求量的增加，出版者、印刷者、售卖者开始有了分工。到了 16 世纪，在意大利的威尼斯、米兰、佛罗伦萨，法国的巴黎，英国的伦敦，德国的莱比锡，奥地利的维也纳以及荷兰的安特卫普等地形成了若干出版中心。但在此期间出版物的主要内容是宗教，如《圣经》、弥撒书和祈祷书等。这种状况到了 18 世纪以后才有所改变，尤其是在大学，传播科学知识成为主要任务，大学师生对书籍的广泛需要使得书籍生产越来越非宗教化。与科学相关的教科书以及学术著作开始涌现。与此同时，知识产权开始受到重视和保护。英国在 1710 年颁布了世界上第一部版权法，“它是通过印刷作者的作品，同时由读者购买其作品，来鼓励学习的法律”。这部版权法试图在作者和读者的利益之间做出界定和平衡，并尽力防止盗版。19 世纪以后，随着工业革命的成果在出版印刷方面的应用和推广，铅字、蒸汽机的使用、机械植字和排版等都极大促进了出版工艺的改进和出版效率的提高，工业革命的另一个结果是使造纸成本下降，这两方面的因素都推动了出版的发展和繁荣。从此开始崛起一大批大型出版公司，如英国的 Thomas Nelson & Son（1798），William Blackwood & Son（1804），Willam Collins & Son（1819）等，其中很多公司一直延续到现在并具有世界性影响。

在第二阶段，出版已经和现代大工业紧密结合在一起，工业革命促进了印刷技术等科学技术及其在出版领域的广泛应用，反过来，出版的发展促进了科学技术的迅速传播，又进一步推动了工业革命的进步。在这一阶段后期，尤其是第二次世界大战之后，出版业的发展异常迅猛，成为成长最快的产业，成了吸引投资者和冒险资本家的行业。随着现代企业制度的兴起和发展，在出版领域也形成了一些和大工业公司规模相当的大出版公司。西方很多大型传媒公司进入了世界500强的行列，并对整个社会的舆论导向产生决定性影响。这样，出版的功能也发生了变化，它不仅起到一种信息传播的功能，而且融入经济生活中，成为现代经济的有机组成部分，从而有了产业的功能。

在工业社会早期，人们通过知识的中介在生产中发挥作用，知识的生产、传播是作为消费品而进入经济活动的，并不能在社会经济活动与社会经济贡献中占据主导地位。在20世纪70年代末，知识经济迅速崛起，相对于工业社会"以物质为基础的经济"而言，"以知识为基础的经济"在经济发展中所起的作用越来越大，西方发达国家开始越来越重视出版产业的发展，出版业已经成为社会经济生活中不可缺少的一个重要产业形态。

1.2.2 出版产业的定义

在当代经济学基本理论中，"产业"既不是微观经济的细胞（企业或个体），也不是宏观经济的单位（国民经济）。无论是在宏观经济理论还是微观经济理论中，都没有给"产业"概念下个严密的定义。产业既是具有某种同一属性企业的集合，又是国民经济以某一标准划分的部分。产业经济学家苏东水指出：产业是具有某种同类属性的企业经济活动的集合。它既不是某一企业的某些经济活动，也不是指部分企业的某些或所有经济活动，而是指具有某种同一属性的企业经济活动的总和。[1]

联合国颁布的《全部经济活动的国际标准产业分类索引》（ISIC）对出版产业既无部门和组项标识，亦无给定的统计编码，但根据产业的定义和一般分类原理，人们有理由把出版产业看作是一个相对独立的产业部门。"出版产业"一词在我国何时出现已无从查考，20世纪90年代以来，它在出版文件和出版研究文章中频繁出现，但其内涵鲜有界定。在现有出版类工具书中，没有"出版产业"的词条，国外的工具书上也没有"出版产业"的解释。

依目前行业共识，出版产业包括编辑出版、印刷复制和发行销售三大基础领域。编辑出版则包括了传统的图书、期刊、报纸、音像出版行业和电子和网络等新的出版产业。印刷复制则包括了印刷企业、印刷设备生产、磁介

---

1 苏东水．产业经济学[M]．北京：高等教育出版社，2000.

质企业生产、电子出版设施设备生产制造企业、复制生产、复制设备生产制造企业等相关行业。发行销售则包括了批发、零售、网上销售、通信阅读传递、网上订制等相关行业。与出版活动密切联系的出版创新、版权交易、企业管理、资本运作、市场营销、广告推广等市场企业活动，和出版相关的公共事业、社会活动，以及政府管理、政策协调等政府活动也是出版产业的有效组成部分。这是广义的出版产业的概念。

从宏观上说，出版产业就是将内容生产加工后以介质的形式公之于众，并形成固定的生产流程、商业模式的企业集群。

1.3　什么是数字出版？

1.3.1　数字出版概念综述

数字出版是人类文化的数字化传承，它是建立在计算机技术、通信技术、网络技术、流媒体技术、存储技术、显示技术等高新技术基础上，融合并超越了传统出版内容而发展起来的新兴出版产业。数字化出版是在出版的整个过程中，将所有的信息都以统一的二进制代码的数字化形式存储于光盘、磁盘等介质中，信息的处理与接收则借助计算机或终端设备进行。它强调内容的数字化、生产模式和运作流程的数字化、传播载体的数字化和阅读消费、学习形态的数字化。数字出版在我国虽然起步较晚，但是发展很快，目前已经形成了网络图书、网络期刊等新业态。

从广义上讲，凡是将信息、知识、观念等内容，用文字、图像、声音等代码以任何形式在因特网上传播，均可称之为网络出版。

在泛传播理论思想下，“泛网络出版”概念得以提出。这个概念认为，计算机技术、通信技术和网络技术的发展，使任何个人都能主动地利用网络媒介跨时空搜索、获取个人化信息，出版内容的制作可在跨媒体、跨设备、跨标准中进行，包括个人在内的所有出版者都可以在更为综合的内容和更加个性化的形式之间自由取舍。

也有人提出狭义数字出版的概念，即数字出版是具有合法出版资格的出版机构，以互联网为载体和流通渠道，出版并销售数字出版物的行为。[1]

新闻出版总署《关于加快我国数字出版产业发展的若干意见（新出政发【2010】7号）》指出，数字出版是指利用数字技术进行内容编辑加工，并通过

1　郭晶．浅谈网络与出版 [J]. 出版发行研究，2001, (8).

网络传播数字内容产品的一种新型出版方式，其主要特征为内容生产数字化、管理过程数字化、产品形态数字化和传播渠道网络化。目前数字出版产品形态主要包括电子图书、数字报纸、数字期刊、网络原创文学、网络教育出版物、网络地图、数字音乐、网络动漫、网络游戏、数据库出版物、手机出版物（彩信、彩铃、手机报纸、手机期刊、手机小说、手机游戏）等。数字出版产品的传播途径主要包括有线互联网、无线通信网和卫星网络等。该理解不仅涉及技术、内容、传播渠道，而且对其主要特征及主要产品形态都做了相关界定，使数字出版范围更加明晰，增强了概念的透明度。

1.3.2　本研究对数字出版的定义

本研究对数字出版的定义是：用二进制的数字化手段从事的出版活动的总称。这里有两点需要指出，一是二进制，二是出版活动，而非出版介质。即：不论终端阅读介质是什么，只要是记录在介质上的内容是数字化的，并且记录的方式是数字化的，这种出版活动就是数字出版。相反，若我们把模拟的内容以模拟的方式记录在磁带上，这种出版活动就不能叫数字出版。离开数字化内容和数字技术，光盘和纸张一样，都是一种物理介质而已。

因此，广义上说，只要是用二进制这种数字化手段对出版的任何环节进行的操作，都是数字出版的一部分。它包括：原创作品的数字化、编辑加工的数字化、印刷复制的数字化、发行销售的数字化和阅读消费的数字化。也就是说，数字出版涉及版权、发行、支付平台和最后具体的服务模式，它不仅仅指直接在网上编辑出版内容，也不仅仅指把传统印刷版的东西数字化，又或者把传统的东西扫描到网上就叫做数字出版，真正的数字出版涉及整个出版流程的再造。同时，由于数字技术打破了传统媒体的边界，甚至打破了行业边界，出现了跨媒体、跨界的转型出版业态，因此数字出版实际上把出版业带进了一个泛出版的时代。在今天，纯粹意义上的传统出版已不复存在，即使是纸介质出版，其出版流程也都离不开数字技术的应用。随着数字出版的进一步发展，未来将不再有传统出版与数字出版的划分了，数字出版就是未来出版业的全部，也是未来出版业的方向。

如果用更概况的语言进行描述和定义，数字出版就是用数字化的手段将内容生产、加工后，以介质的形式公之于众的行为。

1.4　什么是数字出版产业？

1.4.1　数字出版产业的形成

数字出版产业是随着近几年“数字出版”概念的流行才出现的。2000 年前后，几乎没有人使用这个概念，当时流行的概念是“电子出版”“桌面出版”等。随着互联网和数字技术的发展，“网络出版”“数字出版”等概念才相继出现。科技正在给新闻出版业带来深刻的变革。其中“数字出版”这一概念日益凸显，备受行业、学界关注。

数字出版的萌芽可以追溯到 1951 年美国麻省理工学院的 P.R.Bagley 对利用计算机检索代码做文摘进行的可行性研究。这一路的研究和尝试导致了所谓“电子出版物雏形”的诞生。电子出版物是随着计算机技术的出现而出现的一种新型的机读出版物，是计算机技术与出版活动相结合的产物，最初应用于科技期刊的出版上。如，1959 年美国匹兹堡大学卫生法律中心建立的全文法律信息检索系统，1961 年美国化学文摘服务社用计算机编制的《化学题录》等，是已知世界最早的电子出版物。它当时每一篇文献的标题及有关材料事先须经一定的人工编辑，使适合于键控穿孔机（key punch machine，卡片上二进制数码孔位，有孔表示 1，无孔表示 0），操作员在卡片上给文件穿孔，把它转换成机读形式，然后把记录在每张穿孔卡片上的信息依次读入主磁带，由一台 IBM 704 型计算机按照预定的程序进行自动化的编辑加工，约 12 分钟内即可完成。处理的结果依顺序转录到另一卷磁带上，由操作员取下，送入辅助设备打印出来。主磁带可以长期保存，可以复制新磁带，也可以根据需要再加工，对内容增删或修改。这种电子文献的经营很快走上了商业化道路。美国的 DIALOG 系统于 1970 年代末开始向公众提供联机全文数据库检索服务。20 世纪 80 年代初个人电子计算机问世以后，以软磁盘（FD）为载体的电子出版物曾经有过短暂的辉煌。实际上，出版业的这次数字化革命是从 20 世纪 50 年代末 60 年代初电子出版开始的。电子出版的出现，极大地影响了信息的传播方式，影响了人类知识的组织、传递和获取，并对人类社会的文明进步带来深刻的影响。

从 20 世纪 80 年代末开始，随着电子技术尤其是网络技术在出版中的广泛运用，人类出版进入到一个新的阶段，即与信息社会相适应的现代网络出版阶段。网络出版是出版形态上新的革命，是出版技术的质的飞跃，它打破了传统的时空界限，使出版走向全球化、网络化、数字化为标志的新阶段。

这是第五次信息传播革命和出版的互动。网络出版的兴起使出版有了全新的内涵，其功能也发生了巨大的变化。

1.4.2 我国数字出版产业的发展

我国电子出版酝酿于20世纪80年代后期，真正起步是在20世纪90年代初。代表性的此类出版物如武汉大学图书情报学院和武汉大学出版社于1991年合作出版的《国共两党关系通史》，据称这也是我国第一部正式发行的电子出版物。但是在世界范围内，伴随着1990年个人多媒体计算机标准（MPC1，Multimedia Personal Computer Level 1）的诞生，只读光盘（CD、CD-ROM）开始逐步取代软磁盘，成为封装型电子出版的主流载体。几年以后，专门的电子书——手持式阅读器也如雨后春笋般在国内外纷纷涌现，国外的如软书（Softbook，1998）、火箭书（Rocketbook，1998）、玻璃书（Glassbook，1999）、微软阅读器（MS Reader，2000）等，国内的如辽宁出版集团掌上书房、天津津科翰林电子书、新华e-Book等。但是近十年来的发展证明，只读光盘只是一种过渡性电子出版物，火箭书等同类产品的市场生命力也不太旺盛，现在普遍认为具有光明前景的数字出版形式是随着20世纪90年代中期互联网的普及而兴起的网络出版。

1994年，中国科学院以介绍中国高科技发展情况为内容建立我国第一个网站，拉开了中国互联网出版的序幕。随着信息技术的传播，20世纪80至90年代，中国出版界人士对现代化、自动化、网络化、数字化等名称因广泛地宣传始有体会，其中最吸引人们眼球的还是数字化、网络化出版的兴起。出版形态的革命性变化表现在：出现了以CD、VCD、DVD光盘为载体的数字音像出版，以CD-ROM光盘为主要载体的电子出版。20世纪90年代末，随着因特网的普及、网上售书站点逐渐增多，出版界在立足于传统图书生产方式的同时，也期望能利用因特网，利用新科技，以网络为纽带，以数字化信息为媒介来发展，网络图书出版也应运而生。

经过十年的发展，我国互联网出版已经基本覆盖了传统出版业所有的内容领域，开始逐渐进入产业化发展阶段。从内容上，形成了包括互联网游戏、学术、教育、文学、音像出版在内的产业体系；从互联网出版内部构成上，已经形成生产、流通、分配、消费的产业链；从经营主体上，培育了一批互联网出版企业，形成了以新浪、网易、搜狐三大门户网站，《中国期刊网》、金山公司、上海盛大网络等为代表的互联网出版骨干企业，创造了较为成功的商业模式，并呈现“商用和大众消费齐头并进”的发展态势；从经营效益上，虽然全行业目前处于投入大于产出的阶段，但是互联网游戏出版和互联网学术出版甚至教育出版已经取得明显的经济效益，2014 年产值已经突破 3000 亿元大关，连续 5 年增长幅度接近或超过 30%，一举成为新闻出版业当之无愧的新的经济增长点。从消费群体看，互联网出版不仅已经拥有颇具规模的固定用户，而且快速增长的互联网用户，使得互联网出版的潜在用户基数不断增大；从人才上，也已经形成了一支基本的互联网出版队伍。网络图书出版作为网络出版产业的重要组成部分，已经渗透到社会经济与人民生活当中，发挥着不可替代的作用。

以上讨论了从出版过程到出版产品全面数字化的一种全新的出版形态，但实际上数字出版也常常指应用数字技术来出版纸介质出版物，它包括电子编辑、电子照排和数字印刷等活动——尽管从严格意义上讲，称其为出版的数字化也许更加科学。这方面的发展最早出现于 1950 年，美国的光学机械式第二代照排机就利用计算机来控制字盘或者鼓上的字符。1965 年德国推出阴极射线管式第三代照排机，所有字模都以数字化的形式存储在计算机内。1980 年代中期，通过个人计算机进行文字图像综合处理的整页拼版系统——桌面出版系统（DTP，Desk-top Publishing）问世，电子编辑和电子排版技术在出版领域从此日益普及。随后，数码打样、直接制版（CTP，Computer to Plate）、数字印刷等技术都极大地推动了印前乃至印刷数字化的发展。时至今日，致力于实现印前、印刷及印后工作流程综合数字化（digital work-flow）的 CIP3（Computer Integrated of Prepress、Press、Postpress）乃至 CIP4（加入“Proces”一词）也已经部分地由概念变成了现实。

值得注意的是，由于数字出版与生俱来的灵活性，上述各种不同形态的数字出版之间并不是泾渭分明的。前面提到的《国共两党关系通史》就是利用出版过程中的中间产品——激光照排的电子文本加工而成的。而迄今为止一直走在数字出版前列的美国麦格劳·希尔公司也提到，如果没有此前将印刷版图书转变成光碟以及其他的一些数字化经验，那么当前公司在运用标准通用标记语言（SGML，Standard General Markup Language）向数字化出版迈进时便会面临巨大的经济和时间开支。由此可见，由于以数字形式储存的出版物在整个生命周期中可以被制作和重新制作成为不同形态的出版物，许多在出版数字化领域所做的努力本质上是相通的，因此迟早是殊途同归。[1]

“数字出版”这一概念是伴随着技术的不断进步而不断深化的，从桌面出版、电子出版、网络出版、游戏出版、手机出版再到数字出版。以往的这

1　徐丽芳．数字出版：概念与形态 [J]. 出版发行研究，2005，(7).

些概念更多地表现了数字技术在出版的某一流程或某一介质上的应用，只有“数字出版”，第一次用更本质的技术属性来概括出版的全过程。

数字出版是人类文化的数字化传承，数字出版产业是一种建立在计算机技术、通信技术、网络技术、流媒体技术、存储技术、显示技术等高新技术基础上，融合并超越了传统出版内容而发展起来的新兴出版产业。数字出版产业链包括：内容生产商、技术提供商、平台提供商、渠道供应商与终端生产商五个主要环节。数字出版产业形态包括手机出版、网络游戏、互联网广告、电子书、博客、互联网期刊、数字报纸、网络动漫、在线音乐等全媒体形态。

第二章

传统出版商业模式研究

亚当·斯密在《国富论》中总结了工业时代的三个核心特征：标准化、规模化、流水线生产。传统出版是工业时代的产物，是一种典型的标准化规模经济，利润来源于流水线下同一产品的大规模复制。传统出版的商业模式也因此秉承了工业经济的商业模式。工业经济是一种实体经济，生产、流通、利润的获取需要以物质为基础。虽然传统出版经营是精神产品、知识财富，但精神产品需要以图书、报刊等实物形式而出现，出版经营实际上是对这些“载体物”的经营。“实物”是传统出版商业模式的基础，物的有限性，决定了传统出版的内容精英性，对精英作品的争夺与保护则形成版权的概念及一系列相关规则，因此可以说，传统出版的商业模式是一种基于版权经营的商业模式。

2.1　传统出版特征

2.1.1　载体的实物性

载体的实体物性是传统出版的基本属性。传统出版物有两个生产过程，一是精神生产过程，即创作过程，二是物质生产过程，亦即封装的复制过程。精神生产过程生产出版物的内容，物质生产过程把精神生产劳动的成果封装到一定的物质载体上，形成出版物的物质形式，否则，精神生产劳动的成果就会永远停留在初始状态，不能成为可供流转的最终产品。传统出版精神产品和物质产品的二重合一性，决定了作为知识、思想、艺术等精神内容的传播必须加载到物质载体，载体的外在形态加工，通常占据产业链上重要一环节。

2.1.2　内容承载量的有限性

由于传统出版物作为封装型实体出版物，受制于其载体开本、页数、版面、存储容量等各种物理要素的限制，所承载的信息与知识内容是有限的，不可延展的。

2.1.3　内容创作的精英性

载体的实物性与承载的有限性决定只有少量作品才能流通，因此，其能被出版的产品需要得到社会的普遍认同，以获取最大规模的复制利润，这就决定了出版物内容创作的精英性，而这种精英性，是属于大众的精英，而非小众、个性化和边缘化的精英。报刊等时效性媒介不可避免地成为主流群体的代言人，承担意见领袖的角色，而图书则更多地担负着宏大叙事与社会主流价值观的承载功能。

2.1.4 内容呈现的单元性

传统出版是一种静态出版，载体内容与载体形式不可分离使传统出版内容以一种整体的“单元内容”形态呈现，内容以版面、栏目、章节分割成不同单元，对应不同内容。单元内容的特点一是内容的顺序性，二是查询的目录化，三是内容呈现的整体性。

2.1.5 传播的单向性

传统出版是一种单向度的传播，是一种先产后销的生产方式。生产与阅读之间存在一定的时间间隔，传受之间缺乏交流渠道，交流不便捷，使出版传播成为一种单向度的传播活动。读者的反馈发生在出版发行行为之后，只能作为一种事后评价出现，而不能对已发生的出版传播行为带来影响。

2.1.6 媒介形态的单一性

传统出版包括图书、期刊、报纸、音像制品等主要媒介形态，这些媒介依照自身形态而形成各自的特点，媒介形态单纯固定，媒介内容之间的交互性很低，知识产品相对孤立。

2.2 传统出版产业特征

2.2.1 内容的封装性

封装是个计算机专用术语，就是将抽象得到的数据和内容，形成一个有机的整体，封装的目的是安全与简化。传统出版内容的封装性是指内容与载体不可分离，出版产业的经营就是对封装产品的经营，内容的封装性是传统出版产业运营的基础。

2.2.2　出版发行的授权性

传统出版业是版权产业，生产经营必须具有版权属性的作品，并依靠版权法和相关法律保护而生存发展。在传统新闻出版产业中，信息的收集、组织、发布，是被授权后才能进行的。文学、艺术作品的创作者，依法对自己创作的作品（不论是否发表）享有专有权利。出版机构与作者签订版权协议，约定出版范围及出版内容，获取相应出版权，并取得授权进行经营。在我国，内容复制非个人化行为，印制发行也需要取得国家授权，具有出版印制许可资格的印厂，才有资格复制出版物；具备发行资格的书店，才有公开发行权利。

2.2.3　生产与销售的实体经济属性

出版物是精神产品和物质产品的结合体。其物质载体很丰富，有纸张、胶片、胶卷、磁盘、光盘等等，都是以一定的生产制作方式使知识信息附着于物质载体上的。通常的制作方式包括：印刷、拷贝、翻录、复印、计算机制作等封装步骤，发行过程需经过传统载体的运输配送，分销以实物为流转基础，生产与销售环节的实物属性使其在加工与营销环节具有工业时代的一般商品属性，出版物的商品属性通过其物质属性来实现，价值通过实物销售来实现。

2.2.4　媒体生产的周期性

出版的实体经济属性使媒体内容生产要经过一系列的复杂过程，受流程和载体所限，需要相当的经济成本和时间投入，媒体生产具有一定的周期性。不同的载体出版周期的长短不同，报纸以天或周来计，期刊以月或季来计，图书以版次来计，媒介的经营周期以出刊周期为基础。

2.2.5　产业环节的专业分工性

传统出版是一种工业化时代的产物，“编辑—印制—分发—销售”四个主要环节遵循一定的生产流程进行，产业链各环节之间专业化分工明确。亚当·斯密认为，分工与专业化的发展是经济增长的源泉，分工是提高生产力的最重要条件，分工的深化和专业程度提高了资源的配置效率。

2.3 传统出版产品形态

2.3.1 图书

1. 图书的定义及职能

图书是以传播知识为目的，用文字或其他信息符号记录于一定形式的材料之上的著作物，是人类用来纪录一切成就的主要工具，也是人类交融感情，取得知识，传承经验的重要媒介。

2. 图书的构成要素

从竹木简牍到今天的各类图书，不管其形式和内容如何变化，只要认真地加以考察和分析，就可以看出它们都具有下面这样几个要素：

- 有被传播的知识内容；
- 有记录知识的文字符号或图像；
- 有记载文字、图像的物质载体；
- 有生产技术和制作工艺。

3. 图书的特点

与其他出版物相比，图书的特点为：

- 内容比较系统、全面、成熟、可靠；
- 与其他出版物相比出版周期较长，传递信息速度较慢。

2.3.2 报纸

1. 报纸的定义及职能

报纸是以刊载新闻和时事评论为主的定期向公众发行的印刷出版物，是大众传播的重要载体，具有反映和引导社会舆论的功能。

报纸是新闻与信息的集纳，如果毫无新闻性或缺乏一定的信息量，就不是严格意义上的报纸。尽管报纸上也可能有一些非新闻性的专版，比如各种副刊，但它们的选题同样隐藏着某种新闻与信息。

法国新闻学者贝尔纳·瓦耶纳关于报纸职能的概括，可以被各方面接受：主要的报道职能，随之而来的辩论职能（即传播观点的职能），附带的娱乐职能。

2. 报纸的特点

- 通常是散页印刷，不装订、没有封面的纸质出版物；
- 有固定名称，面向公众，定期、连续发行；

- 出版周期多为日报，也有每周两次，绝大多数不超过一周；
- 内容以具有时效性的信息传递为主。

3. 报纸作为传播媒体的不足之处

- 受截稿及印刷因素影响，不能提供最新资讯以及即时更正讯息；
- 纸张过多带来携带及传阅的不便；
- 图片及文字较电视及电台的影音片段震撼力及感染力低。

2.3.3　期刊

1. 期刊的定义及职能

期刊也称杂志，有固定刊名，是介于报纸与图书之间的媒介形式。以期、卷、号或年、月为单元，定期或不定期连续出版的印刷读物。

马克思在《新莱茵报·政治经济评论》出版启事中指出，与报纸相比，杂志的优点是“能够更广泛地研究各种事件，只谈最主要的问题。杂志可以详细地科学地研究作为整个政治运动的基础的经济关系”。

2. 期刊的特点

杂志的本意是“库”，具有内容庞杂的特点，即使是专业性的期刊，它的构成也一定是这个领域中的杂，而不会是单一性的。要形成一份杂志，做好内容的搭配非常重要，在围绕着期刊总体定位的前提下，形成长短搭配、轻重相间、雅俗穿插、张弛有道的总体格局，即使是专业性的期刊，它的构成也一定是这个领域中的“拼盘”，应该尽量避免单一与单调。

期刊具有一定的新闻性与信息量。无论是否为新闻性的期刊，多少都有一定的时效性。当然，它的新闻性与报纸不可同日而语，但在该期刊定位的领域里至少应该是新鲜的话题或事件；至于信息量，它同样应该提供其定位领域中的一定的信息量。另一方面，与报纸相比，期刊的容量相对要大一些，这就使得期刊在硬件上有了选用一些大篇幅文章的保证，但它又不可能超过图书，因而是介乎报纸与图书之间的位置比较合适。

2.3.4　音像制品

1. 音像制品的定义及职能

音像制品就是用数字或模拟信号，将图、文、声、像记录下来，经过编辑加工后，复制在电、光、磁介质等上，通过视听设备播放使用的出版物。

音像制品分为录音与录像两种类型。录音制品记录声音，具有再现音乐、语音等功能。其主要形式有盒式录音带、唱片、激光唱盘（CD）。录像制品记录动作、画面、表情和场景，具有再现电影、电视剧的功能。主要形式有盒式录像带、激光视盘（VCD、DVD）等。

音像制品在传统出版中作为纸介质的有益补充，丰富了出版形态，使受众获得立体化的视听信息。

2. 音像制品的特点

- 形式特点：它是传统出版领域唯一不以纸张作为载体的出版形式；
- 生产特点：前期投入多，后期复制成本低；
- 流通特点：容量大、载体小，便于运输、仓储、展示；
- 消费特点：重复率高、品种多、具有趋向性。

2.4 传统出版产业链组成

产业链是产业经济学中的一个概念，是各个产业部门之间基于一定的技术经济关联，并依据特定的逻辑关系和时空布局关系客观形成的链条式关联关系形态。

2.4.1 产业链主体

传统出版业产业链包括：作者—出版机构—印刷厂—批发商—零售商—读者六大主体，以及纸张、印刷设备供应商等。（详见表 2.4.1）：

表 2.4.1 传统出版业产业链主体

序号	名称	功能作用
1	作者	内容创作
2	出版社	选题策划、组稿、审稿、编辑加工、设计
3	印刷厂	制版、印刷和装订成册
4	批发商	出版物销售的中间环节
5	零售商	针对读者的卖场展示和店面促销
6	读者	阅读消费
7	纸张供应商	提供印刷介质
8	印刷设备供应商	提供生产复制设备

2.4.2　产业链链条

传统出版产业链，从作者完成写作到读者阅读，中间经过三个主要环节：出版、印刷和发行。

第一，出版环节（上游）。出版是对已有的作品进行深层次的加工的社会活动，由出版单位来完成。出版不是对原始信息的开发，而是对已有的现成作品的加工，原始信息主要由作者完成。出版过程是一个对知识信息体系进行选择，使其成为适合于读者消费的出版物的过程。具体地说，出版又可以细分为选题策划和组稿、编辑加工和校对、生产流程管理等几个环节。

第二，印制环节（中游）。印制是对加工好的作品进行大量复制，使其成为供大众消费的出版物的过程。这个过程即一般所说的印制过程。只有通过大量复制，作品中所含的知识信息才能被众多的读者所接受，印制又可细分为印前排版、印中的复制、印后的装订成册等几个环节。

第三，发行环节（下游）。发行是出版物的流通环节，是出版物从生产者手里到消费者手里的中间环节。发行又可细分为仓储、配送、批发、零售等环节。如果是报刊的发行，还有征订的预付款环节。

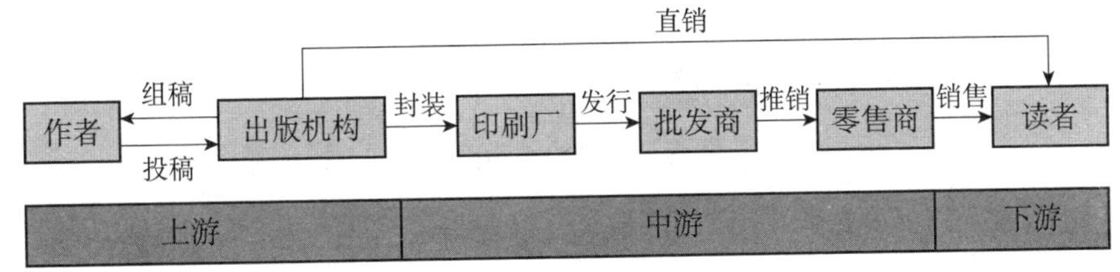

图 2.4.2　出版产业链图表

由图 2.4.2 所见，除出版、印制、发行三环节外，出版的上源是作者、是智力创作，出版的下源是读者、是市场销售。传统出版产业的著、编、印、发等环节相对独立，分工完成。

2.4.3　产业链利益分配

1. 传统图书出版的价值链和分配模式

价值链是指从产品创作、印刷、分销、零售及辅助过程所包括的一系列创造价值的环节。传统出版业价值链作者—出版机构—印刷厂—批发商—零售商—读者六个主要的主体，每个主体因贡献不同，分享的收益也不同。经过长期发展，传统出版商已经形成了一些基本的利益分配模式。见表 2.4.3，图 2.4.3-1 所示。

表 2.4.3　传统出版业的价值链环节和分配比例

序号	价值链环节	收益分配比例
1	作者	8%～12%
2	出版机构	25%～30%
3	印刷厂	15%～20%
4	批发商	5%～8%
5	零售商	25%～40%
6	读者	100%

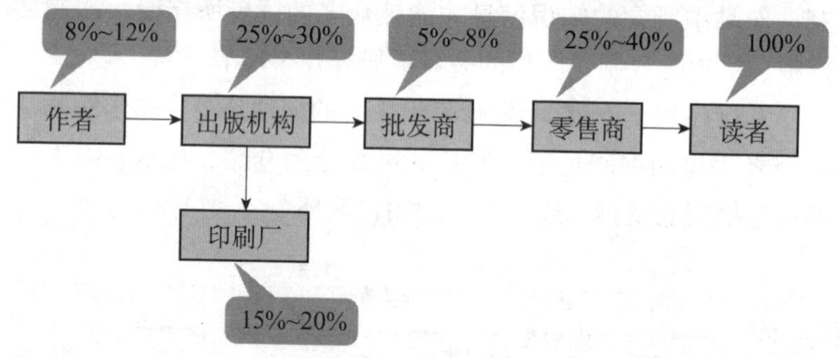

图 2.4.3-1　传统出版业的价值链环节和分配比例

2. 传统报刊价值链

传统报刊的价值链包括供应商、新闻采编、组版、报纸发行、广告销售、企业管理以及公众信息服务的全过程，印刷厂、分销网络和读者等（见图 2.4.3-2）。

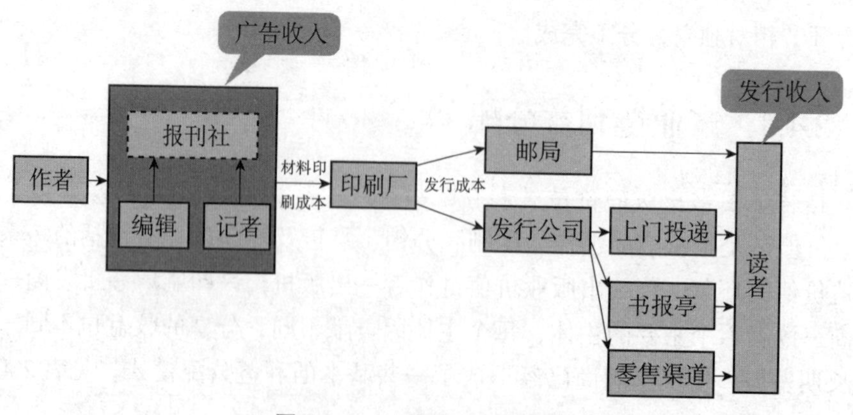

图 2.4.3-2　传统报刊价值链

3. 传统音像制品价值链

国有音像出版社
民营制作公司
演艺制作公司

光盘复制生产
音盒复制生产
影带复制生产

发行制作公司
批发销售公司
大型音像连锁企业
其他连锁经营企业

制作+出版 → 复制+印刷 → 批发+零售+租赁

电影后制品
电视后制品
影视节目制作

复录设备维护
磁记录原材料
光盘原材料

音像制品零售
音像制品租赁
新华书店发行

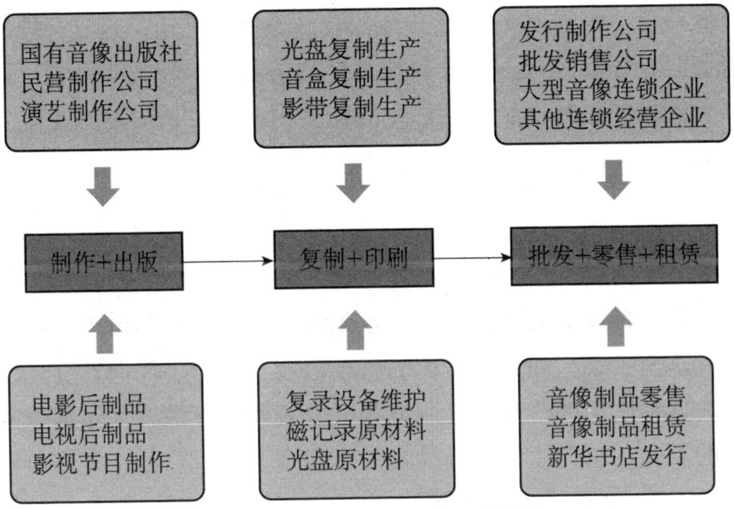

图 2.4.3–3　传统音像制品价值链

2.5　传统出版产业商业模式分析——基于版权的商业模式

出版产业是内容产业，作品是出版产业的核心要素。因创作和传播作品而产生的权利主要是版权。长期以来，出版业的商业模式是以版权为基础建立起来的；对版权的维护与使用，是出版产业的利润来源。

2.5.1　版权的界定

版权即著作权，狭义上仅指文学、艺术、科学作品的作者对其作品依法所享有的专有权利，广义上还包括广播电台、电视台、出版社、表演者等传播者对其传播的作品依法所享有的专有权利（即邻接权）。版权是知识产权的一种类型，其客体包括自然科学、社会科学作品、各类文学作品以及音乐、戏剧、绘画、雕塑、摄影和电影等艺术方面的作品。

版权是法定权利，除法定特殊情形外，任何人剽窃、歪曲、篡改他人作品，或者在版权保护期内使用他人作品包括复制、发行、出租、展览、公开表演、摄制、广播、放映、网络传播等均需得到权利人的许可，否则就是侵权行为，依法需承担相应法律责任。

版权的获取有两种：自动取得和登记取得。我国同其他绝大多数国家一样，采取的是自动取得模式。《著作权法实施条例》规定，版权自作品创作完成之日起产生。作品完成不论发表与否自动享有版权。所谓完成，是相对而言的，只要创作的对象已经满足法定的作品构成条件，即可作为作品受到版权法律保护。

2.5.2 版权的起源

版权作为一种智力成果权，是工业化的产物。当作品可以由一份复制为多份时，就走出了私人间刻抄传阅的狭小范围，迈出了面向社会广泛传播的关键一步。这种广泛的传播使复制成为可以获利的事情，为保障作品创作者和传播者的利益，也为了实现作品在一定规则下得以广泛、有序传播，而不是被人随意盗版，诞生了版权制度。

“版权”英语对应词汇为 copyright，字面意思就是“复制的权利”。在历史上，“版权”最早是指复制权。

印刷术出现之前，不存在“版权”概念。那时候书都是抄写而成的，几乎不存在盗版的可能，因为盗版的成本同生产原书差不多。此外，那时候作者写书基本上都是自发行为，很少有报酬。

印刷术的发明与应用，在提升传播能力的同时，也使版权保护逐渐成为必需。据考证，印刷术是随着纸张的应用（公元三到四世纪）而逐渐得以广泛应用的。与之相适应，大约在南朝齐武帝时期（公元 483～493 年），我国就有了私人保护版权的事例[1]；及至宋代，活字印刷术出现以后，版权保护逐渐开始活跃：

宋光宗绍熙年间（公元 1190 年～1194 年），四川眉山程氏印刷的《东都事略》一书牌记中即有类似当今图书版权声明性质的牌记“眉山程舍人宅刊行，已申上司，不许覆板”；

宋嘉熙二年（公元1238年），两浙转运司对祝穆“数载辛勤”、“一生灯窗”所编的《方舆胜览》一书“张榜晓示”、“禁戢翻刊”，对改换名目、节略文字、擅自翻版之人，祝氏有权“陈告”，（由官府）“追人”、“毁版”、“断治施行”；

28 年后，《方舆胜览》再版时，福建路转运司重颁禁止翻刻文告，禁止麻纱书坊翻版行为；宋理宗淳祐八年（公元 1248 年），杭州国子监受会昌县丞段维清之请，发布了旨在保护其已故叔父段昌武《丛桂毛诗集解》著作权

1　钟嵘（约468～约518）《诗品》中有记载：“《行路难》是东阳柴廓所造。（齐释）宝月尝憩其家，会廓亡，因窃而有之。廓子赍手本出都，欲讼此事，乃厚赂止之。”

益的公据——“如有不遵约束违戾之人，仰执此经所属陈乞，追板劈毁，断罪施行”。[1]

宋代末期以至元、明、清各代，相似的史实还有很多例子可举。[2]

活字印刷术传到西方并经过改进后，在市场经济和工业化大生产的促动下，现代版权法律制度开始出现。

1710 年，英国通过《安妮法》(The Statute of Anne)，明确保护作者的著作权益，禁止印刷商不经作者同意擅自印刷和出版书籍。同时，为保护社会公众及印刷商的利益，该法规定版权保护的有效期为 14 年，期满如果作者还在世，可以再续展 14 年；此后该书就进入公共领域 (public domain)。《安妮法》首次确认作者为版权的受益人，是世界上第一部现代意义的版权法。

2.5.3　版权在出版产业中的作用

现代版权制度以激励创新、保护智力创造性劳动成果为基本出发点，以促进文化和科学事业繁荣发展为基本目标，其实质是通过保护作者版权和守法传播者的相关权益，鼓励优秀作品的创作与传播。出版是文化的基础和核心，现代版权制度在激励作品创新的同时，也兼顾了包括出版单位在内的传播者以及社会公众的利益，为出版业的产业化发展做出了重要贡献。

美国总统林肯在谈及专利制度的作用时形象地指出，专利制度是为天才之火添加了利益之薪 (The patent system added the fuel of interest to the fire of genius)。版权制度在激励作品创新方面，同样具有为作者添加“利益之薪”的作用。它通过确认并保护作者的署名权、发表权、修改权、保护作品完整权等人身权利以及复制权、发行权、翻译权、改编权、信息网络传播权等一系列财产权利，让优秀的作者能够从作品创作中切切实实地获得相应精神和经济利益，激发作者作品创新的积极性，从而为出版产业发展提供取之不尽、用之不竭的内容来源。

在此过程中，部分作者由于潜心创作，没有时间、精力进行版权许可、转让，或者缺乏相应的渠道进行版权许可、转让；在遭遇侵权盗版、出现版权纠纷时，同样由于没有时间、精力因应或者缺乏相应的专业技能等，会转而求助于版权代理机构、集体管理组织、版权交易机构、出版经纪人、律师事务所等社会中介机构或个人，从而使出版产业链条得以拓展和延伸。

此外，版权制度在保护作者及其代表相关权益的同时，也保护包括出版

1　周林，李明山 . 中国版权史研究文献 [M]. 北京：中国方正出版社，1999.

2　周林 . 中国著作权史研究的几条线索 [J]. 著作权，2000(1).

单位在内的各类传播者的邻接权。报社、杂志社、图书出版社等各类出版单位是出版产业的核心组成部分，也是现代版权制度保护的重要对象。版权制度通过赋予出版单位一系列专有出版权、版式设计权等，规定相应侵权责任等，激发和保护其在传播内容创新和形式创新上的积极性。不仅如此，版权法还根据报、刊出版传播特点，赋予报刊之间转载、摘编的法定许可权利以及文字性修改、删节权利，为报刊内容信息的及时、广泛传播提供了制度保障。

出版单位在出版传播版权作品过程中，可能涉及转授权以及权利转让等问题，也可能遭遇侵权盗版或陷入相应的版权纠纷。为此，出版单位或设立专门的机构、配备相应的专业人才；或因为财力、精力、专业知识所限，也需要委托专门的中介机构或个人进行相应的版权交易、打盗维权等等。相应地，出版产业链条再次得以拓展和延伸。

在出版产业发展过程中，出版传播渠道越来越多，各种中介服务也越来越健全，内容尤其优质版权内容资源越来越重要，出版产业与版权的关系越来越密切，对版权保护的依赖程度也越来越高。

2.5.4 传统出版产业是典型的版权产业

按照世界知识产权组织的定义，版权产业是指“版权可发挥显著作用的活动或产业”[1]。传统出版产业以书、报、刊出版发行为代表，以版权作品为基础，以版权保护为支撑，是典型的版权产业。

当然，版权产业作为新的产业集群概念，20世纪中期才得以提出，出版产业作为一种产业形态、出版业作为一种行业形态却早已存在。但毋庸置疑，出版是版权作品传播使用的重要方式之一，是版权制度最早开始关注、至今仍在进行规范调整的重要领域。在出版产业发展过程中，版权制度也发挥了重要的促进、保障作用。正因如此，尽管人们对于版权产业的界定与分类还有各种各样的分歧，但对于出版产业属于版权产业的认识却是毫无二致的。

与此相适应，出版单位尤其传统出版单位属于典型的版权运营商。多数情形下，传统出版单位不是版权所有人，却是地地道道的版权作品使用者，通过对版权作品的编辑加工、复制、售卖获取利润。为此，传统出版机构、出版人要树立版权经营理念，在尊重他人版权的同时，做好自身所占有、使用的版权作品的管理与保护。尤其在数字网络时代全媒体出版、全版权运营

1 世界知识产权组织：《版权产业的经济贡献调研指南》，法律出版社2006年8月第1版第132页.

背景下，版权内容已经成为产业竞争的核心资源，对于版权问题，传统出版机构、出版人以及相关中介机构、个人要予以格外的关注和重视。

2.6　传统出版产业经营手段分析

传统出版业精英化的创作模式、工业化的生产手段、物质化的载体形式及单向度的传播渠道，使其产业经营也同样具备鲜明的特性，其具体经营手段依媒介载体的不同而各具特点。

2.6.1　图书经营

1. 长销书经营

长销书，是具有较高知识含量、文化含量的，有较高文化存留价值的，能够长期销售产生长期效益的图书。长销书的特点是投资见效较慢，但经营业绩比较稳定，不像畅销书那样容易大起大落。长销书是出版企业的立身之本，它是出版企业品牌的基本构成元素，是出版企业综合实力的显现。

长销书以内容取胜，优质的作者与优秀的内容是长销书的两个特点。长销书的制作是企业内部价值链中“选题策划”和“编辑加工”这两个环节价值优化的体现。长销书的经营以价值经营为主，对图书的价值挖掘与读者的口碑效应是长销书经营之本。

长销书是出版社的立社之本，由于长销书经一次开发后，能长期销售，边际成本较低，因此，它是出版社最喜欢的品种。一个社如果没有稳定的长销书品种，就很难发展。

2. 畅销书经营

畅销书，指短期内形成的、有巨大销售空间的图书。畅销书的特点是符合一定时期内人们的阅读口味。畅销书不一定具有较高内容价值，但也有可能成为名著。这就要看它的实际价值是否经得起时间的考验了。

畅销书可以快速地推动出版社的发展，但一般营销成本较大。畅销书在出版企业的出书品种中所占的比重虽然不大，但销售收入和利润却占了相当部分。现在的一般状况是，20% 的畅销书可以产生 80% 的发货码洋和利润，可以说畅销书是出版社盈利的重要手段之一。畅销书通过引起社会的关注，激起广大读者的购买欲，以达到图书销量的最大化。

畅销书虽然在内容上有其独到之处，但选题策划与营销策划才是决定畅销书能否畅销的首要因素，从图书的选题到外形设计到流通渠道，都要以读者为中心，以市场潮流为主导。

3. 统一定价与折扣分成

书业每个环节各自应该得到多大折扣，一直是行业内部最敏感的话题之一，更是书业人士非常谨慎处理的日常事务。出让折扣意味着下一个流通环节折扣空间的减少，意味着自家既得利润的白白流失，同时隐含着与同行渐失竞争力的巨大风险。

一本书自开始着手加工准备上市起，出版人士便在制作成本与市场定价之间设置了多阶折扣空间，这些因不同折扣所产生的差价是分配给图书流通过程中各个环节的，出版商、印刷加工企业、物流公司、批发商、零售店、直销商等等都要分得各自的折扣空间，从而获取一定的利益，维系自身企业生存，维护书业链条正常运转。

国内图书定价，目前除了学生使用的教材之外，一般图书都没有明确的法规限制，更没有一套严格的行业标准。当然，对一些如定价超高的大码洋图书，监管部门适时出台了有关限制定价的行政文件。

教材一类图书的定价属于个案，其他类型图书，出版人士多是考虑编辑制作新书的成本，以及读者所能接受价格的能力，综合考虑制定最终的定价。概括地说，出版社给新书定价一般有几种情况：

第一种，高定价。这种情况的图书定价，出版社可能考虑出版的是高档图书，或者是从最初编辑制作图书开始，就是为了以便成书上市后打折销售。这类书定价方式多集中在大码洋图书，或是某些为俱乐都会员和网上书店销售专门定制的图书。

第二种，正常定价。市场上绝大部分图书都属于正常定价，这类书出版人士一般参考同类图书的定价，来制定自家出版的新书定价，以增强新书上架销售的竞争力。

第三种，超低定价。这类图书市场上并不少见，在制作成本低廉或有信心制造海量销售奇迹时，一些出版社会给新书制定超低的价格，如简装本套书、口袋书等等，都属于这种定价类型的图书。

第四种，多种定价。如今，个别出版社尝试同一内容，采取不同开本、质地、形式等出版手段，出版多种类型的产品，这种出版方式虽然符合商业操作原理，但在消费群体读者方面则与其他日用品截然不同，出版商很难延展顾客的消费范围。

图书本身定价高低并不是一本新书能否成功的关键，但如果在出版时设计不好新书的定价，将给随后的图书发行、上架销售带来很多麻烦，甚至造成不必要的经济损失。科学制定新书定价，是出版社新书上市取得成功的关键一步。

图书折扣是出版社与发行商进行利润分配的一种方式，相较图书定价，折扣分成通常比较简单，出版社通常会出让三到四折给图书批发商。

2.6.2　报刊经营

报刊的经营模式与图书有很大区别。图书一般是先发货，后结款，报刊除零售外，都会有征订环节，先征订预收款，后发货是报刊销售的重要特点之一。报刊经营的另一特点是可以刊登广告，而一般图书则不允许刊登广告，报刊经营第三个特点是以报刊为中心进行多种经营。下面分别介绍这三个特点。

1. 征订发行

征订发行是报刊经营的最基本的模式。在这一模式下，报纸或期刊发行价格的制定都是以成本为底线的，报刊的定价都要高于成本。如今，面对受众多样的需求与细分化的市场，“大而全”征订方式已经不再是竞争优势，报刊只有为特定的群体设计产品或服务，营造适合这些群体的特色，才能满足其需求的多样性。

当然，报纸和期刊也有差异，报纸多分为行业报、都市报、综合类报纸等；期刊则一般分为大众消费类、学术类等。不同类型的报刊，征订方式以及征订发行在经营中的占的比例也不相同。如学术类期刊，征订发行占的比例较大，广告和多种经营相对较弱。

2. 广告补偿

广告补偿是我国报刊业经营特别是报业经营中最普遍、最常见的一种经营模式，其理论依据就是报纸的二次销售理论。这一理论将报纸的经营方式定位为两次销售才能完成的过程，即一次销售是把新闻产品卖给读者，二次销售是把读者卖给广告客户。从理论上讲，报纸的两次销售既然有不同的目标客户，就应该在每个销售环节中都要产生效益。报纸在发行大战中的巨额投入已经使这个经营环节的性质发生根本改变，即从出售报纸的行为转向购买读者的行为，“二次销售”理论最终成为“一次购买再次销售”。

广告补偿的特点有二：一是发行环节严重亏损。都市类报纸强调密集占领市场，一些中心城市的强势报纸销售价格远远低于印制成本。二是广告收入是报刊实现利润的主要方式。报刊往往不以发行收入最大化为目标，而以提高有效发行、提高广告投放的有效性为目标。广告收入是其实现利润的主要方式。

采用广告补偿应具备的条件：一是大多有强大的广告吸附能力。比如一二线城市的都市类报纸、高端的时尚类刊物如《时尚》《瑞丽》等等。二是有较大的发行量和市场占有率，形成规模效益，地处经济比较发达的地区。一个地区的广告收入总额基本上取决于该地区的 GDP 总额，只有当该地区的经济发展水平能够提供较大的广告市场时，广告补偿型经营才成为可能。

3. 多种经营

报刊原本扮演着群体代言的角色，在举办活动时，定位明确的报刊有着良好的号召力，同时也能通过社会公共关系的策划为报刊创造收入。国外有一定规模的报刊在利用品牌从事活动方面争取到了极大的利润空间。例如，美国的《纽约客》《十七岁》等期刊每年都要开展 400 余场大型公关活动,《施工船》有一年一度的施工船展览,《商业周刊》每两年评选一次“25 所最佳商学院”。这些活动本身大部分有极大的盈利空间，有的项目还附带产生期刊相关产品长期盈利的生产线。

美国消费类期刊和行业期刊经常举办论坛、会议，以塑造品牌。例如，《财富》1955 年开始评选“500 强企业”，1995 年创办“《财富》论坛”，50 多年来，“财富 500 强”成为美国工业界最热门的话题。全世界的新闻媒体都以此为重要新闻进行报道，而进入 500 强的公司更会声名大噪。《财富》论坛则是一次高层次的接触与交流，它为商界提供了一个互动的舞台，是建立公共关系的良好机会。同时，论坛的举行也进一步提高了自身形象，使得《财富》能够牢牢地嵌入美国最活跃、最重要的经济活动之中。

对于行业报刊而言，由于面对的读者群较为固定，群体明显，报刊开展此类活动的主题更容易形成连贯性，衍生出新的品牌。因此，行业报刊应大力开拓这方面的品牌经营，获取品牌经营收入，扩大报刊品牌影响力。

第三章

数字出版商业模式研究

数字出版是知识经济的产物，它不同于传统工业经济与农业经济，以物质为基础，增长方式取决于能源、原材料和劳动力；而是以智力为基础，经济增长由科技创新、产品创意来决定，是一种从人的创造力、技能和天分中获取发展动力的新型经济形态。数字出版的商业模式是建立在对数字出版和数字出版产业特征基础上的信息经济新模式。

3.1 数字时代给出版带来的革命性变化

微软公司 CEO 史蒂夫·鲍尔默曾预言，“在未来的 10 年内，不会有任何的媒体消费模式能够和如日中天的互联网脱轨。无论是报纸还是杂志，它们统统会在未来 10 年内以电子版的形式与读者见面”。[1] 而今，这一预言正逐步变为现实。

3.1.1 纸质出版物受到巨大冲击

西方报刊业深陷倒闭潮。2012 年 12 月 7 日，德国著名报纸《法兰克福评论报》申请破产保护。2013 年 1 月 1 日开始，有近 80 年历史的美国知名新闻类周刊《新闻周刊》停止发行印刷版杂志，全面转向名为“全球新闻周刊”的数字版刊物。2010—2013 年，报刊业几乎成了西方国家减薪、裁员的代名词。

实体书店在加速消失。2011 年 2 月，美国第二大连锁书店鲍德斯破产。专家预计，其破产将导致美国出版社的销售额下降 1% ～ 10%。几乎同一时间，澳大利亚的 RED 零售集团也宣布进入破产程序，RED 占据整个澳大利亚图书市场销售份额的 20% 和新西兰图书销售总额的 75%。英国《卫报》2015 年报道称，目前英国全境仍在运营的书店仅有 987 家。截至 2015 年 8 月 1 日的这一季度，巴诺连锁书店的营业额跌至 12 亿美元，净亏损从 2840 万美元增加至 3490 万美元。[2]

纸质出版物销量持续下降。据尼尔森图书调查公司数据显示：美国 2014 年纸质图书销售总额同比上升 1.3%，英国同比下降 2.3%。日本在“3·11”大地震之后，报纸、杂志、漫画等纸质媒体销量急速下滑，日本报纸杂志发

1 微软新掌门：10 年内互联网将垄断媒体 [EB/OL].[2008-06-19]. http://info.ceo.hc360.com/2008/06/19071061045-3.shtml.

2 巴诺书店公布 2012 财年一季度财报 [J]. 出版参考，2011（9）.

行量调查监测机构 ABC 协会数据显示：日本 2011 年的报纸发行量减少 78 万份左右。[1]

3.1.2 数字出版迅速普及

2014 年美国电子书净收入达到 33.7 亿美元，英国电子书全年消费总额增加 11% 至 5.63 亿英镑。德国电子书的销售额同比增长 12.8%。

数据显示，世界主要出版集团的数字出版营收，在 2011 年都呈现出较大幅度增长。培生集团来自数字服务的营收同比增长 18%；兰登书屋电子书销售额在英国占到总体销售的 15%，在美国占到总体销售的 21%；哈珀柯林斯英国公司 2011 年上半年电子书销售额同比增加 7 倍。[2]

电子书销售快速增长。2011 年 5 月 19 日，亚马逊宣布电子书销量持续 3 个月超过纸质书，网站每卖出 100 本纸质书，可以卖出 105 本电子书。2011 年全美实体书销售额下降 19%，而电子书却实现了 171% 的强劲增长[3]。2011 年电子书已占到整个美国图书业 17% 的市场份额，在 2009 年，这个数字约为 3.31%[4]。

传统出版业加快数字化转型。2012 年 3 月，拥有 244 年历史的大英百科全书公司宣布停止制做纸质印刷版，着重发展在线版和电子版的百科全书业务。世界主要出版集团的数字出版营收在 2011 年都出现了较大增长：培生集团来自数字服务的营收较 2010 年增长 18%，至 31.7 亿美元；英国兰登书屋 2011 年电子书销售额占总体销售的 15%，美国兰登书屋占到 21%。此外，传统出版发行业务也在不断尝试数字化运营模式：国际最大的科学出版集团斯普林格在 2011 年正式上线 Springer Open，建成世界上最大的 OA 出版平台；巴诺书店网上销售业务快速增加，2012 年一季度财报显示：在线销售同比增加 36.8%，达到 1.98 亿美元。[5]

网络新闻读者首超过报纸读者。《新闻媒体状况》报告显示：美国人从互联网获取新闻，其数量已经首次超过从报纸获取新闻的读者。截至 2014 年 12 月，68% 的美国人通过互联网获取大部分国内和国际新闻，比一年前上升了

1　日本纸制印刷日薄西山　电子阅读尚显纠结 [EB/OL]. [2011-12-26]. http://www.chinaprint.org/rdzt/print2011/st6/2011-12-26/23944.shtml.

2　李苑 . 数字出版领跑出版业改革 [N]. 光明日报 . 2012-08-29.

3　崔斌箴 .2010 年电子书搅动世界出版格局 [J]. 出版参考，2011（1）.

4　美国数字出版考察报告 [EB/OL]. [2012-05-04]. http://www.xwcbj.gd.gov.cn/news/html/xyjb/249/53/article/1336097674039.html.

5　巴诺书店公布 2012 财年一季度财报 [J]. 出版参考，2011（9）.

5个百分点。

自助出版越来越热。在西方，近年来有越来越多的作者选择自费出版电子书。亚马逊书店的自助出版平台 Kindle Direct Publishing 目前已有10多位销量超过百万的畅销作家。自助出版电子书的作者在通常能获得70%以上的版税，这是传统出版不到20%的版税所无法比拟的。2011年末《纽约时报》十大年度畅销书排行榜上，自助出版作品首次在列，并占据了其中的两席。

电子书销售试行新模式。2011年9月，亚马逊推出电子书订阅服务，每年只需付费79美元，用户将可以进入亚马逊的线上图书馆，免费阅读一定数量的著作，也可以访问数字电视和电影库。苹果也面向特定用户推出了一项新的应用程序“书报亭”，用户可通过该应用订阅和购买杂志。

3.2 数字出版特征

3.2.1 载体的多样化

传统出版最终都是以实物形式出现，数字出版的最主要特征是脱离了传统出版载体的实物属性，而以数字形式作为出版传播的主体形式。数字传播改变了传统出版产业链，增加了传播的便捷性，降低了复制发行的成本。当出版脱离了纸张这一载体形式后，数字化的表现手段也变得更加多样化，静态的图文不再是唯一的表达手段，数字化表达更加丰富多样，音频、视频、Flash及它们之间相互整合成富媒体的表现方式可以使内容以更加形象化的呈现，数字出版可以用更加丰富、恰当的形式来表现相关内容，极大丰富了出版的内容与形式。

3.2.2 内容承载量的海量化

数字出版脱离了纸介质的载体形式，以数字作为存储方式。数字存储本身的海量性，决定了数字出版的内容含量要远远超过纸介质时代，未来的数字出版将以一种大数据量的形式而存在。

3.2.3 创作的草根化

海量信息改变了以往只有精英作品才能得以出版的现实，使更多的内容有了出版的可能。数字化往往与网络化密不可分，网络的便捷性大众化及用户创作内容的特性，使大量草根作品有了传播的载体，创作的平民化趋势越来越明显。

3.2.4 知识产品的聚合性

信息大都是旧有知识体系崩裂后重新排列组合的产物，信息碎片遍布网络世界。网络将这些信息碎片用超文本链接在一起，在这种情况下，一则完整的信息往往与其他很多在内容上与之有关系的信息相互链接，我们可以随时从这一文本跳跃到另一文本中去。超文本使得网络传播的内容不再完整，而是趋向碎片化、非线性化。这种非线性的信息结构，极大地简化了受众获取信息的过程，节省了大量的时间，极大地提高了学习和工作的效率。

3.2.5 媒体形态的多元化、融合性

未来，数字出版的出版将不再是单一的形式，多媒体整合、跨媒体出版将越来越普遍。出版物的内容与其展现形式分离，只在展现时才同格式结合。同一内容可以实现多平台发布，复合出版成为常态，实现同一内容、结构化加工、碎片化表达、跨媒体发布的功能。

3.2.6 传播的去中心化

数字出版减少了很多中间环节，使一对一、一对多、多对一、多对多的传播方式可以并存，它的拓扑结构从星状、树状，向复杂的网状结构发展，它由高度集中控制向分布式转变。数字出版将不再是传统的线性、静态、集中式的出版方式，而是一种可以任意组合的动态模式。受众拥有了更大的主动性，变被动接受为主动选择，对内容的分类与聚合成为对出版业的新要求。以受众为中心的各种组合将成为数字出版未来服务的重点方向。

3.2.7 内容查询的检索化

数字内容催生了信息大爆炸，海量的信息可以让我们找到想要的一切内容，但也可以轻易地淹没我们。因此，信息查询的检索化成为必不可少，它可以根据用户的需求或提问，从各类不同的数据库或信息系统中，迅速、准确地查出与用户需求相符合的、一切有价值的资料和数据。知识内容数字化后，大大方便了它的

携带和获取，使阅读需要随时随地可以得到满足。

信息检索服务通过研究用户、组织用户、组织服务，将有价值的信息传递给用户，最终帮助用户解决问题。从这一意义上看，信息检索服务实际上是传播信息、交流信息，实现信息增值的一项活动。

3.2.8　内容复制的个人化

传统出版业内容的复制是由机构完成的，如印刷厂、光盘中心等。但数字化以后，每个人都可以通过鼠标和键盘自行复制内容。

在数字时代，数字内容的"上传""下载""在线预览（临时复制）"也已经成为受众使用信息内容的一个重要组成部分，私人复制几乎可以与"合理使用"画等号。这在传统版权法的制度框架下，是不可想象的。有效地保护复制权，在著作权人的经济利益与受众合理使用之间找到平衡是数字出版的新命题。

3.2.9　内容呈现方式终端化

数字出版阅读的多样化也带来了终端的多样化：手机、PC、TV、E-INK类阅读器、IPAD等平板电脑、未来更新的MID等都可以成为电子阅读的终端，消费者们正在通过各种可能的终端满足使用需求。丰富的终端应用使得出版物的内容类型丰富多彩，文本中可加入音频或者视频材料，媒体形态趋于多元化。

3.3　数字出版产业特征

3.3.1　内容与介质的分离性

在纸媒体时代，内容和介质是混在一起的。比如说书，一本书的内容和构成这本书的介质无法分离。原来的纸介质图书内容与形式融为一体，不可分割。没有内容的纸张与没有纸张的内容，都不能称之为图书。

在数字时代，内容与载体的分离成为可能，内容可以脱离介质独立存在。大量新媒介的出现，导致内容可以在多种传播载体上被复制和消费。这使得原来依据载体特征来划分的图书产业的逻辑基础被不断解构，即内容不必依赖印刷技术和纸张才成其为图书。有多少种传播载体，便有多少种图书形态，如电子书、手机书、网络图书等。

数字出版物真正基础性的变革在于文本的流传方式。由于内容以数字形式保存，不必依附于纸这一唯一的媒体形式，摆脱了图书报刊的实体形式，内容可以独立于介质而存在，并可实现多介质传送，人们可以不局限于单一的介质形态，而是通过各种阅读设备，以数字的形式阅读文本，从平板计算机、手机、计算机等不同介质接受不同的内容形式。

3.3.2 开源性与开放性

数字出版打破了专业生产的垄断性的一大表现就是其开放性，开放性不仅指互联网接入的普世性与平等性，更重要的就是强调的资源的开放性，网民之间共同提供与分享信息与资源。“开放”的理念起源于自由软件（Free Software）和开放源代码软件（Open Source Software），之后又先后出现开放存取（Open Access）、开放内容（Open Content）、开放课件（Open CourseWare）以及开放教育资源（Open Educational Resources）等开放资源运动，这些开放系统极大地促进了各类资源的建设，也使更多人受益——不仅资源的最终用户（消费者）能够自由获取更多资源，更多的人投入开放资源的开发和建设，大众智慧不仅推动知识社会的进步，同时推动商业进步，并引领商业新模式。

3.3.3 生产与销售的虚拟化

数字出版是信息网络构筑的一种虚拟空间中进行的出版活动，它脱离了实体载体，不再受到时间和空间限制。流程交易的虚拟化是由数字化本身的性质决定的，数字出版产业链上进行的各种经营活动，如内容生产、平台交易、网络服务等都是虚拟化交易，它既可以是实物经济的虚拟化表现，也可以是完全独立的虚拟经济行为，与现实中物理空间意义上的实体经济并行不悖。

3.3.4 媒体生产的实时性

传统出版产业拥有规范的流程，所以传统出版拥有稳定的周期，而数字出版使内容与介质发生了分离，传播不必以在某一介质（如纸张）上复制内容的速度来制定生产周期、以配送的距离来制定流通时间，而是随时产出，随时上传，不再受时间局限。传统意义上的图书策划生产、发行被信息内容生产和传播所替代，尤其在传播这一环节，显示出极强的时效性，数字出版产业与互联网接轨，可将图书视为媒体而非产品，步入实时化媒体时代。

3.3.5　传统产业分工被打破

传统出版产业链的编辑—印刷—发行—营销产业链被打破，而以内容生产—技术加工—平台展示—渠道投送—终端选择为替代，诞生了新的产业链及产业分工。

3.3.6　交互性与社区化

目前，互联网用户有大量的时间花在社区应用上面，而且社区对用户黏度正在不断加强。随着微博、轻博客、问答式社区、推图、SNS 等一大批社区类应用不断推出，用户使用社区的时间也变得越来越长，社区的用户黏度也越来越高。而且，社区正在不断嫁接其他各类应用，如视频、音乐、电子购物等，这些又不断丰富社区内容，社区化与交互性成为数字出版产业特性之一。

3.4　传统出版物的数字化形态

数字出版是人类文化的数字化传承，它是建立在计算机技术、通信技术、网络技术、流媒体技术、存储技术、显示技术等高新技术基础上，融合并超越了传统出版内容而发展起来的新兴出版产业。数字化出版是在出版的整个过程中，将所有的信息都以统一的二进制代码的数字化形式存储于光盘、磁盘、网络等介质中，信息的处理与接收则借助计算机或终端设备进行。

在计算机技术和互联网快速发展的时代，面对层出不穷的新媒体形态，为应对挑战开始转型发展，传统出版商推出了图书、期刊、报纸等传统出版物的数字化形态。与传统出版物相比，它们的数字化形态出现了全新的特点。

3.4.1　电子图书

艾琳·加德纳和罗纳德·G. 穆斯托在其所著的《牛津图书出版手册》（牛津大学出版社出版）第 19 章中认为，电子图书（electronic book，也作 e-book、ebook、数字图书）是以文本和图片为内容要素的、数字形式的出版物，通过计算机或者其他数码设备制作、出版和读取[1]。

电子图书有多种分类标准和方式，例如根据内容不同，可以将电子图书分为文学类、科教类、历史类、生活类、科幻类等等；根据格式的不同，可以将电子图书分为TXT格式、EXE格式、HTML格式、PDF格式、HLP格式、CHB格式、EPUB格式、UMD格式、JAR格式，等等。

根据经营单位不同，可以将电子图书分为传统社或出版集团经营的电子图书以及数字出版企业通过获得传统出版社或作者个人授权在线经营的电子图书两类；根据制作过程及呈现方式的不同，可以将电子图书分为一般型和增强型两类。

不论如何分类，电子图书作为一种传统出版物的数字化形态，具有一些共同的特点：

1. 大存储容量。电子图书是以计算机为基础的，因此电子图书的存储量远大于纸质图书，从20世纪80年代的CD-ROM光盘出版物到近两年提出的"云出版"概念，电子图书的存储量随着技术的发展不断增加。

2. 多媒体表现、互动性阅读。电子图书将文字、图片甚至音乐、视频等多媒体形式结合起来，随着电子图书格式的不断演变和阅读终端的进步，电子图书中植入的多媒体表现形式随之增多，iPad、Kindle、bambook等专业阅读设备及无线网络的普及促使增强型电子图书的出现，将超链接和在线即时互动加入电子图书中，通过网络获得更多扩展内容以及与作者或其他读者进行在线交流功能，从而丰富了电子图书的表现形式和读者的阅读体验。

3. 便于携带、不受地域限制。电子图书是将内容数字化，通过硬件设备或者网络进行储存，减小了图书所占空间，读者可以将电子图书存储在移动手持设备中，方便携带和阅读。而且，电子图书将内容数字化并上传网络，读者阅读图书不必再受到地域的限制，只要能接触网络，即可随时随地下载电子图书。

4. 检索方便，易于查找。经过数字化的电子图书可以形成图书数据库，数据库自身具有数据处理、用户管理、数据检索等功能，读者只需要通过网络搜索引擎即可搜索到自己的目标书籍，方便了图书的检索和查找。这一特点也使电子图书馆成为可能，并在某些功能上优于实体图书馆。

5. 出版门槛放低，实现出版平民化。在传统纸质图书出版过程中，作者与出版社两者之间，作者处于相对弱势地位，且由于书号的限制、出版社的盈利考虑等因素，很多作品都无法出版。而电子图书因为制作简单、出版空

---

1 艾琳·加德纳，罗纳德·G.穆斯托.电子书的定义[EB/OL]. [2011-12-26]. http://www.bookdao.com/article/4283/.

间充足，作者可以在电子图书网站上上传自己的作品，与读者见面，这使出版门槛大大降低，出版开始呈现平民化趋势。

6. 防止图书绝版和断版现象。电子图书以数字化形式存储，不用考虑传统出版业库存的成本问题，图书的电子版可以几乎无限制地存储于磁盘空间，如果与远程数码印刷机结合，可以实现按需出版。能防止图书绝版和断版的情况，有利于文化的传承。

7. 降低图书成本，实现零库存。电子图书可以实现一次制作多次下载，省去了传统出版中在制版、印刷、纸张等制作过程以及在销售过程中产生的费用。同时，电子图书存储在网络空间中，实现了图书的零库存。

电子图书的出现是计算机技术和网络技术发展的结果，1971 年，伊利诺伊大学的迈克尔·哈特开始实施古登堡计划，此计划将短篇幅、无版权的作品开发成电子文本，最初的一些作品包括《独立宣言》《人权宣言》和《美国宪法》等。随着媒介存储容量不断增加，古登堡计划开始将包括《爱丽丝漫游奇境记》《彼得·潘》以及《圣经》在内的大型作品数字化。20 世纪 90 年代中期，古登堡计划开始采用效率更高的光学字符识别（简称 OCR）技术。这是历史上的第一个数字图书馆，计划在 2015 年达到书籍储量 100 万本。

古登堡计划到目前为止已经持续了 40 多年，并将继续进行下去。电子图书经历了光盘存储电脑阅读、网络在线或下载电脑阅读、网络在线或下载手机阅读、网络在线或下载阅读器阅读几个阶段，发展已经相对成熟。2011 年 5 月，全球最大的网上图书零售商亚马逊宣布，该网站电子图书内容的销量首次超过传统印刷书籍，一天平均卖出 950 万本电子图书，相当于每秒钟有 110 本电子图书被买走。电子图书已经成为未来图书发展的趋势[1]。

根据《2010 ～ 2011 年度中国电子图书发展趋势报告》中的调查结果显示，电子图书阅读终端发生了重大变化。PC 端阅读所占比例从 2006 年的九成多减至 2014 年的不到五成，而手机端阅读比例已增至多于五成，专用手持式阅读终端的使用比例也有所增多。可见，随着无线网络的普及、智能手机功能的增多以及专业手持阅读终端的不断改进，加之现代化环境下人们生活节奏的加快，随身性阅读已经成为发展的大势所趋。

同时看到，我国的电子图书的市场产值已经进入快速增长阶段。经过多年的用户习惯培养，付费阅读开始逐渐被用户所接受。有学者提出，如今已经进入内容 4.0 时代，与以往几个时代单人对单人、单人对多人、多人对多人的传播方式不同，内容 4.0 时代是优质内容对多人传播，用户愿意为优质

1　2010 是电子书之年？ [EB/OL]. http://culture.ycwb.com/2010-05/06/content-2511311.htm.

内容付费的时代。《2010～2011年度中国电子图书发展趋势报告》指出，我国2010年的付费阅读市场产值为11,349万元，比2009年增长了17%。在付费阅读逐渐形成规模和相关政策的支持下，2010年我国电子图书产值为8.695亿元。

电子图书良好的发展前景、国家政策的扶持和数字化的发展趋势，促使涉足电子图书业务的出版社和网站数量快速增加。但是，作为一个起步时间不长的领域，高增长的背后隐藏着一些不成熟的方面，是产业良性发展的障碍。

首先，电子图书内容良莠不齐，缺乏原创性。《2010～2011年度中国电子图书发展趋势报告》显示，原创网站比例远远低于转载网站，后者占到所有网站的九成以上，这一状况从2006年到2011年间并没有明显变化。在经过一番技术革新后，最终电子图书的竞争仍将回到内容的竞争，赚得用户注意力的将是精彩内容，而大量的转载网站只有形成自己与众不同的个性才能在竞争中不致失败。同时，大量转载网站在转载过程中很容易侵犯原创作者的著作权，不利于我国版权保护的发展，这也必将影响电子图书的进一步发展。

其次，电子图书格式不统一，阅读器缺乏兼容性。到目前为止，还没有世界统一的电子图书格式标准，TXT、EXE、HTML、PDF、HLP、CHB、EPUB、UMD、JAR等格式的电子书均存在，用户根据自己设备的需求自行选择不同格式的电子书。而不同品牌、不同系统的手机、苹果、亚马逊等推出的不同阅读器，所适用格式各不相同，对资源共享形成阻碍。理论上讲，统一格式是好事，但实践中，格式各异背后，也有企业创新和版权保护的因素，因此目前还看不到统一格式的迹象。

最后，电子图书版权保护方式和盈利模式还不明确。与传统纸质图书相比，电子图书更易于复制、转载，对网络上首次发行的网络作品难以进行版权保护，除了提高人们的版权意识外，还需要相应技术的支持和相关法律的制定。现阶段，电子图书的盈利模式也没有完全明晰，作者、出版社、网站、运营商之间的利益分成缺乏成熟的模式。

3.4.2 互联网期刊

互联网期刊，是指以数字化方式存储，借助互联网络传递图像、声音、文字等信息，并通过终端设备读取的连续出版物。从狭义上说，互联网期刊是在网络上原创发行的期刊；从广义上说，互联网期刊既包括网络原创期刊，也包括传统期刊经过数字化后在网络上发行的期刊。

我国主要的互联网期刊发行平台包括人文大众类期刊发布的龙源期刊网；以发布学术期刊为主的中国知网、万方数据、维普资讯；以发布时尚类期刊为主的 VIVA、读览天下等；再早还有 ZCOM、Xplus 等。不同类型的互联网期刊的受众群体有所不同，在表现形式和服务方式上也各有特色。下面从不同类型的期刊网站入手，分析各自具有的特点、所面临的挑战及应对策略。

第一，学术性互联网期刊发布平台。

以发行学术性互联网期刊为主的发行平台的典型代表为中国知网的《中国期刊全文数据库》，这类互联网期刊主要具有以下三个特点：

1. 以机构或研究性个人为主要用户群体；

2. 以用户付费为主要盈利模式；

3. 对期刊进行编辑，拆分文章，多为黑白形式呈现。

目前国内学术性互联网期刊主要出版商是中国学术期刊（光盘版）电子杂志社和同方知网（北京）技术有限公司组成的产业集团（以下简称同方知网）、万方数据科技有限公司（以下简称万方数据）和重庆维普资讯有限公司（以下简称维普资讯），下面对这三家出版商发展状况进行简单介绍：

1. 同方知网

由清华大学、清华同方发起，始建于 1999 年 6 月。截至 2013 年底，与全国知识界、出版界等合作，建设的《中国知识资源总库》已囊括我国 90% 的信息资源，包括 10,600 多万篇期刊、学位论文、会议论文、报纸、年鉴、统计年鉴、工具书、专利、标准、国学古籍、图书、国外数据库等产品，涵盖了学术、文艺、文化、科普、高等教育、基础教育、医药卫生、农业工业等出版内容，实现机构用户 6500 家，终端用户数超过 5000 万人，海外用户遍及 100 多个国家与地区。同方知网还率先启动了学术期刊优先数字出版，确定了“单片定稿出版”和“整期定稿出版”两种有限数字出版方式，以及与各期刊的优先数字出版合作模式，并成功签约 400 多家期刊杂志社，2013 年，已与约 1000 家学术期刊单位合作实施优先数字出版。该公司 2013 年营业收入为 7.6 亿元，其中包库收入 5.1 亿元，镜像站点收入 2 亿元，流量计费收入约为 0.5 亿元。

2. 万方数据

万方数据股份有限公司成立于 2000 年，是由中国科技信息研究所以万方数据（集团）公司为基础，联合中国文化产业投资基金、中国科技出版传媒有限公司、北京知金科技投资有限公司、四川省科技信息研究所和科技文献出版社发起组建的高新技术股份有限公司。万方数据是国内最早从事信息内容服务的股份制高新技术企业之一，十年来，已发展成为一家以提供信息资源产品为基础，同时集信息内容管理解决方案与知识服务为一体的综合信息内容服务提供商，形成了以“资源 + 软件 + 硬件 + 服务”为核心的业务模式。万方数据在为用户提供信息资源的基础上，还运用先进的分析和咨询方法，为用户提供信息增值服务，并陆续推出万方医学网、万方视频知识服务系统、科技创新辅助决策支持系统等一系列信息增值产品，以满足用户对深度层次信息和分析的需求，为用户确定技术创新和投资方向提供决策。2013 年，该公司营业总规模收入超过 3 亿元，与 2012 年基本持平。

3. 维普资讯

维普资讯是科学技术部西南信息中心下属的一家大型的专业化数据公司，成立于 1993 年，致力于电子与网络信息资源的研究、开发和应用。公司的业务范围包括数据库出版发行、知识网络传播、期刊分销、电子期刊制作发行、网络广告、文献资料数字化工程以及基于电子信息资源的多种个性化服务。该公司拥有自主开发的中文搜索引擎技术，有强大的文献数字化加工能力以及遍布全国的营销服务网络，2013 年公司采购和获取近 8000 中期刊的纸刊与版权授权。2013 年该公司营业规模超过 0.9 亿元，其中包库收入 0.21 亿元，镜像站点收入 0.62 亿元，流量计费 0.045 亿元，广告收入 0.03 亿元。

第二，人文大众类互联网期刊发行平台。

以综合性互联网期刊为主的发行平台的典型代表是龙源期刊网，这类互联网期刊发行平台主要具有以下三个特点：

1. 期刊分类广泛，以主流期刊为主；

2. 采取免费与付费阅读相结合的方式，通过杂志订阅形成盈利；

3. 保留杂志内容。

人文大众类互联网期刊发行平台大多与期刊社合作，获取期刊的数字版权进行在线销售。此类网站更像是网络上的报刊亭，初期直接将原版纸质期刊数字化后在互联网上发布，近期逐渐实现内容的碎片化和服务模式的多样化，同时也开始重视移动终端的发布。

龙源期刊网 1998 年 12 月试运营，1999 年 6 月开通，是全球最大的中文期刊网。2013 年，龙源处在高速发展期，公司规模不断扩大，特别是在以人文大众类期刊杂志为基础，移动互联网为特征的“大众知识阅读”方面独树一帜。人文大众类期刊已达 4700 多种，鉴于用户市场（全国公共文化社区建设）的变化，龙源已经从单一的期刊资源改变为以期刊为主，图书、作者、音视频资源综合建设的新的发展阶段。类别涉及时事、财经、党政、文学、医药保健、运动体育、综合文化、教育、军事、家庭、情感等诸多方面，国家期刊方针双效双百期刊和省级优秀期刊占 70% 以上。2013 年总收入 0.65

亿元，主要为充值付费形式，年度点击阅读率超过一亿次。

第三，时尚类期刊互联网发布平台。

ZCOM 电子杂志网站 2004 年成立于北京，是中国最早的电子杂志平台开发商之一。截至目前，ZCOM 注册用户已超过 4000 万，用户遍及国内及北美东南亚等地，并以每天数十万的净增量递增，日渐成为国内下载量最大、读者群最广的杂志阅读平台。作为国内首屈一指的电子杂志平台，ZCOM 已和千余家国内正规主流杂志刊社达成合作，杂志类别广泛——涵盖时尚、旅游、新闻、汽车、摄影、家居、教育等各个领域，可以帮助杂志社将数字期刊从 PC 单一平台向多元领域扩大发展。同时 ZCOM 与中国联通、长虹、海尔、TCL、夏普、VIA 等，达成战略合作伙伴关系，独家为厂商提供内容支持。目前 ZCOM 电子杂志已经覆盖了国内超过 50% 的 IPTV，用户数量超过 1 亿。成为最大的电视杂志内容提供商。

第四，手机杂志。

手机杂志的典型代表是 VIVA 和读览天下。手机杂志是以移动终端为主要平台，主要以客户端形式出现。虽然不同手机杂志网站应用各具特色，但也有一些共同之处。

1. 界面符合移动阅读特点，对期刊内容进行预处理，去除期刊内广告页；

2. 现阶段以免费阅读为主，部分内容收费阅读。

手机是被公认的“第五媒体”，手机杂志很好地利用了受众的“碎片化时间”，发挥了手机随身性、个性化的特点，成为“移动报刊亭”。根据《2012 年中国手机杂志市场报告》显示，截至 2012 年 12 月 31 日，VIVA 自有平台上，客户端用户规模累计达到 8800 万，2012 年增长率 259%，连续三年保持 200% 以上增长率。可见，手机杂志正处于快速发展时期。但是也应该看到，手机杂志发展背后存在的内容同质化、侵权现象严重等问题，如不加以解决，手机杂志很可能成为昙花一现。

目前，国内手机杂志的典型代表是 VIVA 和读览天下，下面对这两家出版商发展状况进行简单介绍：

1. VIVA

VIVA（北京维旺明信息技术有限公司）成立于 2007 年，是新媒体公司和数字阅读平台。旗下主要产品有“畅读”“杂志汇”“图文书”。其中“畅读”是一款时下最热的个性化阅读客户端，覆盖所有主流的智能手机和平板电脑操作系统，目前已经从一个囊括了 300 多个主流杂志品牌的平台，全面拓展为根据用户的阅读行为推荐，包括最新最热各类资讯内容在内的个性化品质阅读平台。截至 2014 年底，畅读月活跃用户超过 3500 万。凭借在产品技术上的创新，畅读颠覆了传统手机媒体的广告形式，已经成为各行业无线新媒体合作的首选伙伴。公司的核心业务是通过自主研发的手机数字出版发行平台传播已经公开出版的媒体内容，给手机用户带来视频、音频、图文的全新阅读体验。VIVA 有千余种杂志、各类型网站及自媒体组成的媒资库，与人民日报社、新华社等知名媒体阵营建立了合作关系，内容涉及新闻、财经、时尚、娱乐、生活、汽车、数码、军事、体育等诸多领域。目前平台有 10,000 本期刊同时在线，月生产 700 本杂志，文章日更新量近万篇。

2. 读览天下

读览天下 2007 年成立于广州，是移动互联网阅读平台。目前拥有综合性人文大众类期刊品种达1000余种，内容涵盖新闻人物、商业财经、运动健康、时尚生活、娱乐休闲、教育科技、文化艺术等领域。作为国内首家入驻苹果移动终端的原版数字杂志阅读服务提供商，读览天下始终引领着数字杂志阅读平台与移动终端的合作趋势。目前，读览天下已经在移动互联网平台上打通多终端渠道，是国内唯一能让用户在 PC、iPhone、iPad、Android、Kindle、iRiver Story、SONY Reader、Nook 等多平台上自由阅读的厂商。读览天下致力于打造全新的数字出版发行的产业链条，推动产业健康的生态环境，开创基于绿色阅读的时尚生活方式。上游面向传媒业和出版业，专门为其提供数字化解决方案，帮助其快速建立从出版到多元发行的数字出版发行平台；下游面向渠道、终端平台及用户，为其提供丰富、原版的杂志、图书内容和优质的阅读交互体验。

3.4.3 数字报纸

数字报纸，是传统报纸与数字技术结合的产物。利用当前最新的计算机媒体技术和网络传输手段，将传统报纸内容以全新方式展现的新型报纸。数字报纸主要涉及两个面，一是从选题、采访、编辑到录入、印制、发行、订户管理等各个环节都尽量借助数字信息技术加以处理，二是利用数字化延伸报纸的产业链，增加传统报社在数字化时代的收益。

数字报纸在国外发展时间较长，已经相对成熟，《纽约时报》《华尔街日报》《华盛顿邮报》等都早已通过网络进行发行，更有例如《基督教箴言报》这类报纸，停止发售纸质版，仅保留数字报纸业务。国际上，数字报纸已经形成成熟的盈利模式，如《纽约时报》2012 年第一季度的在线订阅人数已经超过 50 万；《华尔街日报》首创收费网站运营模式，网络报纸发行达 80 万份，收入达 1.5 亿美元，在线订阅已超过印刷版发行收入，同时 ipad 注册用户在

2010 年就达到 6.4 万人。

纵观我国数字报纸的发展历程，主要分为四个阶段：

1. 网络版阶段。1995 年《中国贸易报》上网，标志着我国数字报纸的开端。报纸的网络版主要是借鉴传统报纸的形式，结合互联网这种全新的媒体，将报纸的内容呈现出来。

2. 报网互动阶段。1999 年初，四川新闻网上线，传统报纸将网络作为一种获得读者反馈的形式。网络不再只是复制报纸内容，而是利用网络自身具有的特点扩充报纸内容，增加与读者互动，打造报纸网络版的特色。

3. 拓展新型接受媒体阶段。2004 年《中国妇女报》推出全国第一家手机报纸《中国妇女报・彩信版》，2006 年《广州日报》推出《广州日报移动数字报纸》，读者通过一个相当于 1/8 报纸版面的电子阅读器，从网上下载电子版报纸、可随身携带离线阅读。这些全新的数字报纸阅读媒体开创了全新的读报形式，增加了读者的体验。

数字报纸在演进过程中逐渐成熟，并形成以下四个特点：

1. 报纸原有形式与网络实时更新相结合。数字报纸在将传统报纸数字化，将原有版面呈现在网络上的同时，实时上传新闻信息。传统新闻与网络新闻有机结合，更好地展现新闻的及时性和深度。利用传统报纸的人员优势和政策优势，数字报纸相比于一般的新闻网站具有资源上的优势，可以更好地为读者提供新闻资讯的服务。

2. 提供专业个性化服务。数字报纸利用计算机技术将内容数字化形成数据库，读者可以方便地查阅往期报纸内容。借助数据库的特点和记者的专业性并根据读者的特殊要求向网站的会员提供专业化、个性化的服务。现阶段大多数的数字报纸网站都提供内容定制服务，通过个性化的内容争夺会员。

3. 移动阅读终端形成。从以彩信形式发送的手机报到数字报纸的移动阅读器，再到适用于各种移动阅读设备如手机、平板电脑等的终端应用，数字报纸不断提升读者的移动阅读体验。与传统报纸一样，数字报纸也具有时效性强的特点，移动网络和移动终端的发展为满足这一要求提供了条件。数字报纸移动阅读体验的增强也很好地满足了快生活节奏下人们碎片化阅读的要求。

4. 数字报纸广告表现形式优于传统媒体。数字媒体广告借助于计算机和网络，表现形式多于传统报纸，广告效果更易监测。数字报纸使报纸对广告商的吸引力增加。

原国家新闻出版署副署长石峰曾指出，数字报纸是中国报业面对新媒体崛起的一种必要形式。2006 年 6 月在北京召开的第三届中国报业竞争力年会上，国家新闻出版总署提出了“数字报业实验室计划”，数字报纸走上快速发展道路。温州报业集团的举措在我国数字报纸发展中具有重要意义，2007 年 4 月 8 日，温州报业集团的《温州日报》《温州都市报》《温州晚报》《温州商报》在全国上线发行，成为全国首份付费订阅的“数字报纸”。温州报业集团的这四份收费的“数字报纸”首先是原模原样的报纸，图文并茂，而非文本新闻；其次具有朗读功能，可当作电台收听；再次广告内容是多媒体形式呈现，可作电视收看，并在后面几期中实现了新闻内容的多媒体化展示。这四份数字报纸全年的综合定价是 380 元，相当于纸质报纸的一半，一份报价或两份、三份捆绑价低于纸质报的 15% ～ 40%。[1]

数字报纸经过十多年的发展，已经有了一些好的探索。但是，在模式逐渐成熟的同时，数字报纸也显现出一些不足之处并受到诸多新媒体形态的挑战，数字报纸在迎接挑战中需要同温州报业集团的探索一样，采取适当的策略。

1. 深化品牌意识。一份报纸的品牌代表着它的编辑方针和新闻理念，代表着报纸对于受众的承诺。在信息爆炸时代，受众的注意力严重分散，要帮助受众在众多的信息中进行分析、排除噪声、保证信息的真实性并以报道的及时性、独特性和深度取胜，逐渐深化报纸品牌在受众心中的形象。报纸的品牌可以克服互联网缺乏真实性的问题，使受众对该报纸和相应网站形成黏性。

2. 更大程度促进报纸与数字报纸的融合。网络版数字报纸多是以 PDF 格式呈现报纸内容，网站与报纸处于分离状态。数字报纸没有真正发挥计算机和网络超链接、非线性阅读等特点。在数字报纸未来的发展过程中，要更好的将数字报纸与其网站相结合，使受众可以将数字报纸中的相关内容直接连接至相关内容网页。增加受众的阅读范围和容量，节省受众搜索时间。同时，在数字报纸也面中增加搜索引擎系统，使受众可以快速找到目标内容。

3. 增加数字报纸与读者的互动。数字报纸相对于传统报纸的一大进步是数字报纸采用了全新的媒介表现形式，网络的出现模糊了传播者和受众之间的界限，引入了多人对多人的传播模式。在传统的传播模式中，受众的反馈是传播的重要环节，网络传播的出现增加了受众反馈的途径和效率。数字报纸在未来的发展过程中通过论坛、在线交流、微博等形式增加与读者的互动，能更好地发挥数字报纸的优势。

4. 提高移动端的阅读体验。移动阅读是未来阅读的趋势，移动互联网用户人数和市场份额不断增加使移动阅读成为一块兵家必争之地。数字报纸更

1 全国首份收费“数字报纸”在温州发行[EB/OL]. http://news.xinhuanet.com/society/2007-04/08/content_5949739.htm.

需要发挥网络随时随地阅读体现其即时性强的特点。现阶段，手机、平板电脑、电子书阅读器等多种移动阅读设备共存，提高移动端的阅读体验首先要统一数字报纸的格式，做到多终端的兼容性；其次要增加在各个阅读终端的使用方便性并关注用户对客户端意见的反馈及时做出调整；最后要降低报纸的收费，形成价格优势。

5. 做精做细定制内容服务。在数字化阅读时代，报纸纷纷转型，很难在媒介形式和技术上形成优势。而现代传播体系正逐渐从大众消费走向分众化，小众消费占据了重要位置。数字报纸除了要做到面对大众的内容报道外，还可以利用数字化过程中形成的数据库平台，对报纸注册会员进行定制内容的服务。将用户定制的内容做精做细，通过记者具有的专业知识，聚合本报信息和网络相关信息。提高定制内容的服务是提高用户黏性的有效途径，对报纸品牌的塑造也具有重要作用。

6. 做好版权保护。与传统报纸一样，内容仍然是数字报纸竞争的关键。但是，数字报纸相对于传统报纸内容更容易被复制、转载。在这种情况下，通过相应技术手段，做好内容的版权保护工作就显得尤为重要。

7. 简化付费方式和操作步骤。根据艾瑞咨询的调查报告显示，2012-2013年中国数字阅读用户中 40 岁以上用户仅占 9%，而 24 岁以下用户所占比例达到 32%。[1] 可见，数字阅读用户主要集中于年轻人群中。而报纸的用户年龄则分布较广，让中老年人同样接受数字报纸是数字报纸发展过程中的一大挑战，也是赢得市场份额的关键。简化付费方式和数字报纸阅读的操作步骤，降低数字报纸终端的技术要求，是应对这一问题的有效途径。

8. 逐步培养付费阅读习惯，形成数字报纸订阅。“互联网的阅读是免费阅读”的理念已经深入人心，一步完成数字报纸由免费到收费的举措会失去部分用户，而学习国际大报的做法，逐渐减少免费阅读新闻数量，增加付费阅读新闻数量，是报纸培养用户付费阅读习惯的有效举措。但是，此举措的前提是保证报纸的优质内容和良好的品牌形象。

不论采取哪些应对挑战的策略，数字报纸长期发展还是需要形成稳定的盈利模式。经过体制的改革，我国现阶段的报社基本属于事业性单位、企业化经营性质，报社自行经营、自负盈亏。因此，在向数字报纸转型阶段，除了坚持新闻道德、保持良好的口碑外，还要形成盈利。作为一种全新媒介上的表现形式，数字报纸与传统报纸在盈利模式上既有共同之处，也有所区别。根据上文所说的数字报纸发展策略，本文认为数字报纸主要有以下几个

1　艾瑞咨询 . iResearch-2011-2012 年中国数字阅读用户研究报告 [EB/OL]. http://www.iresearch.cn/.

盈利点。

1. 广告仍是主要收入来源。售价远低于成本的传统大众化报纸主要依靠广告主的广告投放形成盈利。数字报纸与之相同，我国现阶段的网络读者并未养成付费阅读的习惯，即使在未来发展的过程中能够形成阅读付费，也只是微付费。数字报纸所具有的多媒体形态、互动性等特点，更适合广告的投放，广告可以有更多的内容表现形式。因此，在未来一个阶段，广告仍将是大众化报纸的主要盈利途径。

2. 专业性内容的会员付费。知识经济时代信息成为一种重要的生产要素。如果提供的新闻内容具有专业性、及时性和独特性，并能以记者的专业视角加以深入的分析，对于希望节省注意力的一部分小众，是可以接受付费获取信息的。提供专业性内容所获得的收入是报社在数字报纸时代所独具的，传统报纸无法提供此项服务。

3. 延伸产业链，构建立体化盈利。数字报纸采用计算机和网络技术，在以数字多媒体形式呈现报纸内容的同时，形成数据库。结合现代按需出版、搜索引擎等技术，数字报纸在传统报纸经营产业链的基础上，进一步延伸，构建成纵向和横向全方位的盈利模式。产业化的发展有利于内容的共享、新闻内容及广告内容的立体化体现，能更好地吸引广告商，增加报社的广告收入。

3.5 新兴数字媒体形态

3.5.1 手机出版物

手机出版首先出现在日本，2000 年 1 月日本的第一部手机小说《阿由的故事》上线，一年内的订购者突破 2000 万人次。2001 年 7 月的《扬子晚报》推出短信版“扬子随身看”，拉开我国手机出版的序幕。2004 年 8 月，广州作家千夫长仅有 4200 字的小说《城外》以 18 万元的高价被运营商买断，这部号称“中国首部手机短信连载小说”的作品以 60 条短信的形式呈现。2004 年 7 月，我国第一家手机报——《中国妇女报·彩信版》正式开通，2005 年 8 月，南方日报报业集团推出省级手机报，自此之后各地手机报如雨后春笋般出现。

手机出版是互联网出版的一种形式，与其他形式的互联网出版相比，既具有共性也有自己的独特之处。目前尚没有对手机出版概念公认的或法律法规上的定义。中国大百科全书出版社王勤认为：手机出版是以数字代码方式，将有知识性、思想性、娱乐性的内容信息经过编辑加工后，以无线、有线接入或者以介质存储方式，发布和传播于移动终端的行为。而我国手机出版标准制定小组《手机出版标准体系》[1]对手机出版的初步定义为：手机出版是指服务提供者使用文字、图片、音频、视频等表现形态，将自己或他人创作的作品，经过选择和编辑加工，制作成数字化出版物，并通过无线、有线网络或内嵌在手机媒体上，供用户利用手机或类似的移动终端，进行阅读或下载的传播行为。

与手机出版相对应，定义手机出版物为：由国家新闻出版总署赋予出版资质（包括书报刊、音像、电子及网络等出版）的机构利用无线传播方式在移动终端发布和使用的作品，以及由互联网内容提供商（ICP）以及其他内容生产商生产的、内容利用无线传播方式在移动终端使用的作品的统称。[2]

作为一种以手机为载体的全新出版形式，手机出版物具有以下特点：首先，手机的随身携带属性决定手机出版物移动便携随处阅读的灵活性和相对隐蔽性。其次，手机出版物具有传输便捷性和时效性强的特点，同时具有一般互联网出版物所具有的个性化和互动性特点。最后，随着手机自身的不断发展和 3G 网络的普及，手机出版物呈现出富媒体的表现形态。手机出版物的以上特点使读者的碎片化时间阅读和第一时间接触信息成为可能，形成了独特的媒体优势。

工信部 2015 年 8 月发布的报告称我国手机用户已达到 12.96 亿，而中国互联网络信息中心在 2015 年 7 月发布的《第 36 次中国互联网络发展状况调查统计报告》指出，“截至 2015 年 6 月底，我国手机网民规模达到 5.94 亿，较 2014 年底增加了约 3679 万人”；“到 2015 年上半年，通过手机接入互联网的网民数量达到 5.94 亿，成为我国网民的第一大上网终端”。（如图 3.5.1 所示）

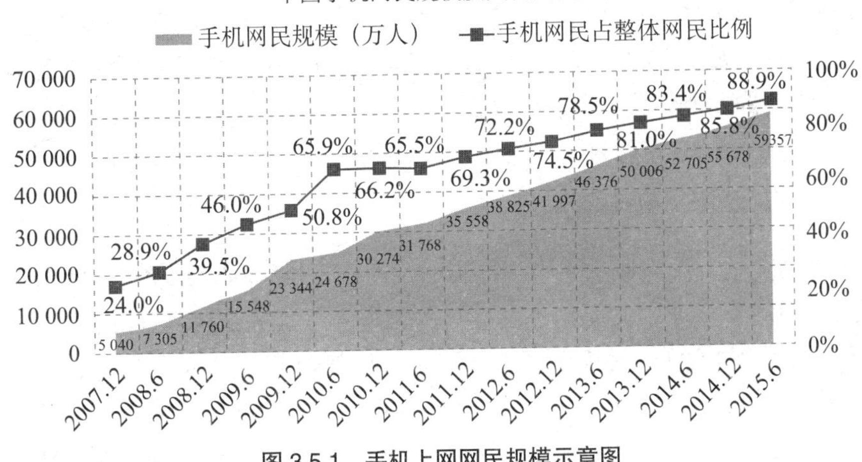

图 3.5.1　手机上网网民规模示意图

1　黄逸秋 .《手机出版标准体系》等标准制定工作会议召开 . [J] 传媒，2009（5）.

2　王勤 . 手机出版定义 [EB/OL]. http://blog.sina.com.cn/s/blog_61435e920100ff5r. html.

巨大的用户基数、3G 网络的普及、相应资费的下降，以及智能手机的发展，使作为“第五媒体”的手机的传播效果逐渐增强。手机出版从最初的短信、彩信发展到 WAP 形式、JAVA 形式，再进一步发展到 APP 形式，手机出版物也越来越多样，手机游戏、手机报纸、手机杂志等接连出现。调查显示，去年中国数字出版产业总收入达到 3387.7 亿元，其中，移动出版收入达 784.9 亿元，占整个数字出版的 32.17%。[1]

虽然手机出版相对于传统出版和其他网络出版具有不可比拟的优势且发展迅速，但现阶段的手机出版却遇到了亟待解决的发展瓶颈。第一，手机出版物内容同质化严重、质量普遍不高。走在手机出版前沿的手机报因为缺乏原创内容、健全的采编体制和运作模式逐渐退出舞台。第二，行业标准不统一。手机出版虽然已经发展了十余年，但是在出版格式、技术标准等方面还存在很大的差异，不同型号的手机之间不能通用。这不但给阅读带来了不便，且不利于行业内内容的整合，影响了手机出版发展的速度。第三，版权保护制度不健全。手机出版与其他形式的数字出版一样，侵权现象严重，影响其长远发展。第四，产业链不明晰。随着中国移动、中国联通和中国电信三大运营商开展数字阅读业务，手机出版正逐步形成完善的资源渠道、便捷的收费方式、比较完整的利益分配模式。然而，由于产业内利益分配复杂，且手机出版产业中出现越来越多的内容分类。手机出版物内容生产商与移动运营商之间的利益矛盾影响了手机出版的发展。

手机出版以“内容为王”，它虽然是一种全新的出版形式，但未来长期稳定的发展还需要更多原创、有益内容的支撑。同时要在丰富的媒介形式中脱颖而出，需要形成个性化特点，进行差异化竞争，尽快形成稳定的赢利模式。手机作为一种媒介形式，需要形成统一标准、有效利用资源，进一步助推手机出版产业的发展。

3.5.2 网络原创文学

“网络文学”作为概念在中国提出的时间并不长，本身并没有一个明确的界限。“榕树下全球中文原创作品网”的创办人朱威廉认为：“网络文学就是新时代的大众文学，互联网的无限延伸创造了肥沃的土壤，跳过出版社、书商的层层限制，无数人执起笔，一篇源于平凡人手下的文字可以在瞬间走进千家万户。”从广泛意义上说，网络原创文学作品指经过电脑制作并在网络上首发的文学作品。狭义上指通过电脑创作或通过有关电脑软件生成的、进入

---

1 郝振省.2014～2015 中国数字出版产业年度报告[M].北京：中国书籍出版社，2012.

互联网的文学作品，指脱离了网络的环境而无法生存的文学作品。

1994 年，方舟子等人创办了第一份中文网络文学刊物《新语丝》；1995 年诗阳、鲁鸣等人创办第一份网络中文诗刊《橄榄树》；1998 年，BBS 上出现了蔡智恒所著的颇具代表性和影响力的中文网络小说《第一次的亲密接触》，之后网络原创文学不断涌现，网络原创文学开始与实体出版业接轨，形成产业链。《诛仙》《鬼吹灯》等网络原创小说由出版社发现并成为畅销书，网络原创小说成为传统出版业的内容来源。

网络原创文学相较于传统文学有较为突出的特点。第一，传播主体广泛而分散。相对于传统文学出版由专业作家所控制的情况不同，网络原创文学多由网络草根作家创作并首先在相关网络文学网站发行。第二，内容自由性强，形式多样，添加超文本形态。网络原创文学与传统文学创作不同，没有严格的体例限制。作者可以畅所欲言，不必过多顾忌语言技巧的束缚。同时，网络原创文学的载体决定其可以采用图片、音乐、视频等超媒体的表现形式，使表现方式更加灵活多样。第三，传播速度快。网络原创文学以网络为载体，省去了传统出版过程中的复杂程序，写作和阅读均在线上进行，传播速度明显加快。第四，实时交互性。网络传播拓扑结构决定网络原创文学包含多种传播形式，信息是双向流动的。网络原创文学的作者通常一边进行写作，一边与读者进行交流，可以及时调整创作方向和形式，增强作品的读者参与性，增加读者数量。第五，与当代快餐文化、读者的心理需求相契合。网络原创小说以娱乐性为主，想象力丰富的特点迎合了现代生活节奏加快和压力增大下读者的心态。与移动阅读设备相结合提高了阅读的便捷性，符合了现代读者碎片化阅读的特点。

截至 2012 年，我国较为重要的原创文学网站有“榕树下原创文学作品网”（www.rongshuxia.com）、“起点中文网”（www.qidian.com）、“红袖添香”（www.hongxiu.com）、“新浪读书”（book.sina.com.cn）、“幻剑书盟”（hjsm.tom.com）、“搜狐读书”（book.sohu.com）、“腾讯读书”（book.qq.com）等。2012 年，我国网络文学的网民人数达 19,457.4 万人，使用率达到 36.2%[1]，据盛大文学公开数据显示，截至 2012 年 3 月底，盛大文学 6 家原创文学网站累计注册用户为 1.23 亿[2]。

网络原创文学能够在不到 20 年的时间内从出现发展到颇具规模，已经形成了自己的运营模式以及相对成熟的盈利点。对此，我们将从以下几个方面

1　第 30 次中国互联网络发展状况统计报告 [EB/OL][2012-07]. http://www.cnnic.cn/hlwfzyj/hlwtjbg/.

2　盛大文学首度盈利，坚定数字出版信心 [EB/OL]. [2012-05-10]. http://www.cctime.com/html/2012-5-10/2012510187342810.htm.

进行分析：

1. 读者付费。网络原创小说一般有免费阅读和付费阅读两大类。付费阅读大多采用先尝后付、微支付、VIP 订阅制等形式。以盛大文学为例，签约作者的作品首先发布在公共阅读区，供网站用户免费阅读，点击率达到一定的数量后将被转至 VIP 区，读者仅需支付每千字 2~5 分钱费用即可阅读，读者支付的费用，网站将和作者分成。

2. 版权分销。针对网络原创文学，除了在线阅读形成收费外，网络原创文学的运营网站还将高点击率、高阅读率的文学作品进行纸书出版、影视剧改编、网游改编等。例如，盛大文学旗下小说《斗破苍穹》改编网游取得成功，实体书销量也超过 200 万册；《步步惊心》《裸婚》等网络小说改编的影视剧播出后位列同时段收视冠军。“全版权”的运营模式不但为运营网站带来利润，也为网络原创文学写手创造了多元收入渠道。

3. 打造移动阅读平台。与网络原创文学特点相适应，移动阅读成为网络原创文学的重要阅读方式，各网络原创文学网站纷纷与移动运营商合作，建立移动阅读平台。此方式进一步延伸了产业链，扩宽了盈利渠道。

相对成熟的营运模式为网络原创文学下一步的发展奠定了基础。在有效整合资源的情况下，把控作品质量，做好资源的版权保护工作，是网络原创文学是否能保持发展势头，并扭转之前亏损，实现盈利的关键所在。

3.5.3 按需出版

在 2011 年 BIBF 期间举办的北京国际出版论坛上，英国剑桥大学出版社全球首席执行官潘仕勋认为，未来最具有吸引力的纸质图书出版模式无疑是按需出版。按需出版（Publish-on-Demand，POD），指根据作者和读者的需求，采用先进的数据处理系统、数字印刷系统和网络系统将出版信息全部存储在计算机系统中，需要时直接印刷成书，省去制版等中间环节，真正做到一册起印，即需即印。这种全新的出版方式突破了传统出版模式印数的限制，重新组合出版流程中的编、印、发各环节，实现了图书出版的零库存，被称为“绿色出版”。

按需出版兴起于 20 世纪 90 年代，是源于按需印刷（printing on demand）的概念。所谓按需印刷是指根据客户对印刷产品的数量、生产周期和印刷质量等特殊要求，利用电子文稿，在数字印刷机或高速激光打印机上，即时印制图书或其他印刷品的印刷方式。[1] 在有些国家，按需出版和按需印刷为同一概

1 李苏园，谈谈网络时代的按需印刷 [J]. 图书情报知识，2002（6）.

念，在我国两者之间既有联系又有区别。

按需出版形式的出现与发展主要有以下几个原因的推动：

1. 解决图书库存问题。在图书产业快速发展的同时，图书库存成为阻碍发展的重要因素。如图 3.5.3-1 和 .55.3-2 所示，1999 年到 2005 年间，图书库存金额和图书库存金额占总销售金额的比例都连年增长。[1] 图书库存量的增长与传统出版业的运作模式有很大关系。虽然传统出版商会在出版前通过各种市场评估规避风险，但为防止缺货现象的出现，出版社通常会设定一个安全库存量，进而导致图书库存的出现。这一对出版商而言造成经济损失的问题在当时亟待解决。按需出版以虚拟库存代替了实体库存，是这一问题较好的解决方式。

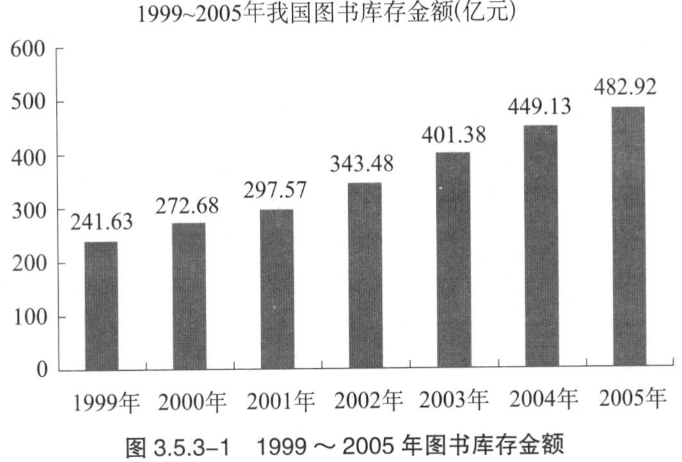

图 3.5.3-1　1999 ～ 2005 年图书库存金额

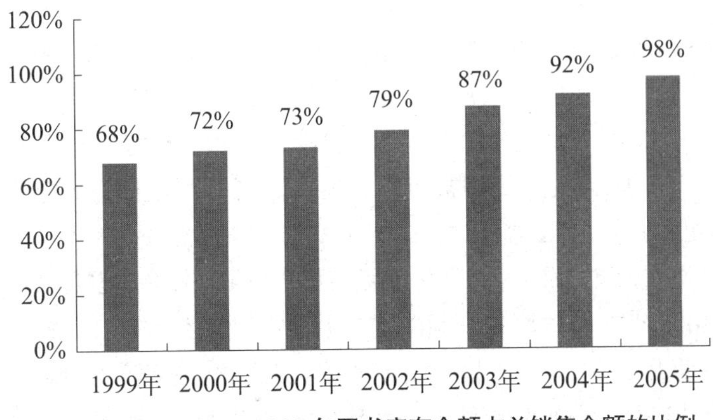

图 3.5.3-2　1999 ～ 2005 年图书库存金额占总销售金额的比例

1　由中国年鉴出版社出版的 1999 年至 2005 年《中国出版年鉴》各年数据整理而成。

2. 符合分众时代传播特点。当今社会已经进入分众传播时代。分众传播的“分”，包括两方面含义：一方面，媒体在不断发生分化，信息传播技术催生出无数新的媒体形态和应用工具，如网络媒体、手机媒体、移动电视、微博等，新兴媒体日益崛起壮大，与传统媒体激烈争夺受众和市场；另一方面，受众也在不断分化，人们的价值观念越来越呈现出独立性、选择性、差异性的特点，社会思想文化多元、多层、多变，不同群体之间缺乏共识，舆论呈现“碎片化”状态。[1]图书作为传播形态之一，同样呈现出分众化、多元化的趋势，传统大众图书出版的运营模式已经不能适应新传播形态的需求。突破印数限制并与网络相结合的按需出版可以很好地适应小众化印刷出版的要求。

3.“长尾”图书带来高收益。如克里斯·安德森所提出的“长尾理论”中所说的那样，由于成本和效率的因素，当商品储存流通展示的场地和渠道足够宽广，商品生产成本急剧下降以至于个人都可以进行生产，并且商品的销售成本急剧降低时，几乎任何以前看似需求极低的产品，只要有卖，都会有人买。这些需求和销量不高的产品所占据的共同市场份额，可以和主流产品的市场份额相比，甚至更大。图书作为一种商品同样具有此性质。但是，传统出版产业属于规模经济活动，无论印数为多少，编校、制版、装帧设计费等基本费用是不变的，印数越多，单本图书的成本就越低，因此“长尾”读者基本不会对出版社带来利益。稿件信息数字化，省去制版等费用的按需出版的出现解决了这一困境。

4. 解决断版图书的出版问题。出版社出于实际利益考虑，对于一些古书不会再进行印刷出版，因此图书断版现象出现。按需出版的出现可以解决图书断版问题，对古籍的保护工作提供了一条便捷的途径。

2011 年，亚马逊日本分公司日前宣布推出书籍按需印刷（Print-On-demand，简称 POD）服务。如果一些书已经不再重印，也买不到存货，顾客就可以登录亚马逊的网站，只要这本书在亚马逊的订购目录中，该公司就可以为顾客单独印刷一本并送货上门。这项服务扩大了顾客的选择范围，也使那些无法批量出版的书籍能够被重新印刷。读者则可以通过该服务获得以前无法购买到的书籍，如绝版图书或外国语言版本的图书。为了更好地推进该项服务，亚马逊日本分公司免费为出版商提供软硬件 POD 设备和相应的 PDF 文档。自 2007 年在美国率先开通按需出版服务及创意空间（CreateSpace）平台（作者自助出版平台）后，目前亚马逊每个月大约要按需印刷 10 亿张页面。

从世界出版业目前的情况看，大型网上书店 NetBooks.com、Vestcom 公

1 刘现同.分众传播时代怎样形成舆论引导合力——以河南日报报业集团中原经济区报道为例 [EB/OL]. [2012-08-22] http://media.people.com.cn/n/2012/0822/c348214-18805353.html

司、Lulu 公司、兰登书屋（Random House）的 Xlibris 公司、贝塔斯曼集团的 Offset 公司等都开展了出版物的下载和按需印刷服务。在美国，2008 年按需出版的图书品种首次超过传统出版，2009 年按需出版的图书同比增长了 181%，2010 年又同比增长了 169%。在德国，在最大的图书配送公司利博瑞（Libri）的带动下，目前几乎所有比较大型的出版社都引入了按需印刷。在英国，1998 年剑桥大学出版社率先开展按需出版，现在已拥有一个品种超过 2 万、范围广泛的按需印刷书目；2009 年，只做按需印刷图书的专门出版社 Punked Books 成立；2012 年，原创电子书出版社开放之路全媒体（Open Road Integrated Media）公司和英格拉姆、闪电资源公司开始合作发行开放之路全媒体公司电子书的印刷版本。在日本，东京书籍贩卖公司、凸版印刷公司和 29 家出版社共同出资成立 BOOK-ING 公司开展按需印刷服务；富士施乐、微软和大型出版社讲谈社、小学馆 4 家共同出资成立按需出版专业公司。按需出版在国外，尤其是美国出版界的应用已经相当普遍。[1]

从我国目前的情况看，专业出版社在按需出版方面走在前面。2004 年，知识产权出版社率先启动“按需出版工程”。在进行了初步探索之后，一些传统的出版集团迫于数字出版形势的发展和库存积压的现状，开始进行按需出版布局。例如，凤凰出版传媒集团 2009 年 4 月成立了凤凰数码印务公司，上海世纪出版集团 2010 年 7 月成立了上海世纪嘉晋数字技术有限公司，浙江出版联合集团 2009 年 12 月成立了数字传媒有限公司。出版社的按需出版业务主要目的是整合作者创作和出版社出版流程的按需出版模型以及建立数字内容资源库为基础的图书按需印刷业务模型以适应个性化、短版化、高效率的读者市场需求。

但是，总体而言，我国的按需出版仍处于探索阶段，按需出版还缺乏明晰的产业链，也存在一些亟待解决的关键问题。首先是数字出版数据库与按需出版设备之间的对接，要建立统一的技术标准；其次是参与按需出版各方的利益分配，需要形成一个成熟的商业模式；再次是数字出版资源的共享与开放，更多的企业参与其中可以扩大产业规模，提高资源的有效和合理利用率；最后，版权保护工作依然重要，只有确保作家、出版社以及按需印刷方的利益，按需出版产业才能继续发展下去。

目前，数字出版已经成为发展的必然趋势，也是按需出版的基础工程，是出版社和实体书店之间的桥梁。在解决按需出版关键问题的情况下，打造优质数字出版平台，为按需出版阶段打下基础。

---

1 http://www.qqysw.net/info/2012/newsinfo-3554.html.

3.5.4 网络新闻

网络新闻在诞生之初，是传统新闻业务的一种延伸，但是经过近十年的发展，它在不断地吸取传统新闻业务养分的同时，也逐渐形成自己的崭新面貌，有些甚至是革命性的，并有可能对整个媒体的新闻业务发展产生影响。[1]

从1995年，中国《神州学人》杂志成为首家上网媒体以来，中国的网络媒体已经历了近二十年的发展。它与传统媒体既有联系又有极大区别，现阶段的发展已经相对成熟，并逐渐形成了与传统新闻具有区分性的特点。

第一，时效性强。在初期，中国网络新闻的发布，遵循的原则是“实时”，1998年开始，《人民日报》网络版率先实现了网上实时报道九届全国人大一次会议和九届全国政协会议。自1999年网络媒体的跨步前进以来，我国网络新闻开始了对“实时”报道的追求。网络媒体在时效性上有相对于传统媒体天然的物理优势。近几年来，在如非典、汶川地震、奥运会等重要事件的报道上，网络新闻在时效性上均走在传统媒体前面。网络新闻已经从过去传统新闻的补充转变为事件的第一信息来源和全景报道。

第二，多媒体的表现形式，自主的获取可能。传统媒体的新闻报道具有媒体形式的局限性，不同媒体均具有主要的报道形态。而网络新闻则集报纸、电视、广播等多种媒体长处于一体，兼具文本、图形、图像、视频、音频等多种报道手段，丰富了网络新闻的内容。传统媒体新闻具有获取的时间性，而网络新闻则可以根据需求在任一时间自主获取内容，搜索引擎的不断完善为受众自主获取内容提供了有力的支持。

第三，海量的内容资源，超链接的阅读方式。计算机网络海量的存储空间使建立网络新闻数据库成为可能，网络新闻在不断发展过程中，逐渐改变了一次性报道的方式，形成了超链接的新闻设置，对一条新闻进行多次循环利用。中国人民大学教授彭兰对网络新闻作品的结构进行分析，认为一条完整的网络新闻作品可以分解为标题、内容提要、新闻正文、关键词或背景链接、相关文章或延伸性阅读五个层次。网络新闻可以最大化整合数据库资源，在新闻纵深上形成独特优势，同时利用计算机网络技术让读者可以进行超链接的方便阅读。

第四，传播主体多样化、传播交互性。与传统媒介新闻受版面和时段等限制并由“把关人”对内容进行严格的控制不同，网络的大空间降低了网络新闻的进入门槛，更多的内容可以进行相应报道。网络的拓扑结构提高了网

---

1 彭兰，中国网络新闻的六大发展 [J]. 杭州师范学院学报（社会科学版），2004(5).

络新闻的参与度，受众可以进行实时交流、发表评论。网络新闻淡化了传统媒体新闻传受之间的界限，形成了相对平等的交流平台，弥补了传统媒体传播过程中反馈匮乏的缺点。网络传受双方定位的模糊化还形成了网络独特的“围观”文化，也形成了网络独特的舆论监督体系。

第五，突破地域限制，个性化内容提供。网络新闻的发行是全球性的，突破了传统的地域限制。网络新闻在提供大众化内容的同时，也开始提供个性化的微内容，尤其是对于专业媒体更是如此。注册会员即可享受个性化定制的内容的方式，这不但满足了读者的特殊需求，而且增加了网络新闻的盈利途径。

虽然具有许多传统媒体新闻无法比拟的优势，但网络新闻也并非一个真正的完美话语空间。首先，缺少“把关人”导致网络新闻中的噪声增多。过多的信息量使受众无所适从，走入了信息匮乏的另一个极端。在丰富的信息中，假新闻也充斥其中，有些是为了博取眼球，有些则是为了其他特殊的目的，受众很难分辨。其次，缺少原创内容。从最初传统媒体新闻的补充发展而来，现阶段的网络新闻虽然已经摆脱了简单复制粘贴的做法，开始进行特殊的编辑编排，但是真正通过自己采访获得原创内容的新闻网站却屈指可数，报道深度的欠缺成为阻碍网络媒体发展的问题之一。

在网络新闻出现之初，传统新闻媒体将其视为有力的竞争对手，而在媒体高度融合的情况下，我国的主流媒体已经基本完成“上网”步骤，传统媒体新闻与网络媒体新闻已经基本形成竞合态势。

3.5.5 数据库出版物

数据库出版（database publishing）在国外已经发展成为一种比较成熟的盈利产业，国际上比较大型的出版社基本都建立了数据库。但是对于中国出版业而言，数据库出版还处在起步阶段，发展并不成熟。

汤姆森学习出版集团旗下的 thomsongale 是面向图书馆、学校和工商企业的大型数据库，包括 600 多个子数据库，400 万份论文、2600 万份期刊文章，500 万表格、地图和照片。汤姆森学习出版集团已经成功从教育出版转向信息服务的供应商，特别是网络信息服务供应商。reedelsevier 旗下的 lexisnexis 网上查询数据库已成为全球重要的法律、法规、税收和商业信息提供商。该数据库包含了 50 亿份可搜索的文件，订阅者包括 94% 的财富 500 强公司、1650 个美国大学和美国前 100 个律师事务所。全球最大的科学与医药信息出版商里德·爱思唯尔（reedelsevier）集团凭借此实现了从纸质出版向网络出版的转变。牛津大学出版社开发的“牛津在线”包括许多大部头词典和参考书，2003 建立的牛津学术在线（oxford scholarship online）数据库，收录了 700 多篇学术文章，并许诺每年增加至少 200 篇文章。[1]

从以上案例看出，国外数据库出版主要集中在专业出版领域，并且以大型出版社为基础逐步发展起来。反观我国数据库出版情况，数据库出版集中于科技公司，其中最为重要的三个为清华同方知网（北京）技术有限公司的中国知网、重庆维普资讯有限公司的中文科技期刊全文数据库、北京万方数据股份有限公司的万方数据库，主要出版内容为学术期刊、学术论文等，运营模式为付费下载，购买者多为图书馆、大学以及专业的研究机构。而我国的出版社却鲜有涉及数据库出版业务，即使设有数据库，也书目较少，无法形成规模。

不论是国外以出版社为基础的数据库出版还是我国以科技公司为主的数据库出版，都具备“大规模的资源”这一前提条件，并主要涉及以下几个关键步骤：

第一，数据样本的采集。这是数据库出版的基础环节，是实现数据一次输入多次使用的前提。在建设数据库的过程中，首先，要建立元数据标准，为数据的交换打下基础；其次，要建立专业内容的分类体系，通过技术方式将检索操作的“专业性”隐藏在后台、“傻瓜性”推向前台，满足用户的一般习惯；再次，要建立知识关联体系；最后，要建立资源加工系统，建立统一格式的存储文件并完成对元数据的标引。只有输入的样本数据符合数据库要求，才能进行接下来的管理。

第二，内部检索系统和外部发布系统。这是数据库出版得以实现的主要步骤。数据库既要方便内部人员进行检索修正，可以对数据库内容进行传统出版、按需出版、发布光盘出版物等使用，又要让外部用户可以在数据库中进行检索，查阅相关内容。对于专业知识数据库，必须要有本专业的词库系统，以此提高系统的全文检索率。

第三，系统维护及协同创作系统。一个完整的、常用的数据库需要对其安全性和稳定性进行监测，这是数据库出版得以长期进行的保障。数据库的维护比之数据库的建立有更大的工作量，需要投入更多的人力物力。

从以上对于数据库出版关键步骤的描述中可以看出，数据库出版除了提供数据库出版物以外，还是出版社进行内部内容管理的一种良好方式。在网络的应用领域不断扩宽的情况下，数据库是出版社长期良性发展不可缺少的

1　盖兆泉．数据库出版：离我们有多远？[J]. 出版参考，2007(1).

基石。我国大多数的主流出版社都已经具备了进行数据库出版的基本条件，但是要建立一个高效长期的数据库，还有很长的路要走。

3.5.6 知识服务

新世纪已经进入知识经济时代，信息服务产业提出知识服务的理念。知识服务是指向用户提供知识信息、知识挖掘手段及问题解决方案的服务，它是以资源建设为基础的高级阶段的信息服务。其过程是知识服务提供者凭借其具有的高度专业化的知识，在充分挖掘客户需求的基础上，结合组织内外搜集、整理的信息与知识，进行知识创新，并借助适当的方法和手段，在与客户交互的过程中，帮助客户获取知识、提高客户解决问题的能力、帮助客户理性决策，或者直接帮助客户解决问题。

出版集团在长期的发展过程中积累了大量内容资源，在数字化和一体化发展的浪潮下，出版集团也开始扮演知识服务商的角色，向用户提供自身优势领域知识内容的增值服务。例如，《瑞丽》等专业时尚杂志，通过多年的内容积累，开始在旗下网站上进行时尚问题的专业知识的服务。作为一项增值服务，知识服务与传统网站新闻信息有所不同，主要具有以下几个特点：

第一，分析用户需求，提供个性化资源。互联网海量的信息产生用户注意力的匮乏，花费时间在网络上攫取的知识内容不但散乱无章，且不一定能够满足用户自身的需求。而知识服务通过对用户需求的分析，利用自身在专业领域的知识或掌握的大规模数据库，整合内容资源，向特定用户提供，具有准确性、可靠性和系统性。

第二，网络虚拟化，知识内容即时获取。数字化时代知识服务均在网络上进行，是在虚拟环境中进行的，用户既可以接受专业的服务，又可以在匿名状态下进行，更好地保护了用户的个人隐私。网络具有高速传输的特点，用户获取知识内容信息不再受到地域的限制，也缩短了获取知识内容信息的时间。

知识服务作为一种新兴的数字化媒体形态，是出版集团增长产业链，立体化发展的一个方向，也是传统出版集团在数字化时代开拓经营领域的方式。但是我们也应该看到，知识内容出版并不是一种独立的数字出版形态，它要与出版数据库、按需出版相结合才能更大程度地发挥作用，体现出应有的价值。

3.5.7 博客、微博

博客和微博作为网络发展过程中的两种社交形态，之间既有联系又有所区别。将两者放在一起进行分析是因为微博是以博客为基础的，且两者之间具有一定的比较价值。本文首先对博客进行研究，再进一步对微博进行探讨。

博客（Blog），是一种通常由个人管理、不定期张贴新的文章的网站，是以网络作为载体，简易迅速便捷地发布自己的心得，及时有效轻松地与他人进行交流，集丰富多彩的个性化展示于一体的综合性平台。

“网络日志”这个名词在 1997 年开始出现，1999 年 Peter Merholz 第一次使用了“blog”这个名词，在经过 2000 年的快速发展后，博客逐渐成为大众化的平台，用户数量猛增。2000 年，博客开始进入中国，2005 年，主要的门户网站新浪、搜狐等开始博客运营业务，抢占这一市场，到 2005 年 11 月底，中国博客服务商已达 658 家，截至 2015 年 6 月底，在中国 6.68 亿网民中，拥有博客的网民比例达到 71.1%，用户规模为 4.75 亿人。[1] 作为一个全新的社交平台，进入中国不到 10 年内就获得成功，与其自身的特点密切相关。将其与其他网络形式比较后，我们发现其特点主要有以下几个：

第一，开放性、低进入门槛。博客是向全体网民开放的，用户只要简单注册即可获得个人网页，不再具有进入的门槛，任何年龄、职业、宗教的用户都可以拥有自己的博客首页，而不必像建立个人网页一样需要懂得计算机技术或拥有经济实力。

第二，用户主体性。博客是由用户自己进行管理并张贴文章的，对于页面的风格、张贴内容的风格及内容都由自己决定，除了基本的网络审核外，基本不受其他限制和干涉。相比于开发、组织化的 BBS，博客可以植入更多的个人特点并且私隐性更强。

第三，平等交流性、社区性。博客用户可以对感兴趣的博客进行关注，也可以对感兴趣的文章进行评论。相对于 BBS 在主题区内对楼主的发帖进行评论的讨论方式，博客主之间的交流更加平等自由，同时也可以根据博客主关注对象的不同形成社区。

博客的出现为用户带来了一种新的社交方式，同时也是一种全新的网络出版形式。虽然较之以往的网络形态在进入门槛、时效性、自主性等方面都有了较大突破，但对于博主自身的素质却有所要求，况且完成长篇文章的写作需要不少时间。因此，点击量较大的博客主要是专家学者或者名人明星，

---

1 第 36 次中国互联网络发展状况统计报告 [EB/OL]. [2009-01-22]. http://www.cnnic.cn/hlwfzbg/hlwtjbg/.

普通用户很少能够成为意见领袖。

2006年，blogger的创始人威廉姆斯（Evan Williams）推出了Twitter，用户可以经由SMS、即时通信、电邮、Twitter网站或Twitter客户端软件（如Twitterrific）等输入最多140字的文字更新，这是一种全新的社交网络服务形式。2007年“饭否网”上线，标志着微博这种全新的网络社交形态开始进入我国，2009年新浪网成为第一家提供微博服务的网站。2010年微博客击败众多候选人，被《南方人物周刊》评选为年度人物。截至2015年6月底，我国微博用户数达到2.04亿，网民使用率为30.6%。[1]

在全球掀起社交浪潮，并在中国用仅5年的时间完成一半以上网络用户占有率的微博，是一个基于用户关系的信息分享、传播以及获取平台，用户可以通过WEB、WAP以及各种客户端组建个人社区，以140字左右的文字更新信息，并实现即时分享。从表面上看是在博客基础上的一种演进，但有着质的突破。

首先，微博140字的限制将进入门槛进一步降低，拉近了不同知识水平用户之间的差距，形成独特的“草根”文化，同时140字的内容限制也很好地契合了现代读者的浅阅读习惯。

其次，微博多用户端即时上传，特别是移动终端上传的功能在很大程度上提高了微博内容的时效性，不论何时何地均可发帖，原创性也进一步提升，用户真正成为一个独立的自媒体。

再次，微博的follow功能，可以使用户自主选择内容的获取数量和来源，既可进行点对点的交流、也可选择点对面的传播，传播者与受传者之间的界限被真正消除。

微博的出现并没有取代博客，而是使两者处于并存状态。根据前文对博客和微博特点的分析及目前的应用情况和发展形势来看，博客与微博作为社交平台的两种不同形式，所起的媒介作用会逐渐分化。博客将会作为一种个人作品、评论等的发布平台继续发展，而微博则将会成为即时信息的发布平台及点对点的交流工具。

不论发展的具体方向如何，博客和微博对于用户而言都具有很强的自主性，在信息发布方面受到的限制远少于传统媒体和其他的网络形态。这在开辟了一个全新的公共话语空间的同时，也埋下了一些隐患。海量的未经审核的信息形成了噪声，真假消息充斥其中难以分辨，有些起到了舆论监督作用，有些却造成了无谓的人身伤害。面对这样的问题，从2012年3月起，国内的

1　2015年7月发布的《第36次中国互联网络发展状况调查统计报告》

几大提供微博服务的网站均实行“实名注册”制度，但仅采取了新用户实名或非实名限制部分功能。尽管如此，用户对于微博实名制的举措仍不甚接受，大多认为此举将限制话语空间，降低其社会监督功能。因此，博客和微博如何在开放空间和保证内容的真实间找到平衡是其长远发展的关键，而这除了需要法律法规的制定外，还要依靠网民自身素质的提高。

3.5.8 网络课件

网络课件，是在现代网络远程教育的指导下，运用网页制作等多媒体技术设计和开发的，能在 Internet（互联网）或 Intranet（局域网）上发布的，关于某门课程完整、系统的教学软件，网络课件是伴随着网络的出现和计算机技术的发展而出现和发展的。

网络课件是一种课程教学和学校的支持媒体，结合网络的使用环境和设计技术，网络课件具有较普通多媒体课件更加突出的特点，主要表现在以下几个方面：

1. 超大内容容量，超链接的阅读形式。网络课件是一种基于计算机和网络的课件形式，具有一般计算机形式所具有的大存储容量，同时又具有超链接的设置形式，方便相关内容的链接阅读，提供学习效率和知识广度。

2. 多媒体表现形式，使用的交互性。网络课件可以植入计算机和网络所具有的多媒体表现形式丰富课件内容，并有别于传统课件，做到实时交互。既可以在单机使用课件时进行人机之间的简单交互，对自己的学习效果进行测评，又可以在联网时进行人际间的交互，为使用者进行人性化服务。

3. 课件内容的实时更新。知识是在不断发展的，普通形式的课件大多处于停滞状态，没有内容的实时更新，而网络课件通过相应模块的设计实现了内容的实时上传、修改和下载，提高了课件提供者的管理效率和用户的使用效率。

4. 使用技术要求低。网络课件的目标受众群是全体网民、甚至全体计算机使用者，因此虽然其设计过程需要一些软件（如微软公司的 Powerpoint，Macromedia 公司推出的 Authorware、Director 以及 Flash 等）的支持，但对用户的电脑基本没有限制，对用户的计算机水平的要求也不高，扩大了用户的使用范围。

基于以上几个特点，网络课件在注重终身学习和自主学习的今天得到广泛应用，并已成为远程教育的核心部分。电子课件的制作主要由专业的教学机构进行，也有些是网友自行制作上传。不论来源如何，网络课件的制作均需要注意实用性、人性化、用户使用方便等几个问题，避免网络课件的形式大于内容。

作为教育的一种支持形式，未来的网络课件仍然是以“内容为王”，好的内容加上适宜的使用界面，是获得更多用户、进行良性发展的关键。

3.5.9　电子书包

电子书包指数字教育的整体解决方案。电子书包的推行既伴随着人们对教育形式改变的渴望，又充斥着人们对纸质图书即将消亡的担忧。电子书包不是简单地将纸张版教科书做成电子书形式并以阅读器为载体呈现，而是融入新的教学方法和模式，致力于提高中国教育信息化、提高家庭和学校配合效率的产品。

对于电子书包的概念，有多种不同意见。一种认为“电子书包是一个计算机支持的数字化协作学习空间，它以网络为环境基础，支持师生、生生间的同步或异步交流与资源共享”[1]，另一种则认为“电子书包是一种支持非正式学习的通用网络设施，学生可以使用基于蓝牙、无线网络等技术的设备，随时随地登录、退出电子书包，管理自己的数字资源”[2]。这两种界定都主要是从技术的层面加以定义分析的。从出版和应用的角度，电子书包还处于缓慢发展的阶段，还缺少明确的概念和标准，上海市教育科学研究院的蒋鸣和认为：“电子书包”是数字教科书的俗称，数字教科书不仅仅是纸质教科书的电子版，其本质是一种数字化的学习资源，是教科书、参考书、作业本、词典和多媒体内容整合的数字化学习资源。[3]

虽然早在 2001 年，我国就提出了电子书包的雏形，到现在已经有超过十年的时间，但直到 2009 年 7 月初，由出版单位牵头的电子书包项目才出现在全国数字出版会议上。近几年来，电子书包的发展进程明显加快，国家新闻出版广电总局和教育部等相关政府部门多次召开会议制定电子书包标准，各大出版社也积极筹划教科书的数字化并与科技公司合作布局电子书包的发展，上海、扬州、沈阳等地也已于 2011 年开始探索电子书包的运用。

电子书包能够获得各领域的支持，除了电子书快速发展有取代纸质书之

1　G. Gauthier, C. Frasson, and K. VanLehn（Eds.）Adaptive Hypermedia: From I ntelligent Tutoring Systems to Web-Based Education [J]. LNCS: IntelligentTutoring Systems, 2002, vol. 1839.

2　Brusilovsky, p., and Cooper, D. W. (2002). Domain, Task, and User Models for An Adaptive Hypermedia Performance Support System. InGil, Y., andleake, D. B. (Eds.), Proceedings of the 2002 International Conference on Intelligent User Interfaces（IUI-02）[C]. NewYork: ACMPres.

3　蒋鸣和 . 从“电子书包”到数字化学习 [N]. 中国教育报 .2010-12-07(04).

势头外，也是因为电子书包所具有的特点和优势。从目前的发展中分析其特点，主要有以下几个：

第一，使用轻便，知识存储量大。教科书过多过重影响学生的身体发育是近年来许多专家学者和家长提出的问题，将大量教科书数字化并对其进行存储的电子书包轻便，易于携带，减轻了书包的重量。电子书的大存储量可以提供更多的内容知识，学生可根据自身情况进行延伸性阅读，增加了学生学习的自主性和研究性。

第二，多媒体呈现、即时反馈，提高学习效率。电子书包摆脱了传统教科书呆板的呈现方式，将视频、音频、图片、文字等多种媒体形式统一起来，同时可以上传教学视频和音频，使学生可以温习学过的内容。电子教科书还提供了教师对学生的学习成果进行即时监测的可能，并且可以分析学生掌握情况，安排教学进度。有别于传统教科书和教学方式的电子书包若使用得当，可以提高学习和教学的效率，增加教学的互动性。

第三，节能环保。每年学生的教科书都使用大量的纸张，电子书包将纸质教科书数字化，节省大量原料，符合节能环保的发展趋势。而且多功能的电子书包可以减少学生对其他电子产品的使用，电子书包屏幕特殊的设计能更好的保护学生的眼睛。

但是也应该注意到，要实现上面所提到的电子书包的特点和优势，对电子书包的设计有特殊的要求，而不只是一个简单的电子书阅读器。首先，为了保证学生可以在同一个阅读器上阅读到不同出版社的内容，要求出版社制定统一的电子书出版标准；其次，电子书包需要突出其最主要的目的——教学，在尽量加入更多辅助功能的同时，还要保证学生的注意力集中在学习中，并植入更多的家长和教师监管方式，提高教学质量；再次，电子书包需要采用电子纸的设计，解决电子屏幕会伤害学生眼睛的问题以及待机时间的问题；最后，在保证高质量的同时，还要降低电子书包的价格，使所有学生均具备使用电子书包的经济能力。

正是以上这些技术及设计上的要求，成为阻碍电子书包发展的主要因素。随着各地电子书包试点工作的展开，出现了诸多电子书包解决方案。但是作为一项涉及教育事业的重大工程，还要经过学生、教师等各个层面的使用实验效果分析，加以反复论证后才可逐步推行，真正实现教育的数字化目标。

3.6　数字出版产业链组成

3.6.1　价值链、产业链概念及主要区别

在这里，我们首先要厘清几个概念：价值链、供应链、产业链。

1. 价值链

企业是通过运营活动或者业务活动创造价值的经济实体。企业的每一项业务都是由包括设计、生产、营销、物流以及产品或服务支持等一系列活动组成，正是这些活动创造了价值[1]，这些创造价值的活动被称之为业务价值活动（价值创造活动）。所有的业务价值活动有序连接，构成一条活动链，同时也是一条“价值链”。

2. 供应链

供应链被视为一种围绕核心企业，通过对物流、信息流、资金流的控制，从采购原材料开始到制成中间品再到最终产品，并经由销售网络把产品送达消费者的，由包括库存、运输、配送、制造、分销等环节在内的一个功能网络结构；是一群合作伙伴，它们共同把基本商品转化为最终客户评价的产品，并且对各阶段的利润进行管理；是在相互管理的部门或者业务伙伴之间所发生的物流、资金流、知识流、信息流和服务流，覆盖了从产品设计、物资采购、库存运输、制造加工、销售分销等直到最终用户的全过程的功能链、知识链和增值链。

3. 产业链

如果以产业中的企业为单位，产业指从事具有某种同类属性的经济活动的所有企业事业单位的集合[2]。如果以从事商品（包括产品和 / 或服务）的经济活动为对象，产业则是具有某种同类属性的企业经济活动的集合。因此，产业的基本构成单元是企业，产业的基本功能是提供商品，产业的基本状态是经济活动，产业就是企业、商品及其经济活动的集合。集合是一种结构、作用或者关系，“链”仅仅是对这种结构、作用或者关系的形象表述。因此，产业链正是体现在商品的提供过程中的企业之间的结构、关系或者作用。

4. 三者异同

价值链是哈佛商学院的迈克尔·波特教授为构建企业竞争优势而提出的一种分析工具。因此，早期的价值链研究偏重于从微观，从单个企业、从企业

1　Porter.M.E.competitive Adrantage[M].New York:Free Press.1985.

2　苏东水 . 产业经济学 [M]. 北京：高等教育出版社，2000.

内部来分析企业的价值活动，从与供应商、顾客可能的联结中，寻求获取战略成本这一竞争优势的途径。

从总体上讲，供应链是基于中观的视野，从产业内部研究企业的发展问题。供应链是基于物流，或者说是从物流出发，研究物流在企业之间、在时空上的有序流动和分布，通过有序的物流，实现正常有序的经营活动，实现价值创造的最大化。准时、有序、经济是供应链中的核心概念。

产业链是一个比较宏观的概念，或者说是从比较宏观的视野，从产业整体、从区域（国家 / 城市等）研究产业的发展问题，研究产业的上下游的产能的时空协调，研究产业内企业的空间布局，研究产业的竞争优势和可持续发展问题。

价值链最初的功能是作为内部分析工具和框架，通过战略成本分析构建企业的竞争优势；供应链最初的目标主要在于物流的有序、快捷和经济；产业链则已经突破狭隘的地域空间，在更为广阔的时空上进行思考。

有关价值链、供应链、产业链的研究在融合，产业价值链就是衍生的交融体之一。产业价值链是价值链、产业链以及供应链的交融。产业价值链把价值链的方法应用到产业层次上进行分析，扩展到产业链上对价值的组织形式进行研究。[1]

3.6.2 产业链主体

数字出版的产业链主体主要由作者、出版机构、内容资源服务商或平台运营商、广告商、技术提供商、网络运营商、阅读终端设备制造商和读者等构成。

以内容生产为主要职责的作者和出版机构处于数字出版产业链的上游。内容是数字出版生存和发展的源泉，提供了整个产业的物质基础，在一定程度上将主导产业的未来方向。

提供内容服务的内容资源服务商和平台运营商、代理广告业务的广告商、提供技术支持与服务的技术提供商是数字出版产业链的中游。对于电子书、互联网期刊及在线音乐等数字出版业务来说，内容服务提供商是沟通上游源内容商与顾客的桥梁。平台运营商是数字出版产业链中游的另一个重要构成部分。对比来看，服务提供商和平台运营商是一“内”一“外”的角色，前者的任务是内部资源的聚合与建构，而后者的任务则是资源的对外发布和

---

1 朱凤涛，李仕明，杜义飞.关于价值链、产业链和供应链的研究辨识[J].管理学家（学术版）.2008（4）.

运营。

网络运营商和销售发行商位于数字出版产业链的下游。无线领域的数字出版必须通过基础电信运营商，即移动、联通等电信平台才能接入手机终端；而网络游戏虽然基于互联网平台，但也必须通过网通、铁通等电信运营商的平台运行。因此，基础电信运营商是网络游戏和无线数字出版业务的主要支持平台。产业链的生产、传输和售卖终止于接触终端消费者的企业，它们是产品的分销渠道，也就是销售商。

表 3.6.2　数字出版产业链主体

序号	名　称	功能作用
1	作者	内容创作
2	出版机构	选题策划、组稿、审稿、编辑加工、设计
3	内容资源服务商 / 平台运营商	提供内容服务
4	广告商	代理广告业务
5	技术提供商	提供技术支持与服务
6	网络运营商	三大运营商
7	阅读终端设备制造商	提供各种终端阅读设备
8	读者	阅读消费
9	其他相关主体	版权代理商等

3.6.3　产业链链条

据中国新闻出版研究院 2015 年 7 月最新发布的《2014 ～ 2015 中国数字出版产业年度报告》，目前，国内数字出版已经初步形成内容生产、技术研发、渠道开发、平台建设、终端生产五大产业链，各自向纵深发展：

- 数字出版内容开发更有针对性；
- 数字出版应用技术开发取得突破性进展；
- 数字出版渠道有了新的拓展；
- 数字出版平台竞争加剧、服务升级；
- 数字终端产品日趋丰富；
- 数字版权保护体系逐步完善，数字企业进入壁垒开始提高，产品品种及竞争者数量日益增多。

1. 内容生产

数字出版的内容产业由互联网期刊、电子书、数字报纸、手机出版、网络游戏、互联网广告、网络动漫、博客等构成。2014 年国内数字出版产业整体收入规模为 3387.7 亿元，其中：互联网期刊收入达 14.3 亿元，电子书（E-book 和电子阅读器）收入达 45 亿元，数字报纸（不含手机报）收入达 10.5 亿元，手机出版（含手机彩铃、铃音、手机游戏等）收入达 784.9 亿元，网络游戏收入达 869.4 亿元，互联网广告收入达 1540 亿元。互联网广告、手机出版与网络游戏占据收入榜前三位。

表3.6.3　数字出版产业收入情况（单位：亿元）[1]

年份 内容产业	2006年	2007年	2008年	2009年	2010年	2011年	2012年	2013年	2014年
互联网期刊	6	7.6	5.13	6	7.49	9.34	10.83	12.15	14.3
电子书	1.5	2	3	14	24.8	16.5	31	38	45
数字报纸	2.5	10	2.5	3.1	6	12	15.9	11.6	10.5
手机出版	80	150	190.8	314	349.8	367.34	472.21	579.6	784.9
网络游戏	65.4	105.7	183.79	256.2	323.7	428.5	569.6	718.4	869.4
互联网广告	49.8	75.6	170.04	206.1	321.2	512.9	753.1	1100	1540

从对比份额可以看出，数字出版内容产业发展不均衡：浅阅读与碎片化阅读占据主流，增长较快；传统出版的数字化进展较慢，电子书、数字期刊、数字报纸所占份额与增长比例都比较小。究其原因，主要在于：在内容提供上，传统出版单位对优质内容数字化持观望态度；深阅读产品数字销售平台规模和影响力有限；数字版权保护技术及观念有待提升；数字内容管理真空，使自助出版难以实现有序管理。

2. 技术研发

数字出版的技术研发主要涉及两方面的技术环节，一方面是数字内容制作与呈现技术，具体包括跨平台阅读技术、结构化版式技术、MPR 技术、数字版权保护技术、内容结构加工技术和云出版服务技术等；另一方面是数字终端应用技术，具体包括语音技术、识别技术、传感技术、显示技术、触控技术等。

3. 平台建设

目前，国内互联网和移动互联网数字出版发行渠道得到进一步完善，中

1　张立.2014～2015 中国数字出版产业年度报告 [M]. 北京：中国书籍出版社，2015.

国移动、中国电信和中国联通三大移动运营商基于移动阅读终端的数字内容分销平台已经初具规模，当当网、卓越亚马逊、京东商城等网上书店也在加速布局数字出版分销平台。由中国卫星通信集团公司等共同打造的卫星和有线电视网的新型阅读平台已经有部分投入使用，电子阅报栏和数字图书馆进入社区，为各种数字出版物开辟了新的传播渠道，有效缩小了城乡获取知识的落差，也带动了全民阅读的普及。数字内容投送平台的建设，不仅加深了数字出版产业链各环节之间的融合，同时也为满足不同读者对数字内容的不同需求打下了坚实基础。

数字出版平台建设中所包含的平台主要有：电信运营商平台（三大移动阅读平台、音乐平台、游戏平台）、专业数据库平台（中国知网、万方数据、龙源期刊网等）、电子商务平台（当当网、卓越亚马逊、苏宁易购、京东网）、文学创作型网络平台（盛大文学的云中书城、起点中文网）、传统出版机构建立的平台（大佳网、凤凰教育网）、云出版服务平台（方正阿帕比平台、中启创云出版平台）。这些平台的特征各有不同：

- 专业数据库平台：呈现数据发行—知识服务—知识社区（知识提供—人与知识互动—人与知识与人之间互动）的模式。
- 电子商务平台：现阶段有序的市场秩序尚未建立，还处在恶性竞争阶段；数字内容产品种类和质量都有很大不足；电子书销售刚刚起步，暂无独立终端。
- 电信运营商平台：尚处于垄断地位，缺乏竞争机制，发展较快，具有天然的收费模式，收益较高。
- 文学创作型平台：呈现网络文学—纸质出版—影视—游戏的全媒体运营方式。
- 传统出版机构平台：建立初期以自身的内容展示为主，近期走向内容经营。

4. 渠道开发

数字出版的渠道由互联网、移动互联网、有线电视和卫星传播等构成。

2015 年 7 月 22 日，由中国互联网信息中心（CNNIC）发布的《第 36 次中国互联网发展状况统计报告》称，截至 2015 年 6 月底，中国网民数量达到 6.68 亿，互联网普及率为 48.8%；引人注目的是，手机网民规模达到 5.94 亿，较 2014 年底增加了约 3679 万人，网民中使用手机上网人群占比由 2014 年底的 85.8% 增至 88.9%。2010 年以来，以电信运营商为代表的数字出版渠道越来越积极的投入到数字出版的版图争夺中，畅通的网络是硬件基础，而几亿的用户则是他们的软实力所在。

数字出版在传统渠道互联网与移动网络的基础上，进一步拓展了数字卫星与有线电视两大网络，使数字出版传播渠道由传统的网络传播走向多层次立体化并存。

湖北省新闻出版局力推利用有线电视网推广农村电视阅读，当地的长江出版集团将图书内容进行数字化处理，使用相对普及的有限电视网络，探索出一条数字内容传播的新渠道。这种数字电视阅读是以有线电视网络作为传输管道，将数字化的读物在电视上出版发行，供用户在电视上阅读。用户只需在有线数字电视上安装一个特制机顶盒即可拥有“家庭图书馆”。这是继电脑阅读、手机阅读等电子阅读之后的一种全新阅读方式，具有便于版权保护、传输通畅安全、不易受黑客攻击、维护成本低等优点。对用户来说，这种阅读方式成本低、易操作，在 90% 以上家庭都拥有电视机的情况下，这为“全民读书”时代的来临提供必要的条件。对于出版业来说，增加了一种全新的发行和盈利渠道，特别在国内图书市场低迷的情况下，为出版业提供了新的发展思路。相比于过去的纸质图书发行方式，它还具有节能环保的优势。[1]

2011 年 8 月 2 日，由中国卫星通信集团公司等三家大型国有企业共同出资组建的“直播星数字信息技术有限公司”，更名为“航天数字传媒有限公司”，在上游数字出版物内容的标准化编码与加密、中游卫星广播传输与网络回传信息处理、下游终端用户版权认证应用及运营服务三方面进行技术升级，渠道客户由三方面构成：一是为城市家庭提供高品质音、视频内容传输服务，作为既有渠道的有益补充；二是为渠道资源匮乏的偏远乡村提供传输服务，目前以农家书屋配套建设为主；三是为企业用户提供专属定制化局域网，最终建成一个覆盖全国城市和乡村，具有自主知识产权创新技术数字出版物传播新渠道。目前在全国 5 个区域，发展了 6 千多个家庭用户，在农家书屋完成 3 千多个试点签约、发展 1 万多个企业用户 [2]。

卫星数字发行既不同于数字电视，也不同于互联网发行。卫星数字发行不提供电视频道，内容也不是以电视节目方式呈现，而是根据内容类别设置栏目、组织内容，通过卫星将内容推送到用户终端，用户根据个人需求和喜好选择接收内容。内容存储到接收终端后，用户可以自由选择点播、观看内容。特别重要的是，卫星数字发行是将数字内容以加密文件方式传送到用户终端，用户只有在获得授权后才能解密观看。卫星数字发行是典型的广播型数据传输服务，具有“一点发送，多点接收”的特点，卫星数字发行覆盖范

1 湖北：有线电视将变成有声图书馆 [N]. 人民日报，2010-07-03(4).

2 汤雪梅 .2011 ～ 2012 年中国数字出版发展述评 [J]. 编辑之友，2012(6).

围广，可以覆盖全国城乡各个角落。这个在广电总局“村村通工程”、新华社“中国网电视台”等项目中发挥了巨大作用的卫星通讯网络，实际上是对之前卫星资源部分闲置的二次开发和利用。[1]

5. 终端生产

目前，数字出版的终端应用主要有电子阅读器（汉王科技、易博士、翰林、方正文房等多个品牌）、智能手机（联想的乐 phone、魅族、小米手机、华为、中兴）、平板电脑（联想、台电科技）等。数字出版的终端生产面临很多困难，自有品牌的创新性不足，同质化带来恶性竞争，终端开发与内容生产相脱节，造成市场推广不足，读者接受度较低，与国外品牌相比尚存较大差距。

在国外，自 2010 年苹果 iPhone4 和 iPad 发布以来，以智能手机、平板电脑、电子阅读器等为代表的智能移动终端产业呈现井喷式增长。苹果、谷歌、微软等公司在这一新兴市场得到了飞速发展。伴随数字终端技术的飞速发展，电子阅读器、智能手机、平板电脑等便携式终端的推广，数字产品拥有了与纸媒体一样方便的手持式终端。载体的进步使数字化阅读迅速流行起来，为数字出版的大规模推广与普及提供了保障。而在国内，2011 年电子阅读器市场进入了一个“冷冬期”，由于电子阅读器优质内容匮乏、销售渠道有限，加之国内诸多厂商介入这一领域导致恶性竞争，直接导致售价出现大幅下降，整体销量也不乐观。与此同时，由于 iPad 2、iPhone 4S 和 Kindle Fire 的带动，平板电脑与智能手机销售则呈现大幅度增长，数字终端走向网络化、智能化、融合化。

数字出版产业链的现实图景可以用下图表示：

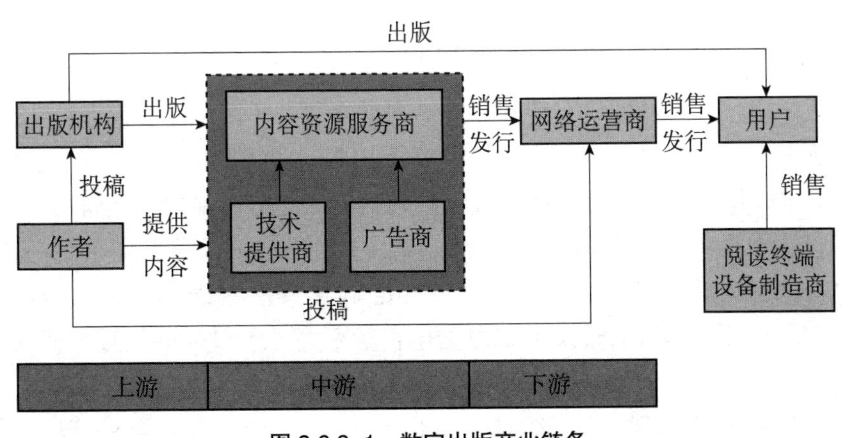

图 3.6.3–1　数字出版产业链条

1　王佳欣．能否变身图书空中超市？[N]．中国新闻出版报，2011-06-20(7).

在数字出版产业链条上，在诸方“合力”作用下，数字出版的盈利模式受到较大制约：

- 内容提供商“分了心”，不精练内容而去研发硬件阅读设备；
- 网络运营商“不真心”，拥有海量用户和销售网络终端，却在内容合作方面不舍得支付合理资金；
- 平台服务商“铁了心”，数字内容整理雷同多，重复开发浪费较大，却仍然不回头寻求标准化；
- 硬件生产商“不甘心”，掌握技术和资金却觊觎内容资源甚至是违规的资源。[1]

与传统的出版产业链条相比，数字出版产业链增加的环节包括数字技术服务商和网络服务提供商，其中数字技术服务商提供将内容数字化的技术与服务支撑，而网络服务则包括虚拟运营商、电信运营商等多个产业链（如图3.6.3-2 所示）。以电子图书为例，该产业链就更为清晰：内容提供商—内容集成商—虚拟运营商—电信运营商—硬件制造商—消费者。与传统产业链不同的是，新兴的网络组织开始加入内容生产和内容集成领域，而这些正是传统出版企业安身立命的关键价值链。[2]

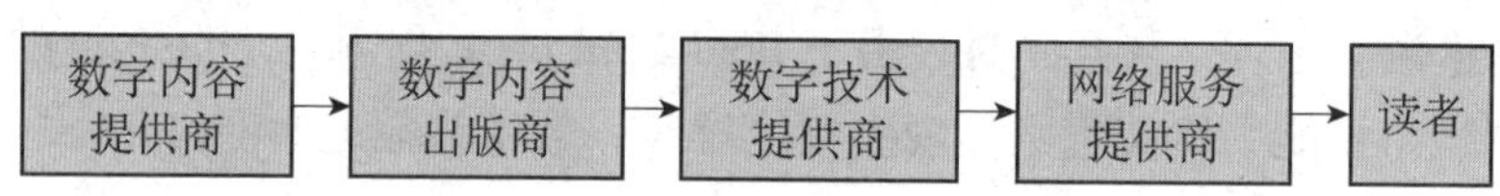

图 3.6.3–2 数字出版新兴产业链条

3.6.4 数字出版产业链特征

数字出版产业链的最大特征在于纵向整合趋势不断强化，产业链之间的边界逐渐模糊。根据任殿顺的研究[3]，数字出版产业链呈现出双（多）边市场博弈方式，即各产业链都具备向其他环节的侵入趋势。如虚拟运营商当当网准备推出自己的阅读器，而电信运营商如中国移动则试图称霸整个产业链条，不仅搭建阅读基地，并委托第三方定制电子书阅读器。实力是竞争的法宝，从目前的态势看，实力雄厚的电信运营商处于最强的位置，而新浪、

1 数字出版现状：在刀锋上跳舞 [EB/OL]. [201-08-12]. http://www.it-times.com.cn/it/554.jhtml.

2 章永宏 . 数字时代传统出版产业的媒介竞争逻辑 [J]，新闻记者，2011(1).

3 任殿顺 . 数字出版的平台竞争初探 [J]，编辑学刊，2010(6).

盛大等虚拟运营商位列其次，承担部分内容提供和内容集成的出版社则最为弱势。

数字出版产业链整合的加剧形成了较为稳定的运营模式——数字出版平台，即围绕一个虚拟的网络平台，该平台具有大量的数字内容产品，并以电子商务的方式进行交易。第一代平台以当当网、卓越网为代表，其交易方式与传统交易方式未有本质区别，即网上图书商城，交易仍然发生在网上书城与读者之间；第二代平台则以番薯网、汉王书城、中文在线、中国数字出版网为代表，呈现出双边市场特征，即平台连接了内容提供商和终端用户，这些平台通过一定的价格策略向产品或服务的买卖双方提供服务，促成交易并获取报酬。新模式致力于从数字出版全产业链着手，实际上是对传统产业链的颠覆（如图 3.6.4 所示）。[1]

平台运营模式对出版企业的冲击是可想而知的：基于路径依赖的原理，一旦成熟的平台建立起来，并拥有巨大的内容资源、可靠的交易模式、安全的技术防范，必然会成为数字媒体时代一统天下的主流方式。平台两头的内容提供商和内容消费者，会形成相互激荡和相互补充的连带关系：即越来越多的内容产品的加入会吸引更多的消费者，由此又会刺激更多生产者的加入，在“生产者—平台—消费者”三位一体的结构中，最终平台将成为真正的赢家。在新的产业链模式中，传统出版企业需要谨慎定位，这其中涉及一个根本问题：是专注于做内容提供商，还是寻求对产业链的梯次进入？实际上，平台的建设需要巨大的资源投入和高端的技术支持，依照目前国内出版社的实力，似乎很难找到有哪一家具备这样的实力。

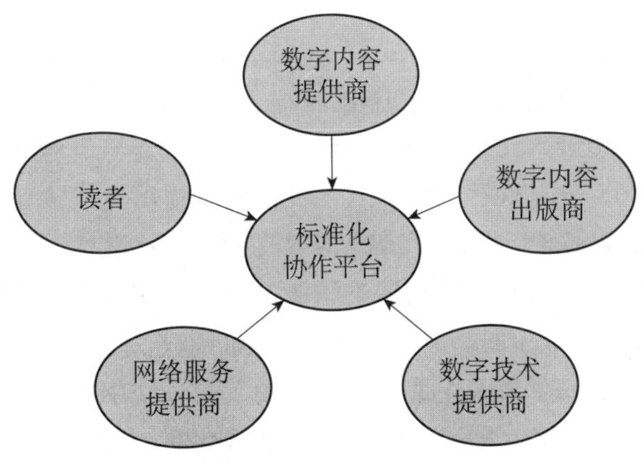

图 3.6.4 数字出版平台模式

1 刘灿姣、黄立雄 . 数字出版产业链的整合 [J]. 中国出版，2009(1).

3.6.5 产业链利益分配

产业链正常运转的基础是整个产业链资源的配置，既要实现产业链效益的最大化，又要考虑个体利益，科学合理地进行利益分配。利益分配一般包括：出版传播活动所应得的利润（比较明确）和产业链的剩余利润（难以执行），利益分配机制体现为利益方的反复沟通、协商谈判，达成一致，多方共赢。

以下两个表格较典型地反映了国内外数字出版利益分配的现状[1]（见表3.6.5-1和表3.6.5-2所示）：

表 3.6.5–1 国外数字出版利益分配表

序号	平台类型	分配模式	备 注
1	亚马逊	运营商 30%；出版商 70%	
2	谷歌	谷歌 30%；出版商 70%	最初与出版商分成为 37:63 的销售
3	iPad	iPad 30%；出版商 70%	运营商拿两成，苹果拿三成，作者应有五成收入

表 3.6.5–2 国内数字出版利益分配表

序号	平台类型	分配模式	备 注
1	网络原创文学	网站 30%；作者 70% 网站 50%；作者 50%	分成比例差距较大，但作者并不完全依据分成比例来做出选择，也会综合流量、定价等因素
2	汉王	汉王 20%；内容提供商 80%	
3	中国移动阅读基地	中移动 60%；内容提供商 40%	内容提供商再与作者五五分成。如此算来，每本书被手机下载，作者可以获得两成收入
4	电信	电信 55%；内容提供商 45%	电信与出版企业的分成比例则为 55%:45%

《2014～2015中国数字出版产业年度报告》指出，2014年我国数字出版全年收入规模达3387.8亿元，比2013年增长33.36%，继续保持强劲增长势头。但长期以来，数字出版产业链发展不均衡，渠道供应商与技术提供商过于强势，内容生产商一直处于弱势地位，缺少相应话语权。

以手机报为例，在全国性手机报订阅收入的分成中中国移动占40%，服务提供商（SP）占42%，报社仅占18%。地区性的手机报推广和发送的成本要比全国模式下低很多。

1 杨文轩．数字出版利益分配现状 [EB/OL]. [2010-08-24]. http://www.press-mart.com/ArticleInfo--view--3ynxx--56d37e56-7630-4ebd-a61b-0cc270341303.shtml.

北京磨铁数盟信息技术有限公司是北京磨铁图书有限公司的全资子公司，专门从事数字出版的产品研发和营销。主要面向移动互联网用户提供基于手机、阅读器、平板电脑和互联网的产品和内容服务。磨铁作为民营书业的翘楚，来自三大运营商的无线收入占磨铁数字收入的 45% 左右，与移动基本是四六分成，磨铁占四成，移动占六成，然后，磨铁再与作者五五分成。如此算来，每本书被手机下载，作者可以获得两成收入。

三大运营商在数字出版的利益分配中占据绝对优势的地位。三大运营商中，中国移动因先行一步，模式最为成熟。2014 年年底，移动手机阅读收入将超过 88.4 亿元，活跃用户 5.9 亿，其中 70% 以上内容属网络原创小说，盛大文学旗下站点贡献了一半以上的份额。

后行的中国电信则选择了差异化道路。天翼阅读的书籍以传统出版物的电子化版本为主，占八成以上，除手机外，各种电子终端也都是天翼阅读的扩张领域，甚至可以用固定电话听书，规模成熟后，盈利模式自然清晰。

运营商的大力推进，对于亟须找到收入来源的数字出版行业而言，是块好蛋糕。但与国外对比，出版人觉得国内运营商下手“太狠”，作家收入太低——在国外，运营商只能拿到两成，苹果拿走三成，作者应有五成收入。

目前数字出版的运作模式完全取决于诚信，涉及利益分配的销售数据不透明，存在不合理、不透明的分成比例和分成模式，缺乏第三方监控，很多作者对于是否授权网络出版抱怀疑态度。这些原因导致目前数字出版盈利模式不明晰。[1]

2012 年 7 月 2 日，新闻出版总署与中国移动、中国联通和中国电信三大电信运营商分别签署《推进数字出版产业发展战略合作备忘录》,《备忘录》称，出版企业分成比例将大幅提高，出版企业给中国移动数字内容平台提供内容利润分成比例不低于 60%；给中国联通和中国电信数字内容平台提供内容利润分成不低于 65%。而出版企业与三大电信运营商此前的分成比例为 2∶8 或 3∶7，最多是 4∶6。[2]

二八分成、四六分成、五五分成的时代已经成为历史。但很多人认为新闻出版总署与电信运营商谈的是指导价，目前没有强制约束力。出版企业能否真正拿到 60% 以上的分成，还很难确定，想拥有合理的价格，还有很长的路要走。

1　数字出版现状：在刀锋上跳舞 [EB/OL]. [2011-08-12]. http://www.it-times.com.cn/it/554.jhtml.

2　2011-2012 中国数字出版产业形势浅析 [EB/OL]. [2012-07-25]. http://www.chinairn.com/news/20120725/194818.html.

3.7 数字出版商业模式分析

对于营利性的出版企业而言，商业模式，简言之即做生意的方法。“客户价值最大化”“整合”“高效率”“系统”“赢利”“实现形式”“核心竞争力”“整体解决”这8个关键词构成了成功商业模式的八个要素，缺一不可。其中：“整合”“高效率”“系统”是基础或先决条件，“核心竞争力”是手段，“客户价值最大化”是主观追求目标，“持续赢利”是客观结果。

传统出版企业的商业模式遵循“产品中心、内容为王”的经营理念，即通过提供高质量的图书产品，来满足读者需求。数字出版则强调“客户中心，服务为王”，即利用互动性极好的新媒体形态，绕过中间商，直接与读者发生联系，进行交易。

数字出版出现之后，传统受众创造型的双边市场的商业模式发生了改观：首先，针对内容产品的排他性消费技术出现，由此传统双边市场向“直接用户付费”的单边市场转变；其次，由于网络等新媒体技术对消费者浏览时间、点击后的行为效果（比如是否注册、是否购买）可进行追踪观测，从而新媒体的广告投放对于广告主而言，其效果比传统的根据收视听率、媒体覆盖范围、广告到达率等指标投放更为精准，所以网络出版改变了传统出版基于广告作为交叉补贴产品的效率；最后，互联网作为集成多元化业务的服务平台，给数字出版带来了更多的产品、服务类型，不同产品、服务的提供商都可以通过数字出版平台联系自己的消费者群体。由此数字出版平台可以集合多种利益集团，为消费者提供信息内容产品之外的服务，产生更多的交易关系，其商业模式也趋向多元化。[1]

根据中国人民大学新闻学院教授匡文波的总结，现行较为成熟的数字出版（图书）的商业模式包括：以斯普林格为代表的以数据库为基础的模式，以培生集团为代表的在线教育业务模式，以亚马逊 Kindle、中国汉王为代表的电子书销售模式，以日本手机小说为代表的移动增值服务模式，以起点中文网为代表的网络原创模式，以谷歌为代表的基于图书搜索的广告模式，以牛津大学为代表的按需出版模式。[2]

1. 以施普林格为代表的数据库为基础的模式

数据库模式指通过搭建具有海量内容的图书报刊数据库平台，为读者提供文献全文检索、知识元搜索、标题内容提要的免费阅读和全文付费下载服

1 金雪涛，唐娟. 数字出版产业价值链与商业模式探究 [J]. 中国出版，2011(3).

2 匡文波，孙燕清. 数字出版商业模式的国际经验及其启示 [J]. 重庆社会科学，2010(6).

务的一种商业模式，多见于专业出版领域，用户多为高校、科研机构、公共图书馆、政府机关、企业、医院等机构。

德国施普林格出版公司1996年推出全球第一个电子期刊全文数据库Springer Link，目前其收入主要来自其数字出版业务，完成了由传统出版向数字出版的成功跨越。2004年，其欧洲市场上的在线出版销售额已超过实体书。2006年，其总收入达10亿欧元，约合12亿美元，比2005年增长10%，大大高于其他国际出版集团的年收入增长率。在传统出版商纷纷向数字出版转型的国际出版格局中，施普林格能够遥遥领先，呈现良好的业务发展态势，得益于它建立了以数据库为基础的成熟的专业化数字出版模式。施普林格每年出版5000多种科技图书和1800多种科技期刊。这些图书和期刊既以纸质形式出版，也以数字化形式在全球领先的在线出版平台——Springer Link上出版发行。

国内著名的同方知网、维普、万方等数据库皆为数据库模式的代表。这些内容集成商以会员制的方式向机构和个人收取费用，赢利模式清晰，发展已较为成熟。以中国知网为例，同方用了将近十年时间对知识资源进行整合，目前已拥有9017种期刊、7242万篇文献、3600部工具书、2300万个条目、3737个学科专业数字图书馆，这个知识库目前的读者已超过了4000万，中心网站及镜像站点年文献下载量突破30亿次（根据中国知网官方网站数据）。

2. 以培生集团为代表的在线教育业务模式

在线教育模式是指以网络为媒介，通过根据专业课程建立分学科、分阶段的在线教学平台，以会员制的方式向在校教师和学生等用户提供多媒体、互动性强的教学资源和在线解决方案。其运营模式大概有6类：第一类是在线课程，使用视频、音频的多媒体技术，使学生可以在线学习，可作为对平时课程的一种补充，也可作为远程学校的一种学习；第二类是家庭作业管理；第三类是在线测试，利用开放的软件系统对学生的学习结果进行测试；第四类是在线书，可以在线下载，电子图书有两种版本，一种跟印刷本完全一样，另外一种是在印刷本的基础上加上视频等多媒体的元素；第五类是在线的课外辅导；第六类是虚拟的体验材料，如做游戏作业等。

培生集团作为全球最大的教育出版商，其在线教育服务业务的模式已经趋向成熟。2006年，当美国加利福尼亚州有关政府部门邀请出版商提交对于历史和社会学科新教材的建议时，培生教育集团拿出了一份完全数字化的课程方案，教师可以据之创建丰富多彩的视频教学，并配以数字化的课堂练习、测验以及数字图书。这套革新方案赢得了加州州政府的认可，很快得以在全州推行，为培生赢得了加州历史和社会学科教材40%的份额。此后培生教育将主要精力集中于在线教育服务项目上，陆续收购其他在线教育公司以扩大自己的规模。2007年5月4日，培生公司又宣布以9.5亿美元的现金从励德-爱思唯尔集团手中收购哈考特评估测试公司和哈考特国际教育出版公司。5月14日，培生再次宣布以5.38亿美元收购远程在线学习服务商ecollege公司。收购将进一步加强培生作为世界领先教育出版公司的地位，是对其建立数字化和全球化业务目标的有力支撑。目前培生在数字化学习资料、学生信息系统、网上测试领域、网上评分、网上家庭作业和在线标准化评估领域都保持领先地位。

3. 以亚马逊Kindle、汉王为代表的电子书销售模式

根据新闻出版总署的定义，电子书是指将文字、图片、声音、影像等讯息内容数字化的出版物以及植入或下载数字化文字、图片、声音、影像等讯息内容的集存储介质和显示终端于一体的手持阅读器。[1]

在国内，汉王科技在出售终端阅读器的同时，为电子书内容下载建立了一个网络下载平台——汉王书城，并将定价权交付给为平台提供内容的版权方，将向用户收取的下载费用与内容供应商二八分成，构建了“终端+内容”的发展战略。除汉王以外，番薯网“云阅读”平台、盛大集团“云中图书馆”计划、中文在线的书香中国项目、中国移动的移动阅读基地等也都是通过打造数字内容资源平台，以“内容+终端”的方式整合产业链上下游，主要通过内容产品收费和终端阅读器销售来进行收费。

全球最大的网络书店亚马逊于2007年11月19日推出电子书Kindle，意外地在美国掀起了一股抢购热潮。Kindle似乎是从苹果公司的iPod和iTunes模式获得启迪，将特定产品和服务捆绑销售。目前Kindle网络商店有超过9万种书籍，最新畅销书和长篇大作的售价为9.99美元，经典书籍价格则以1.99美元起，在线购买后1分钟之内就能下载到Kindle阅读，支持免费预览第一章。这种模式受到了年轻人的热捧，在Kindle面世的第一年里，亚马逊售出大约50万台电子阅读器。由此，亚马逊不仅成功开辟了电子书市场，同时还在报纸及期刊发行上获得了巨大成功。数字出版领域最先提出的商业模式就是电子书，但是近10年来，在线数据库、教育互动社区都在迅速发展，而电子书的发展却一直不温不火。

4. 以日本手机小说为代表的移动增值服务模式

数字技术发达等多种因素导致日本成为世界上手机文化发展最快的国家。现在，日本最新的手机文化潮流是将传统漫画与手机结合的手机漫画，同时

---

1 新闻出版总署关于发展电子书产业的意见[EB/OL]. [2010-10-10]. http://www.gapp.gov.cn/news/798/76915.shtml.

融合了纸质漫画书无法实现的声音等要素。运营商非常看好这个市场，最新款的手机中都安装了专用的漫画阅读器，一些热门的漫画也准备推出手机专用版。2006年日本小说类手机书的销售额已超过8200万美元，外语类教育图书和百科知识图书也在手机书方面很有作为。

5. 以起点中文网为代表的网络原创模式

与国外相比，国内由传统出版者在数字出版的开发上显得落后，但由网民所开发的数字出版则显出相当的优势，而且已经探索出较为成功的商业模式。起点中文网属于网民原创作品汇集的“社区”，尽管这些作品仍然以文字为主，质量参差不齐，但拥有庞大数量的作品，使起点中文网拥有丰厚的资源。当盛大网络风险投资将起点中文网收购后，这里的原创作品在主题上出现“升级”，开始配合盛大网络的游戏开发成为游戏产品的脚本。起点中文网的收入主要来自风险投资和游戏脚本的版税。

6. 以谷歌为代表的基于图书搜索的广告模式

谷歌搜索引擎在全世界为广大客户使用，谷歌图书搜索的目标则定位在为用户提供一个可以搜索内容的平台，而不是成为内容的独家拥有者或独家促销商。无论是销售“长尾”中的“尾部”产品，即动销弱的、库存的、绝版的产品，还是为“长尾”中的“头部”产品，即动销能力强、畅销的图书提供宣传，都可以进入谷歌平台。

谷歌图书搜索完全基于关键字广告的销售模式。它给读者提供图书的提要、片段或者部分页面，同时向读者展示关键字广告。让关键字广告获得最大收益，其所有的网上服务，从搜索到数字图书馆计划等都是免费的。同样，门户网站为了获得广告主的青睐，其浏览也都是免费的。

7. 以牛津大学为代表的按需出版模式

按需出版，是指根据市场的确切需求量，组织事先以数字档案方式存储的图书的编辑、出版、发行、销售的全流程出版方式。这里所指的图书，可以是个人作品集（如网络文学作品）、图片集（家庭相册）、个性化图文作品（族谱、企业手册）、绝版书、断版书、学术著作、专业教材等各种内容产品。这种方式为印刷数量少、品种多的出版物创造了便利条件，避免了产品的大量积压或绝版，且大大满足了读者的个性化需求。

牛津大学出版社是一家以出版教育、学术图书为主的出版社，它进行按需出版的第一步是把以前出版的相关图书数字化组合成资源库，并且每季度对资源库进行更新升级；第二步是出版电子书，将其出版的每本纸质图书配上电子版，纳入资源库中；第三步是针对图书馆和个别读者按需出版。国内这方面的业务主要在印刷行业展开，传统出版商方面，有100多年历史的商务印书馆则首先迈出步伐，正将百年历史中的绝版版式图书通过按需印刷的方式进行二次创造。

数字出版的商业模式仍在探索之中，呈现出多样化的发展趋势，不同产品的内容特征、组织特性、载体形态、出版方式等赋予数字出版丰富多彩又矛盾丛生的发展逻辑。

3.7.1　基于传统版权的商业模式

1. 传统版权在数字时代的延伸

数字版权作为一个目前被广泛应用的概念，并不是严格的法律范畴，而是约定俗成的习惯性称谓。从法律层面上来讲，它与信息网络传播权最为接近，但国内相关的法律体系对此并没有明确的定义。一般意义上讲，其外延是大于信息网络传播权本身的。数字版权是指数字消费品如电子图书、数字音乐作品、数字视频及软件等作品的作者享有的权利，它和传统意义上的版权是一致的，包括精神权利与经济权利两方面内容，同时由于数字作品本身的使用特点，数字版权在大多数情况下主要是指作品的信息网络传播权和与之相关联的版权。

信息网络传播权，系指版权人在信息网络上通过有线或无线的方式传播作品的权利；传统版权，则指互联网络出现之前传统文学作品版权人在传统媒介上传播其作品的权利，如 1990 年 9 月 7 日全国人大常委会第十五次会议通过的《著作权法》第 10 条规定的发表权、署名权、修改权、保护作品完整权以及复制、发行、展览、表演、摄制、广播等等权利。两者的比较，并非同等地位的两种权利的比较。信息网络传播权是在传统版权基础上派生的而又与之有关联的一种著作权利。

首先，信息网络传播权是版权人在新生媒介上的一种新生权利。近年，我国学术界、司法界似乎有人并不同意这种观点，认为一部作品经数字化转换，以数字化方式使用，只是作品载体和使用手段的变化，并未产生新的作品。这种说法本身并无什么不妥。但是，应当看到，“载体和使用手段”的变化不产生新的作品，却可以产生新的著作权利。正如《WIPO 版权条约》导言所指出的“认识到信息和通信技术发展、汇聚，对文学、艺术作品的制作和使用，产生深刻的影响”，各缔约方对版权不得不做出新的规定，其中之一就是扩延版权保护的范围，对作品在信息网络上的传播权利给予版权保护。尽管《WIPO 版权条约》并未如我国 2001 年《著作权法》般明确赋予版权人的信息网络传播权，但已承认信息和通信技术的发展对版权提出了挑战，传统的版权保护已不能涵盖新技术所带来的影响和问题。事实上，信息网络传播权是著作权人区别于网下媒介传播方式的一种著作权利。网下媒介指报社、出版社、广播电台等等，传播方式、手段主要是有形物（广播形式与手段则既是有形，也属无形）[1]；网上媒介载体是联网的计算机，传播方式是有线传输与无线通信。任何作品在网上传播的同时均拥有网下传播的传统意义上的复制、发行、展览、表演等手段的某些特点，但已不完全等同于网下的复制、发行、展览或表演。盖因计算机联网及信息传播的虚拟与无形，不同于传统作品固定在有形物上的物理性质之传播。有鉴于此，笔者欣赏并认为我国明确赋予版权人信息网络传播权，无疑是避免版权纷争的明智之举。

其次，信息网络传播权应是一种涵括有线与无线通信的狭义的传播权利。前一定义，我国 2001 年《著作权法》显然已经明确；后一定义（狭义规范）是一种推断，因广义的信息网络传播权应包括发表权、署名权、修改权、保护作品完整权等等人身权利，而 2001 年《著作权法》规定的信息网络传播权仅仅是著作权人财产权的一项内容，并不孤立于传统的著作权利而单独存在。诚然，仅此创意，我国关于信息网络传播权的规定已比《WIPO 版权条约》规定的"公众传播权"进步。WIPO 公众传播权的设定，目前仅起到宣示作者、作品传播者在互联网上享有权利的作用。公众传播权的实现，离不开现行版权法规定的各项基本权利，如发表权、复制权、发行权等"；我国2001年《著作权法》设立的信息网络传播权，则是一种与传统著作权利如复制权、发行权等并列并独立的著作权利[2]。

再次，信息网络传播权比传统著作权利更依赖于禁止规避技术保护措施。《WIPO 版权条约》之后，为加强网上知识产权保护，各国政府都程度不同地规定了网上知识产权侵权行为的责任及限制，其中，禁止规避技术保护措施是一重大举措。以美国为例，为实施美国参加的《WIPO 版权条约》《WIPO 表演和录音制品条约》，美国国会通过了《1998 年数字版权法》，对美国法典中的版权法进行了修改，加入了第 12 章版权保护和管理系统，其中第 1201 节，就对这种禁止规避及例外做出具体而严格的规定。这种禁止，连附属的侵权行为如"主要的设计和生产目的""重要的商业目的和用途""将其上市的人或与该人配合的人"，旨在规避技术保护措施的"制造、进口、向公众表示提供或提供、买卖任何技术、产品、服务、设备、其部件或部分"也在其列，更遑论种种在实施中的规避技术措施的直接的行为。这是因为网上知识产权的侵权比网下更加广泛、更加容易，而网上版权保护从一开始就依赖于

1　中华人民共和国著作权法 [M]. 北京：人民出版社，1991.

2　中华人民共和国著作权法 [M]. 北京：法律出版社，2001.

标准技术措施。

我国在禁止规避标准技术措施方面，有 2001 年著作权法第 47 条侵权行为第 6 项及 2002 年计算机软件保护条例第 24 条侵权行为第 32 项的原则性规定。此外，我国在 2006 年公布并施行的《信息网络传播权保护条例》也明确规定，“任何组织或者个人不得故意避开或者破坏技术措施，不得故意制造、进口或者向公众提供主要用于避开或者破坏技术措施的装置或者部件，不得故意为他人避开或者破坏技术措施提供技术服务”。“故意避开或者破坏技术措施的，故意删除或者改变通过信息网络向公众提供的作品、表演、录音录像制品的权利管理电子信息，或者通过信息网络向公众提供明知或者应知未经权利人许可而被删除或者改变权利管理电子信息的作品、表演、录音录像制品的”，及“要根据情况承担相应民事、行政直至刑事责任”。

2. 传统版权在数字时代的实践

（1）数字报纸

通过向读者出售传统报社的数字版报纸获取收益。按收费模式可分为：订阅付费、按期付费和按流量付费（手机报）等。2007 年 4 月 8 日，温州报业集团的《温州日报》《温州都市报》《温州晚报》《温州商报》率先开始了“付费阅读”模式的尝试。

美国《纽约时报》集团公布的 2012 年第二季度财报显示，《纽约时报》互联网上的付费订阅量创新高，总订阅收入首次超过广告收入。现阶段，数字内容收费观念已经被传统报业广泛接受和实践，但这种商业模式未必适应所有媒体。《纽约时报》有不可复制性，它的内容和品质是公认的，对它的需求在某种程度上可以说是刚需。大众类报纸很难走《纽约时报》的商业模式之路。

（2）数据库——中国知网、万方数据、维普资讯、龙源期刊

目前，中国知网、万方数据、维普资讯和龙源期刊四个文献数据库采用互联网期刊（数据库）的商业模式。各数据库各有特色，涵盖了中国的 9300 多种纸质学术期刊，占中国期刊出版总量的 95% 以上，以中国知网收入份额最高。以中国知网为例，使用者可以选择按包库、包年 / 月或按页收费模式，取得中国知网数字资源的使用权。其中，包库收费是期刊数据库最常使用的收费模式。

（3）手机读物——手机报、手机小说、手机音乐

手机出版内容的制作者通过编辑加工，向读者提供数字内容资源，并收取相关费用。按收费方式可分为：订阅收费、流量收费、服务功能收费等。如手机报往往采用订阅收费模式，手机小说、手机音乐往往采用按流量和按

服务功能收费等模式。

（4）原创文学网站

原创内容网站通过向读者提供专有内容的在线阅读和下载功能，收取一定费用。原创文学网站主要通过网页或其他方式向消费者提供文学作品浏览和下载服务。由于用户需向网站付费才能浏览和下载，因此，按照传统的电子商务模式的划分，属于B2C类型的电子商务。但由于文学网站从文学作品浏览中每获得一笔收入就会和作家分成，而文学网站为普通网民提供了一个文学创作和作品发布的平台，且对作者的身份几乎没有任何要求，因此，又有人将它归为C2C类型。

（5）按需出版单位——商务印书馆

按需出版经营单位通过向读者提供断版书等特有、珍贵文献资料，收取一定的费用。此赢利模式最为典型的运用是商务印书馆的按需印刷业务。商务印书馆利用现代技术，对忠实记录我国近现代历史发展轨迹的《东方杂志》已全部实现数字化，建立起了原版数据库。形成年卷库、特刊库、文章库、图画库、广告库、封页库、专业分类库、栏目分类库、事件库、人物库。它们既紧密相连又相互独立，充分发挥、挖掘《东方杂志》的现代价值，多种层次、不同角度地满足用户的实际需求。用户可以对3万篇文章、1.2万多幅图画等进行检索、打印和浏览。

（6）数字内容教材教辅

数字教育经营单位通过向使用者提供教材、学习资料等数字资源内容，并向使用者收取费用。在教材教辅类出版物的创新上，以电子和数字技术为代表的电子书包正在走进教室，电子书包是基于一个全新的产品组合概念，它包含主产品掌上阅读工具、远程网上家教和一支精美可人的书写工具，以及其他附赠品，可以说是高中生真正意义上的电子书包。主产品为掌上阅读工具。内容是根据全新人教版教材，由20余位名校特、高级教师经过近一年的努力精心编辑而成的。它涵盖了高中三年的语文、数学、英语、物理、化学等课程的全部知识点和学习过程中的阶段性学习检查测试题库。400万字、3500余图片、万余道超大容量题库尽在掌握之中。

3. 数字环境下的版权授权模式

（1）直接授权模式

不论是在传统环境下，还是在数字环境下，直接授权都是解决版权授权的最根本的模式。

2008年6月和8月，482名硕博士陆续将创立“中国学位论文数据库”的万方数据公司告上朝阳法院，称其独立完成尚未公开发表的论文被万方数据公司擅自收入数据库，并有偿向全国各高等院校图书馆及其他图书馆提供浏览、下载等。10 月 16 日一审，万方数据公司被判停止收录论文，在万方网站刊登连续 24 小时的致歉声明，并赔偿 364 名硕博士经济损失。其余 118 名硕博士因曾将较为完整的权利授权给学校，学校又将权利授权给中信所，法院判决驳回其诉讼请求。此案显示出数字环境下，海量信息资源的版权授权难题。作为一个使用人，在明确哪些作品具有版权，确定了版权人，最重要的就是如何获得版权。

在经历前述版权纠纷后，万方数据公司公开发表声明，以后会做好版权直接授权工作。之后，万方数据公司和中信所签订了共建《中国学位论文全文数据库》协议。按照协议的规定，如果毕业生本人有意将本人学位论文收入该数据库，就签订《关于同意使用本人学位论文的授权书》。凡被《中国学位论文全文数据库》收录的学位论文，由中信所向论文作者颁发学位论文收录证书及支付稿酬。学位论文被该数据库收录后，作者保留在其他媒体发表论文的权利。另外，中国学术期刊（光盘版）电子杂志社也采用类似的方式来获得授权。

交叉授权模式最典型的代表就是超星数字图书馆的授权模式，“超星模式”甚至成为版权领域交叉授权模式的代名词。超星通常通过以下三种许可方案进行许可：第一，向作者赠送 10 年期读书卡，作者同意将作品授权数字图书馆，数字图书馆向作者赠送 10 年期读书卡价值 1000 元，10 年后作者可以要求继续赠送读书卡；第二，根据下载量付费；第三，作者要求单独定价，通过数字图书馆将其授权作品向用户单独收费。它争取与每一位作者实现签约授权，而且确实取得了大量图书、论文的数字版权。同时，对未经过授权但已经收录的作品，则通过版权申明来谋求避免侵权。

版权人与作品的传播经营者直接签约的方式，在手续上比较烦琐，可能会增加交易成本，但是在传统环境下，直接授权模式是一个比较实在的授权方式。在数字环境下，这种在传统环境下就存在着困难的直接授权模式，暴露了更多的缺点。在面临海量授权时，依然要找寻每一个版权人，这不仅限制了收录作品的量，也加大了其寻找版权人的成本，这种模式不适合于大量授权。当然，即使在数字环境下，这不是最好的模式，但是对使用人而言，这至少可以避免侵权。对版权人而言，也可以实现自己的权利。

（2）代理授权模式

代理授权模式沿袭传统环境，在数字环境中依然可以适用。这种授权模式并不算是一种新型的授权模式。在数字环境下，代理授权模式仍然有两种情形，一是出版商作为版权代理机构，二是专业的版权代理公司来代理版权授权事宜。

第一种，出版商作为版权代理机构。

出版商代理授权模式在数字环境下，依然存在。例如，一些数字公司如北大方正电子有限公司研制的“方正数字图书馆”以数字版权保护技术为核心，致力于字库特别是古籍的解决方案及其他数字内容的转换制作、保护、传播和展示等方面的产品，可以为我国高等教育数字图书馆提供全面的版权解决方案。出版社作为版权授权的代理机构流程就是，由出版社与作者签订相应的版权合同后，制作出电子图书，然后授权方正销售。每一个与方正合作的出版社都签署《方正电子书交易规则》，其中就版权问题声明如下：出版发行者承诺提供的电子图书符合国家的法律和政策，并且拥有作者或版权所有人对电子版权的独家销售发行的权利，并承诺自行负责处理所提供的电子书的任何版权及侵权第三者的相关权利所引起的纠纷。除了出版社作为版权代理机构，目前还有一种趋势就是期刊社代理版权。

第二种，专业的版权代理公司来代理版权事宜。

专业的版权代理公司代理传统作品版权授权和数字作品的版权授权。我国版权代理事业可追溯于20世纪30年代，版权代理机构及其代理活动则出现在上世纪80年代以后。内地公认的第一家版权代理机构是中华版权代理总公司（成立于1988年）。1993年以后，各地相继成立了多个版权代理机构，截至2002年底，我国内地经国家版权局批准成立的版权代理机构有28家，除3家影视代理、2家音像代理外，其余主要代理图书版权。2003年《行政许可法》出台以后，国家版权局停止了对申请成立涉外版权代理机构的审批，交易环节的版权代理服务市场完全放开，版权代理服务出现主体多元化、形式多样化的发展趋势。

总之，版权代理模式利用了民法的代理制度，也是实现版权私权性的一种方式。版权代理有两种形式，一是出版商作为版权代理机构，二是专业的版权代理公司代理版权事宜。前者限制在出版范围内的授权，范围较狭窄；后者是比较好的模式，但是在我国目前专业的版权代理公司并不多。所以，这里还存在广阔的发展空间。

（3）要约授权模式

2004年，我国书生公司出版了第一本刊登了授权要约的图书是《最后一根稻草》，作者钟洪奇在书中有如下权利人版权声明：“任何个人或机构均可在满足以下条件的情况下使用本书：（1）授权范围：数字形式的复制权、发行权和信息网络传播权；（2）授权费用：收入的5%；（3）支付方式：在收入产生的6个月内支付给中华版权代理公司收转；（4）使用方式：保持作品完整性，必须注明作者和来源；（5）保留其他权利。”该种模式一出现，就获得人们的普遍欢迎。2004年9月10日，在北京举行了由中国版权协会、《中国版权》杂志和北京书生公司联合举办的“共建版权授权高速公路——授权要约模式研讨”活动。

在数字环境下，要约授权模式进一步发展。传统的版权信息申明发展为附加权利管理信息，即“附加于作品的每件复制品上或作品向公众进行传播时出现的用以识别作品、作品的作者、对作品拥有任何权利的所有人的信息，或有关作品的使用的条款和条件的信息和代表此种信息的任何数字或代码。”通过这种方式，版权人向未可知的使用人发出要约，每一个使用人可以按照版权授权的条件去的版权授权，这就解决了数字环境下的海量授权问题。

要约授权模式遵循意思自治的原则，尊重版权人的自由，自产生以来就受到热捧。可以说，这种通过要约授权的方式，有益于作品的传播，各种作品都可以适用。虽然，这种授权模式确实为解决数字环境下版权授权提供了一个可行的方案。但是，版权授权要约主要是版权人解决版权授权条件，使用人的意思无法体现出来，如果可以在此基础上进一步发展，设计出供版权人与使用人相互交流沟通的平台就更好了。

（4）版权集体管理模式

由于版权集体管理模式从传统环境中发展而来，目前仍是数字环境下应对海量授权的最重要的版权授权组织。

在传统环境下的版权集体管理组织为数字环境下版权授权面临海量授权提供了解决思路，所以版权集体管理组织有值得借鉴的地方。但是版权集体管理组织在返还使用费时并不能根据每个版权人做出的贡献进行按劳分配，如果从版权的私权本质来看，则还需要改进。

（5）放弃版权模式

也有人称这种模式为开放式许可模式。在传统环境下，放弃版权模式一方面将导致人们的创作热情低落，从而最终背离了版权法的立法初衷，即促进文化事业的发展；另一方面在现实中也不大实际。

随着数字技术的发展，出现了开源许可证的授权模式。以 GPL 为代表的开源许可证在软件领域产生了巨大影响。GPL 是 Richard Stallman 启动的自由软件联盟工程（GNU）和自由软件基金会（FSF）公布的三种许可证中最著名的许可证之一。GPL 许可证的核心内容有：公开源代码；自由演绎软件作品；维护作者源代码的完整性；允许自由再分发软件。

这种开放式许可模式不仅影响了软件作品的生产和传播模式，而且影响了传统作品的创作和传播。在网络环境下，交互式创作大量发生，为了避免版权授权带来的麻烦，产生了共享创意的许可证。

（6）默示许可模式

虽然这种授权模式在传统环境下已经存在，但由于数字技术的影响，在数字环境下，这种授权模式更加普遍。一方面，在互联网背景下，信息迅速快捷、高速的传播；另一方面，互联网上的作品版权人难以确定，诸如在BBS上的文章；而且，有些作者将作品传上网，本身就是希望扩大传播。在这种情形下，必须事先取得版权人的授权显得不合理，也不太可能。所以推定作者将自己的作品传到网络上是对网络上某些行为的默示同意。

当然，目前，我国对默示许可并没有法律明确规定，默示许可的使用更多的是依靠合同法来调整。

（7）版税补偿金制度

在传统环境中，版税补偿金制度是针对复制机器和存储介质征收费用的，这种处理版权的制度并不是直接针对使用人的使用收费的。但是在数字环境下，由于P2P技术的影响，很多人认为，P2P软件应该按照这种模式获得版权补偿。也有人认为，P2P软件的出现突破了版权的私有性。[1]

3.7.2　基于开源的商业模式

1. 数字时代对传统版权带来的挑战

互联网的迅猛发展，给传统版权制度带来严重挑战，引发了互联网版权保护的第一次革命，主要特征是将传统的版权法律制度及管理模式延伸到互联网领域，形成了以“内容保护措施 + 纠纷处理机制”为基础的版权保护模式。内容数字版权加密保护技术的广泛应用，以及1998年美国《数字千年版权法案》以来各国相关法律普遍对“技术措施及权利管理信息的保护”和“避风港原则”的引入，即是互联网版权保护第一次革命的典型体现。该模式虽在初期有效，但是无法适应互联网本身的特性和需求，存在着诸多自身无法解决的问题[2]。

1999年4月，由人民日报社、新华社、中央电视台、中国青年报社牵头组织的国内23家有影响的网络媒体代表在人民日报社首次聚会，讨论通过了《中国新闻界网络媒体公约》。在此公约中，传统媒体呼吁，“网上媒体应充分尊重相互之间的信息产权和知识产权，呼吁全社会尊重网上的信息产权和知识产权，坚决反对和抵制任何相关侵权行为，对于侵权行为，公约单位将共

1　郭慧琴.版权授权机制研究——从传统环境到数字环境[D].武汉：华中科技大学，2009.

2　DCI体系-数字版权公共服务新模式论坛在京举行[EB/OL].[2011-01-07].http://www.ncac.gov.cn/chinacopyright/contents/518/134803.html.

同行动，联合抵制”。公约单位还共同约定，“可以在自己的网站页面上摘用其他公约单位网站上的新闻和信息，但是必须注明出处，并为对方报纸做链接；凡不属于此公约的其他网站，如需引用公约单位的信息，应经过授权，并支付相应的费用，使用时，或注明出处，或建立链接。”

这是传统媒体第一次就维护网络信息版权结成联盟，也是第一次与网络媒体展开的版权博弈。但是，公约的遵守情况并未达到公约单位所预想，公约的约束力也非常有限。在当时互联网尚处普及发展阶段、网络中文信息相对匮乏、网站无清晰盈利模式的背景下，无论是商业网站还是公约单位自身，都很难执行这样的纸上约定。特别是当时的纸媒还处在盈利的高点，没有版权经营意识，更多的是希望借助新兴媒体快速传播和广域覆盖的特点来扩大自身影响力，获取更多的线下广告。一纸公约最后也就无疾而终。

2005 年，传统媒体和网络媒体的境况发生了逆转。传统媒体尤其是报业出现了“寒冬论”，用户逐步流失，发行减少，广告下滑；网络媒体用低廉的价格获得的新闻信息建立了拥有庞大用户群的网络平台，依托此平台打造的广告模式和增值模式不仅让网络媒体走出了互联网泡沫，而且进入了一个高速发展期。

面对此种情境，传统媒体再次扛起内容版权大旗，只不过这一次的发起者变成了利益损失最直接的都市报。2005 年 10 月，全国 20 多位都市报的老总在南京联合起草并发布了一份《南京宣言》，宣称“不再容忍商业网站无偿使用报纸新闻产品”，呼吁“全国报界应当联合起来，积极运用法律武器，加强知识产权保护，维护自身合法权益，改变新闻产品被商业网站无偿或廉价使用的现状”。2006 年元旦前后，解放日报报业集团也向全国其他 38 家报业集团发出了《发起全国报业内容联盟的倡议书》，呼吁让新闻内容回归应有的价值，提出应该提高网络转载的门槛，捍卫知识产权，“以一个联盟对抗另一个联盟”。

但是，一场轰轰烈烈的传统媒体与新媒体的第二次版权博弈并没有持续多久。最经典的一个现象是，发起倡议书的解放日报报业集团在 2006 年 8 月与新浪公司宣布建立战略合作伙伴关系，《倡议书》失去意义，传统媒体与新媒体第二次的版权博弈再次无疾而终。

从第一次版权博弈至今，随着互联网外部环境的变化、传统媒体自身的转型以及新技术的应用与发展，传统媒体与新媒体之间的关系不断发生流变，共生与寄生几乎同时存在。特别是社会化媒体出现后，寄生的双方发生了变化，新媒体不再完全依赖传统媒体的内容，而传统媒体却需要依赖新媒体的渠道，位置的变化也给版权博弈带来了新的动向。

在新闻生产的价值链中，传统媒体日益演变为信息产业中的制造业，即新闻信息的制造者，处于信息产业链的前端；网络、手机等新媒体是新闻信息的传播者，处于信息产业链的终端。终端可以直接向用户收费，而前端向用户收费则需要跨越终端或借助终端才能实现，这样的一种价值链条也在缩小着传统媒体版权经营的空间。

近年来，随着国家对网络版权保护力度的加大，一些大的综合门户网站逐渐开始规范使用传统媒体的内容，且每年支付的内容购买费越来越高。但不容忽视的一点是，国内传统媒体数量庞大，报业有1900多家，杂志有9000多种，内容同质化严重，优秀作品不多。换言之，能拿出来进行版权交易的内容有限。加之，随着社会化媒体的兴起，传统媒体不再能独家垄断新闻资源，传统媒体的声音、观点也只是众多声音、观点中的一个组成部分，传统媒体甚至还需要网络来提供新闻线索、提供受众评论、展开阅读调查。当传统媒体的内容并非“稀缺”资源时，版权经营的前景也就可想而知了。[1]

2. 开源的定义、实践、盈利模式

开源（Open Source，开放源码）被非营利软件组织（美国的Open Source Initiative协会）注册为认证标记，并对其进行了正式的定义，用于描述那些源码可以被公众使用的软件，并且此软件的使用、修改和发行也不受许可证的限制。

开源不仅仅表示开放程序源代码。从发行角度定义的开源软件必须符合如下条件：

（1）自由再发行

许可证不能限制任何团体销售或赠送软件，软件可以是几个不同来源的程序集成后的软件发行版中的其中一个原件。许可证不能要求对这样的销售收取许可证费或其他费用。

（2）程序源代码

程序必须包含源代码。必须允许发行版在包含编译形式的同时也包含程序源代码。当产品以某种形式发行时没有包含源代码，必须非常醒目地告知用户，如何通过Internet免费地下载源代码。源代码必须是以当程序员修改程序时优先选用的形式提供。故意地扰乱源代码是不允许的。以预处理程序或翻译器这样的中间形式作为源代码也是不允许的。

（3）派生程序

许可证必须允许更改或派生程序。必须允许这些程序按与初始软件相同

1　传统媒体与新媒体的版权博弈[EB/OL]. [2011-06-15]. http:// media.people.com.cn/GB/22100/213308/213310/14905698. html.

的许可证发行。

（4）作者源代码的完整性

只有当许可证允许在程序开发阶段，为了调整程序的目的将“修补文件”的发行版与源代码一起发行时，许可证才能限制源代码以更改后的形式发行。许可证必须明确地允许按更改后的源代码所建立的程序发行。许可证可以要求派生的程序使用与初始软件不同的名称或版本号。

（5）无个人或团体歧视

许可证不能有针对任何在专门领域内的个人或团体使用该程序。例如不能限制程序应用于商业领域，或者应用于遗传研究。

（6）许可证发行

伴随程序所具有权力必须适用于所有的程序分销商，而不需要这些团体之间再附加许可证签字盖章。

（7）许可证不能特指某个产品

如果程序是某个特殊的软件发行版中的一部分，伴随该程序所具有的权力不能只来自于这一发行版。如果程序是从那一发行版中摘录出来的，使用或发行时用的都是那个程序的许可证，分销程序的所有团体都应拥有与初始软件版所允许的所有权。

（8）许可证不能排斥其他软件

许可证不能限制随该许可证软件一起发行的其他软件。例如，许可证不能要求所有与之一起发行的其他软件都是开源软件。

（9）许可证实例

GNU GPL、BSD、X Consortiun 和 Artistic 许可证都是我们认为符合开源软件定义的许可证。MPL 也是一样。

开源的实践：

（1）网络广告收费

对于消费者而言，广告赢利模式更像真正意义上的免费。这是一个基于发行商、消费者、广告客户的三方市场，其赢利的基本逻辑是发行商为消费者提供免费的产品，消费者用时间和注意力来换取这些免费的产品，并成为广告的对象，然后发行商把用户“卖”给广告客户。我们之所以能在网上看到免费的消息和视频、能下载免费软件，报纸杂志之所以如此便宜，原因就在这里：那些需要接触消费者的第三方为我们的消费买了单。

向读者提供免费电子期刊，吸引读者访问自己的网站，借此通过吸引广告主投放网络广告，收取广告费。此盈利模式早期主要为网络杂志发布平台，如 Zcom、Xplus 等网站所使用。现阶段，一些影响力较大的名人电子杂志

（如《开啦》等）也主要运用此盈利模式。由于多媒体技术的广泛运用，网络广告形式也日趋多样。

（2）与硬件捆绑销售

与电子阅读器硬件生产商合作，开发具有 DRM 数字版权保护技术的专属电子阅读器，通过自有渠道进行推广和售卖，获得收益。龙源期刊网与广州金蟾公司的合作最为典型，双方合作生产“易博士”阅读器，由金蟾公司提供阅读器硬件，龙源期刊网提供内容资源和销售渠道。

（3）游戏点卡、道具收费

向手机游戏使用者提供免费的手机游戏，通过销售游戏点卡、道具等扩展性游戏产品和服务获得收益。

（4）按服务内容收费

这是一种新兴的，依托于传统出版物内容和读者资源，并向读者提供增值服务并获得盈利的模式，可以概括为“附加服务（内容）收费盈利模式”。传统出版单位通过优势内容资源和积累的大量忠实读者和品牌号召力，建立在线咨询和服务平台，通过与相关企业合作，共同向读者提供增值服务，获得的收益按照一定比例分成。典型的企业有《家庭医生》杂志的家庭医生网站和《瑞丽》的瑞丽女性网站。

开源的盈利方式：

开放源码概念的提出就是为了避免自由软件（即 GPL）曾给公司带来的伤害，因此它鼓励利用开放软件从事商业活动。但是，开放源码的特性使得直接获取软件销售利润非常困难，大多数的开放源码许可证禁止对用户使用、分发、修改软件的权利进行限制，以此避免有人利用开放源码软件牟取直接利润。因此，开源软件只能够开拓与软件服务相关的市场，从而获得间接销售价值。为此开放源码的发起人之一 Eric Raymond 提出 5 种开源软件商业模式：

（1）失败的领导者 / 市场定位者——利用开放源码软件为直接产生收入的专有软件来创造或维持一种市场位置，比如 Netscape 公司开放 Mozilla 浏览器的源码以阻止微软垄断浏览器的可能性；

（2）糖霜策略——对不以软件为利润中心的硬件制造商而言，开放源码没有赢利上的损失并可获得开源的优点，比如苹果公司开放 MacOSX 服务器的操作系统“Darwin”的代码；

（3）奉送食谱，开办饭店——Red Hat 和其他 Linux 发行商所采用的模式，卖的是通过组合和测试一个能转的操作系统产生的附加价值，包括免费安全和提供可选的持续技术支持合同；

（4）附加产品——出售开放源代码的附加产品，例如在低端市场上可出售杯子、T 恤衫，在高端市场上可出售文档和书籍，比如 O'Reilly 集团出版开源软件的参考资料；

（5）未来免费，出售现在——以封闭的许可证发布软件的可执行文件和源代码，但是包含一个有关封闭条款的期限，比如 AIaddin 公司通过该模式创造了流行的 Ghostscript 程序。同时，他还提出另外两种尚未经过验证的商业模式，如所谓“软件免费，销售品牌”和“软件免费，销售内容”等。当然，还可以利用在开放源码软件之上的专有软件赚钱，比如 Loki 娱乐软件公司致力于将流行游戏以专有方式移植到 Linux 以获取销售收入，一些著名的数据库厂商也将其产品移植到 Linux 上。

但是，随着全球经济的滑坡和企业预算的紧缩，开源软件商业模式也面临着严峻的考验，不少开源软件公司由于难以通过服务获得足够的利润而陆续转变专有商业模式，越来越注意保护他们的知识产权，前 SuSE CEO 提出的问题——“当所有的人都能随意复制的时候，我们的商业模型在哪里？”——比较具有代表性。新思路往往是一种构筑于开源基础上的专有软件，比如著名的 VALinux 专注于开放源代码软件 SourceForge 上的专有协同开发软件开发和销售。但 Red Hat 仍然坚持开放源码，并认为专项专有软件模式不是万能药，困境中的开源软件公司不应指望在下一个版本封闭源代码就能够带来收益，这种做法有过失败的先例。另外，转移到专有软件也会引发厌恶情绪，软件的老版本还会继续成为竞争产品，比如自由软件基金会（FSF）已经开始开发一个基于 VA Linux 原先的 SourceForge 产品，称为 Savannah 的项目。

开源支持者认为，尽管许多开放源码业务在萎缩，但是对这一行业真正的商业讨论却似乎在日益增加，IBM 继续在 Linux 和开放源码上投资，许多新的、改进的企业应用登上舞台，致力于企业应用的开放源码开发者比以前任何时候都要多。2001 年艰难的金融环境使开源软件公司受到挤压，正如绝大多数计算机公司正面临的艰难情况一样，但是这并没有减弱商业领域对于开放源码的接收速度，开放源码本身不仅存活下来，而且开始在商业世界里蓬勃发展。[1]

3. 核心内容免费 + 转移价值

通过新的商业模式来实现价值的转移，核心内容免费或者超低收费，但是通过其他方式来盈利。Spotify 是这方面的代表，它同时采用了广告 + 付费用户 + 歌曲销售分成的复合盈利模式。广告有客户端软件内嵌的显示广告和

---

1 关于开放源码软件和通用公共许可（GPL）的进一步讨论——共创软件联盟提交科技部的调研报告 [J]. Internet：共创软件，2002(6).

歌曲播放间隙的音频广告（类似 Pandora 和豆瓣电台）；免费听歌时间是有限制的，超过限制还想再使用就必须成为付费用户了；在线的歌曲销售通过一个类似 iTunes 的平台网站进行。在视频方面，美国视频服务网站 Hulu 也是一个成功的例子，它为用户提供高质量的正版视频内容，用广告 + 付费用户的方式来盈利。奇虎 360 更是通过放弃当前行业的商业模式，以免费杀出一片天地。但在获得广泛的用户资源之后，路子越走越宽，在线广告，付费增值服务，团购导航都可以获得收入。[1]

4. Google 模式

2010 年 12 月上线的谷歌电子书店（Google ebookstore）更为开放，一方面，谷歌通过图书馆计划自主扫描和合作伙伴计划的出版商参与等多种方式汇集了世界上图书种数最多的电子书资源，并借助搜索的垄断优势进行资源整合。另一方面通过电脑在线、手机、阅读器、平板电脑等多终端发布为用户带来了最便捷的阅读体验。特别是终端间“无缝切换阅读”（“无缝切换阅读”即在登录谷歌账户的条件下，从上一次停止的页数在另一个阅读终端继续阅读同一本书）使阅读长篇内容的电子书更加便捷。[2]

5. 公共版权

知识产权领域的改革派——他们是公共版权运动的发起者，这一运动推动了版权向公共领域开放——他们倡导使版权人能更简单地与公众分享他的作品。

理查德·斯托曼（Richard Stallman），一位美国计算机程序员，他于上世纪 80 年代率先提出了公共版权的倡议，他也是此次对版权开放呼声最高的代表人物。他把电子书称作是“对传统读者自由的一次攻击”，他的核心观点是在现行的电子书体系中，读者无法以匿名的方式获得图书（这在纸本书时代是可以做到的，只要他们支付现金购买图书）；或者借阅，或者依个人意愿将图书出售。有时，读者甚至不能保留他们所购买的电子书——例如，亚马逊公司在 2009 年从他们的客户手中夺走了《1984》的副本。所有的这些都是因为过时的版权法律以及电子书的“数字化枷锁”。

斯托曼呼吁结束使用“数字版权限制管理”（digital “restriction” management）。在他看来，这种行为“是一种恶意的阴谋，任何使用这一限制的公司都应被判以重罪。”他还说道：“公共版权（Copyleft）诞生的目的就是使版权自由成为一项不可剥夺的权利。我们必须通过共享来结束这场权利之争。”

1　朱思维 . 数字商品盗版与免费背后的经济学（上）[EB/OL]. [2011-04-28]. http://36kr.com/p/22507.html.

2　于文 . 内容的属性差异与数字出版的多重模式 [J]. 出版发行研究，2011(2).

相对而言远没有那么激进但却也一直广泛加入到公共版权运动中的是总部设在美国的非营利性机构知识共享组织（Creative Commons，CC），其声称他们所提出的版权许可类型更适应于互联网时代的需要。斯特·沃西基（Esther Wojcicki）是共享组织的副主席，作为在教育部门组织许可的带头人物，她说道："版权的存在价值并非在于保护作者权利，它被用作机构、公司和他们的商业模式的保护伞……如今的版权制度——保护期延续至作者死后70年——难以奏效。它阻碍了信息最大范围的传播。版权制度束缚了文化发展，它与促进文化发展背道而驰。"[1]

6. 知识共享协议（CC）

在知识产权领域，人们迫切需要一种灵活自由的规则，使版权运作更便捷、更具人性化，例如当今广泛流行的知识共享（CC）协议。

CC是Creative Commons的首字母缩写，它倡导对知识创造成果的合法分享、使用和演绎，通过其所倡导的"部分权利保留"的灵活的版权行使模式，解决数字时代作品的传播和利用问题。它是学研合作的结果，并正在不断地应用于产业领域。

CC协议包含四个核心要素：署名、非商业性使用、禁止演绎和相同方式共享，根据不同要素的不同组合，形成了六套核心的CC协议。其中，"署名、非商业性使用、禁止演绎"是最严格的一套协议。但相对于传统模式来讲，它还是释放了一些自由，如在署名和禁止演绎的条件下不排斥用户进行非商业性利用，例如自由传播。

2001年，来自哈佛大学、斯坦福大学、麻省理工的专家教授与一批网络先锋共同创立了知识共享（Creative Commons）组织，目标是设计一些法律工具免费提供给公众，意在帮助人们表达其作品对公众开放的程度。2002年，这个组织发布了1.0版本的CC协议。CC协议从正式发布至今，已历时七年。截至2009年12月，全球共有52个司法管辖区正式引入了本地化版本的CC协议。在不同的法律环境下，每项条款都会被因地制宜地做出改动。

CC协议包含了三个不同的结构层次：普通文本、法律文本和数字代码。普通文本是供普通人阅读的简明的文字与图示说明，该版本全球通用。法律文本是一份给法律人看的正式授权条款，详细规定了协议双方的权利义务关系；数字代码是供机器阅读的，该代码将授权条款以机器可读的方式呈现出来，方便搜索引擎和其他应用程序辨识出采用CC协议授权的作品。

CC使用者遍布全球，澳大利亚ABC广播公司的网站链接沿用了CC协

1　版权的未来：传统体制已经穷途末路了吗？[EB/OL]. [2011-07-18]. http://mbookdao.com/Article.aspx?id=24091.

议。美国大部分图书馆、美术馆采用了 CC 协议，如密歇根大学、哈佛大学、耶鲁大学图书馆等。著名视频网站 Youtube，在知识产权条款上也采用了 CC 协议的合同格式。视频的上传者可以自己选择授权形式，比如下载后需要署名、是否可以演绎，其有权决定视频是否可以参加商业性活动。通过 CC 协议为视频上传者提供的不同权利的选择，令其作品得到最广泛的传播。[1]

3.7.3　基于数字版权保护技术的商业模式

1. 把消费活动转移到私有平台上来保护版权

在技术手段上，"数字版权管理"技术（Digital Rights Management，简称 DRM）从目前来看并没有为防止盗版起到有效的作用。真正有用而且已经有很多公司在做的，是通过把消费活动转移到私有平台之上来保护版权，控制盗版。比如暴雪的魔兽世界、星际 2，苹果相对封闭的平台等。一些公司把注意力从控制开源软件和自由信息的传播转移到私有硬件上的控制，苹果是其中做得最为成功的，Amazon 远程删除电子书，Google 远程删除恶意应用都展示出相对私有的平台上对非法和侵权行为更强的控制能力。所以即使可以越狱刷机，通过技术手段来保护版权的路还是能一直走通。[2]

2. 苹果模式——移动消费技术成为传媒一部分

苹果公司创新或者说至少重新定义了移动消费技术，并使之成为传媒业未来的一部分，而且还是其中增长最快的一部分。iPhone 与 iPad 创造了不可逃避的趋势，它们不仅仅是普通的移动设备，更是全新的产品类别，甚至是一种全新的内容经济。iPhone 并非是第一款智能手机，但是它却是第一款采用全屏触摸的智能手机；并且利用指尖的按压与滑动来代替传统的物理按键，而且也正是这款创新的手机唤醒了第三方应用程序无比强大的能量；即使是作为苹果劲敌的安卓（Android）和黑莓（BlackBerry）也争相效仿其成功的软硬件设计与理念。

其实，iPad 也并非开天辟地的创新；因为它完全借助了与 iPhone 一样的操作系统，以及应用软件环境。然而，从另一个角度来看，它却开创了一种介于手机与笔记本电脑之间的全新产品分类。当人们闲暇时，iPad 已经成为众所周知最适合长时间阅读的设备。因此，纸质媒介的书刊、杂志受到了这位"新人"强有力的挑战，然而出版商们也从中发现了纸质印刷品向数字化

1　明星 . CC 定见之魅——打破数字时代的版权桎梏 [J]. 中关村，2010(2).

2　朱思维 . 数字商品盗版与免费背后的经济学（上）[EB/OL]. [2011-04-28]. http://36kr.com/p/22507.html.

转型的希望。

乔布斯不仅仅直接影响了新闻出版方式，甚至还与发行商直接合作。自从 2010 年 iPad 问世起，他就曾约见过来自《纽约时报》《华尔街日报》《时代周刊》等传媒巨头的总裁们。

乔布斯在当年的演讲中，将《纽约时报》的网页搬上了自己的 keynote 幻灯片中；但是，这个 iPad 第一款应用程序随后便因为仅仅提供了数量有限的“编辑推荐”文章遭到批评。乔布斯原本打算与默多克一同见证英国《每日电讯报》在苹果应用商店的发布，但是疾病使他不得不放弃这么做。可是，他确实参加了早些时候与新闻集团共同举办的研讨会，并讨论了媒体定制 iPad 应用程序，甚至给出评论称《华尔街日报》的 iPad 应用既慢又不好用。

这样苛刻的指责也许有些伤感情，但这也表明了乔布斯有多么关心这件事。他只不过是苹果公司的首席执行官，而并非某个新闻集团或者通讯社的副总裁。然而，他却主动与新闻行业的领导者会见，并迫切希望他们能够为这个新设备创造出最棒的阅读体验。按照他自己的话，他是在替新闻业者考虑如何尽一切努力保护这个行业。

乔布斯于 2010 年的一次大会上曾这样说过：“我们是在尽自己最大的力量来帮助《纽约时报》《华盛顿邮报》《华尔街日报》通过新的方式赚钱，只有这样他们才能继续将他们的报纸经营下去，我绝对是全心全意的。”

消息灵通人士曾在 iPad 上市之前就告诉《纽约时报》，乔布斯本人“深信新闻自由是民主的核心，但是这必须取决于这个媒体是否具有专业精神”。[1]

苹果公司率先实践的代理模式可以简单解释为出版社掌控定价和版权，分销商提成。苹果公司借 iPad 产品，在其电子图书平台 iBook Store 上率先联合出版社推出 14.99 美元的定价策略，并自 2009 年以来快速集结了上百家知名出版集团和数十万册图书；紧跟其后的是谷歌 2010 年第四季度在全球市场筹备的电子图书分销平台 Google Edition，不仅勇敢跨越了饱受争议的谷歌图书馆带来的负面影响，也与众多出版社签约销售。

代理模式之所以能取代零售模式而受到出版集团的热捧，关键是其在定价和上架选择上给了出版集团更多的主导权，而出版集团为了助推这一模式，也给予加盟的电子图书分销商以价格优势及电子书实体书同期发布原则。以麦克米伦为例，电子图书价格优势明显，精装图书纸书定价在 25 美元左右，电子图书定价为纸书定价的一半或更低。不同于亚马逊的定价原则，在代理模式下出版社对电子图书都一一定价。代理模式不仅仅对亚马逊单一平台模

1 乔布斯改变新闻业 移动消费技术成传媒业一部分[EB/OL]. [2011-08-31]. http://news.sina.com.cn/m/2011-08-31/095723081051.shtml.

式提出挑战，也对美国电子图书批发商英格拉姆数字集团和Over Drive的现有模式形成了冲击。[1]

3. 亚马逊模式——集数字出版、网络发行和终端销售于一体

亚马逊是一个成功的网上书店，在网络售书方面积累了许多成功的经验。亚马逊Kindle作为出版业数字化的成功典范，得益于它在电子阅读器市场的四个关键产业链环节形成了独有的接通与延伸模式。[2]

（1）平台服务商

亚马逊作为平台服务商，在推出Kindle前已在图书零售业有着超过十年的积累，在品牌、渠道、产业认知度和用户需求调研方面具备了相当的积淀，强大的内容供应能力让亚马逊被有关媒体认为是“网络售书”的代名词，给予了“不是内容提供商，胜似内容提供商”的定位。在Kindle上市之初，亚马逊就提供包括畅销书在内的近9万种图书下载，至2011年9月已经超过100万种，其中涵盖《纽约时报》畅销书榜单前112部中的105部。通过收购Audible.com，进一步扩大数字资源，拓展音频书籍业务。亚马逊网站还提供包括《纽约时报》《卫报》《每日电讯》《泰晤士报》《经济学人报》《福布斯》《时代周刊》等超过1000家主流报纸杂志的付费或免费下载。强大的内容服务是亚马逊不可替代的优势，也是Kindle能够顺利推出的必要基石。

（2）硬件生产商

作为阅读器的硬件生产商，亚马逊开发Kindle的项目从酝酿到实施，花了三年时间。项目初期，杰夫·贝佐斯从苹果公司招揽设计师，专门成立Lab126设计公司，反复论证如何“模仿”实体书的问题，如何用多大的屏幕，采用何种字体与多大的间距，才符合传统阅读习惯。在确定使用显示屏生产商E-Ink的电子屏幕技术与32开本大小后，亚马逊又将提供EV-DO网络技术支持的Sprint公司的技术整合进来，以提供快速的下载服务。2007年11月，引领全新电子阅读体验的亚马逊Kindle阅读器诞生了。在市场的激烈竞争中，亚马逊也一直不断追求设计细节完善和功能的改进，如改进键盘设计提升灰度显示级数，增加大屏幕型号，增加电池续航时间，提供翻页速度选择，增加朗读文本功能，支持Facebook和Twitter。亚马逊在扮演生产商角色时一直保持着数码产品的时尚性与专注于传统阅读感官的思考，其产品Kindle阅读器的设计追求人性化，以期给读者带来更为愉快的阅读感受。

1 韩成，周中华．商业模式制胜数字出版产业[N]. 中国新闻出版报，2010-08-26(3).

2 杜亭，张志强．网上书店中的信息流与图书的宣传及销售——“亚马逊模式”剖析[J]. 科技与出版，2007(8).

（3）内容提供商

亚马逊经营的努力目标一直是为消费者提供尽量多样的品种，这种渠道角色让亚马逊与各类出版社建立了广泛的合作关系，在获取电子书销售授权方面具有得天独厚的优势，其拥有的电子书资源首屈一指。尽管美国一些大型出版社拥有自己的电子书零售网站，但他们仍然会将其中一部分内容资源放进亚马逊，如兰登书屋、西蒙·舒斯特、麦格劳-希尔；一些零售力量偏弱的中小出版社则更愿意与亚马逊合作以实现双赢。KindleDX 在新闻内容资源上也得到《纽约时报》《波士顿环球报》和《华盛顿邮报》等内容提供商的支持。同时 Kindle 借助格式转化等新业务，扩大可供阅读的内容范围，如免费公益数字图书馆、下载网站的书，甚至 Word、html 等常规格式文档，开辟更为广阔的内容资源空间。

（4）网络运营商

如果说，无可匹敌的海量书籍内容服务与媲美纸书的阅读体验优势足以让亚马逊 Kindle 领先于电子阅读器市场，那么独立存在的网络服务则是确立其霸主地位的辅弼良臣。独立的网络服务，让 Kindle 的价值超越一本电子阅读器的个体局限，而是拥有一个便携的海量图书馆。亚马逊构建独立的免费网络，通过与美国电信运营商 Sprint 合作，在 Kindle 内建 3G EV-DO 模块，让内容和硬件之间实现无缝的网络链接，类似于 iTunes 音乐商店的平台 Whisper-net，基于 EV-DO 无线宽带服务技术，使用户可以随时随地从亚马逊的平台下载正版电子书。Kindle 的网络浏览器同时可便捷地浏览、订阅最新的新闻、天气，阅读报纸和博客内容，而不用再去支付任何费用。[1]

亚马逊自推出第一代 Kindle 阅读器以来，一直为出版商制定的是零售模式，即出版商对亚马逊提供图书和产品销售授权，亚马逊制作成自有格式后在亚马逊网站上销售，并享有绝对定价权。这个模式是以亚马逊为主导，强势捆绑出版机构以亚马逊自有格式、在其自有平台和 Kindle 设备上进行零售。短期来看，出版单位无须投入而能直接获益；长期来看，亚马逊的低价策略（9.99 美元）势必会影响上游出版商的健康发展。特别是在美国，民营企业可以自由进入图书出版发行市场，亚马逊这种打通全产业链的战略势必会在不久的将来彻底改变现有欧美图书出版的格局。在亚马逊集数字出版、网络发行和终端销售于一体的平台上，Kindle 平台能给予作者远高于传统出版商的版税，从而会吸引越来越多的作者与之直接合作。这个捆绑型的零售模式目标在于颠覆整个图书出版行业，压缩产业链而达到利润最大化，然而这对传

1　肖洋，张志强.从亚马逊模式看国内电子阅读器的现状与发展趋势[J].出版发行研究，2011(5).

统出版商提出了一个严峻的挑战。[1]

以亚马逊 Kindle 为例，其商业模式呈现出典型的双边市场模式。[2]

下图中的椭圆形部分是该模式的核心——Kindle Store 资源平台，借助该平台，亚马逊可以向两边实现收费：当资源足够大的时候，可以向内容提供商（出版社和作者）收费。同时，读者购买电子阅读器或进行电子书下载又需要付费。其奥秘就在于海量的内容资源可以吸引巨大的读者数量，这又能吸引更多的内容提供商的加入。一旦到达一定规模，双方就会产生路径依赖。这样的循环最终让平台自身具有巨大的影响力和封闭效果——即弱势的内容提供商如果不借助该平台，将失去巨大的读者市场。不仅如此，通过软件的提供，该平台可以向全媒体发展，如 PC、iPad 等，各类终端的连接能进一步强化内容的传播，吸引更多的媒体用户。在这一过程中，数字出版的价值链也在延长。[3]

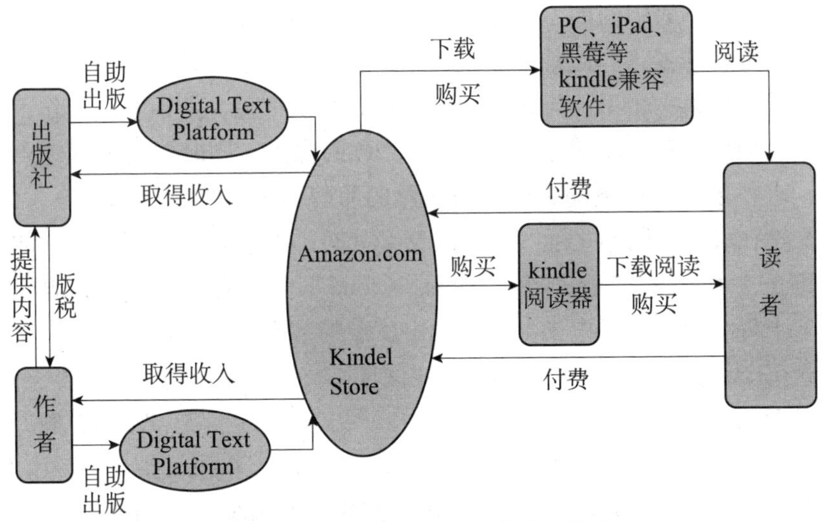

图 3.7.3–1　亚马逊 Kindle 的商业模式

4. B2B、B2C、B2B2C 模式

B2B（Business to Business，企业对企业的电子商务）是指企业与企业间使用了 Internet 的技术或各种商务网络平台，完成商务交易的过程。这些过程包括：发布供求信息，订货及确认订货，支付过程及票据的签发、传送和接收，确定配送方案并监控配送过程等。目前国内主要的 B2B 数字出版企业有

1　韩成，周中华．商业模式制胜数字出版产业 [N]. 中国新闻出版报，2010-08-26(3).

2　郑立新．大众出版的数字化商业模式——基于Kindle商业模式的分析[J]. 出版发行研究，2010(5).

3　章永宏．数字时代传统出版产业的媒介竞争逻辑 [J]. 新闻记者，2011(1).

北大方正“云出版服务平台”。云出版平台是一种“淘宝”模式，此种模式不需要版权，企业只是搭建一个电子商务平台，通过技术服务让产业链的所有参与者参与进来，并发挥自己的优势去帮助版权方运营、分销版权；而企业自身则通过分享数字内容的收费与增值服务收益获得相应的利益。

B2C（Business to Customer，商家对消费者的电子商务）是亚马逊开创的模式。这种形式的电子商务一般以网络零售业为主，主要借助 Internet 开展在线销售活动。例如除经营传统的各种纸质书刊、电子音像制品外，还经营电子书、刊，在线阅读、POD 服务等数字出版产品（服务）。目前，B2C 电子商务功能是出版社网站的主要功能之一，绝大多数出版社都拥有自己相对独立的 B2C 电子商务平台。[1]

B2B2C（Business to Business to Customer，生产商对网络销售商对消费者），第一个 B 是生产商、供应商，第二个 B 是电子商务网站（网络销售商），C 是消费者。作为中间的 B，向左，是要实现供应商的批发，向右，是要实现对于消费者的零售。此种商业模式正在各行各业蔓延开来。平台搭建者引入一定数量的第一个 B，与其紧密合作向 C 提供产品，所谓紧密合作，就是共同保证质量。B2B2C 集合了 B2C 和 C2C 的优点，同时弱化了其缺点。换言之：求得数量和质量的平衡，与成熟的品牌商家共担成本和风险。例如：盛大文学在成立 3 周年之际宣布更换新 LOGO，该 LOGO 中盛大文学的英文名字也正式确定为“Cloudary”，即云“Cloud”和书城“Library”，表明盛大文学未来将继续聚焦云中书城的建设。艾瑞的数据显示，依靠将网络文学的单一版权作品通过在线收费阅读、无线阅读、传统图书出版等进行多次销售，2010 年盛大文学在营收上占据了中国互联网文学市场的 71.5% 的份额，如今除全面整合盛大文学旗下文学网站的内容资源外，云中书城推出的“店中店”正将触角伸向传统出版领域。目前已有超过 100 家出版社、100 位著名作家入驻云中书城。[2]

3.8 数字出版经营手段

传统出版盈利为一次售卖模式，属于规模经济。传统出版的产业链一般只涉及作者、出版单位、零售商、读者四方利益，相对简单。与之相比，数

1 韩成，周中华．商业模式制胜数字出版产业 [N]. 中国新闻出版报，2010-08-26(3).

2 程苓峰.从五大例对B2B2C商业模式的分析 [EB/OL]. [2010-06-27]. http:/www.100ec.cn/detail--5233571.html.

字出版没有固定的产业链，在产业多方延伸的情况下盈利模式呈现出多元化趋势。分析我国数字出版的经营手段，主要有内容销售，版权销售，捆绑销售，游戏点卡，道具收费模式，App Store 模式，按知识内容服务收费，按需出版模式盈利，广告模式盈利，读者免费阅读由作者付费等十余种盈利手段。

3.8.1　内容销售

数字出版物与传统出版物类似，内容是产业链的核心和盈利的关键。对于数字出版商而言，内容销售仍然是盈利的基础和最基本的形式。内容销售的收费方式多种多样，数字出版商根据数字出版产品的不同，采用与产品内容相适宜的收费模式。

1. 包库、包时间、按数量收费

这种收费模式使用最为广泛，按此模式收费的数字出版商包括中国知网等互联网期刊数据库；《温州日报》等付费阅读的数字报纸、杂志；盛大文学等收费电子书阅读网站；中国移动手机音乐下载供应商等音乐下载网站。

这些之中，根据用户需求的不同，数字出版商会采取不同的收费方式。对于学校、科研单位、公司等机构用户，数字出版商大多采用包库、包时间的收费方式，中国知网是其中的典型代表。对于个人用户，数字出版机构大多采用按数量收费的方式。

2007 年 4 月 8 日，温州报业集团旗下的《温州日报》《温州都市报》《温州晚报》《温州商报》在我国率先开始了“付费阅读”模式的尝试。现阶段，国外的数字报纸付费阅读模式已经逐渐成熟，《纽约时报》等国外大报通过数字报纸开始盈利。我国对数字报纸的付费阅读模式也较为认可，但还在受众的习惯养成期。

音乐的下载一般按照数量收费，在传统唱片业萧条的情况下，音乐公司开始提供网络音乐下载服务，获取盈利。

2. 按流量计费

数字出版与互联网和移动互联网之间有着密切的关系，因此按流量计费成为数字出版内容销售收费的另一种形式，也是数字出版中移动阅读部分的主要收费方式。按流量付费是由数字出版商提供内容供受众免费阅读、下载，根据受众下载的地址和所使用网络由数字出版商与相应的网络和移动网络运营商之间进行利益分成。

按流量收费属于微收费模式，适合于面对个体受众和移动网络用户的数字出版商。在我国目前个体受众还没有养成付费阅读习惯的情况下，按流量收费成为数字出版商盈利的重要模式。但是，此模式中数字出版商与移动运营商之间的分成模式不固定、不成熟，这影响了数字出版的良性发展。

3. 阅读卡销售

一般用于期刊数据库类网站。用户可使用网站发行的阅读充值卡进行充值，比如知网阅读卡是清华同方知网发行的；维普阅读卡是由维普公司发行的；万方数据检索阅读会员卡、充值卡是由万方数据股份有限公司发行的……阅读卡一般具有卡号和密码，阅读卡可以到传统期刊互联网出版提供商指定的各地售卡网点购买，也可以由用户使用如银行卡、易宝支付等方式对账户进行充值。

4. 镜像站点使用费

镜像站点使用收费与包库收费模式类似，是数字出版商主要针对大型机构用户提供的一种服务和收费模式。镜像站点使用费是在用户单位本地安装部署数据库镜像站服务，提供局域网效果的使用，适合使用者众多的大型企业、高等院校等。对于使用镜像站点服务的机构，在完成数据安装调试后，每周可从互联网期刊数据更新服务器上通过互联网下载全部更新的文章、索引数据，追加到镜像服务器中，构成与互联网期刊网站资源同步更新的镜像站，以此方式完成数据更新。

5. 订阅收费模式

与按数量收费模式类似，数字报纸、互联网期刊等定期连续出版物多采用这种收费模式。订阅收费模式延续了传统报纸、期刊的收费模式，缴纳一定费用后，受众可在一定时间内免费阅读数字报纸和互联网期刊的内容。订阅模式主要是针对数字报纸和互联网期刊长期用户的一种收费方式，既降低了受众的阅读付费，使定价更具吸引力，又提高了受众对于数字报纸和互联网期刊的黏性，稳定数字出版的收入。

3.8.2 版权经营

数字出版产业同传统出版产业一样，版权是出版单位的重要的资源，版权经营管理对于传统出版单位和数字出版商而言同等重要。版权的经营管理是出版业延伸产业链、增加收入的经营策略。现阶段，我国的原创文学网站，大多既是 C2C 的平台，也是 B2B 的平台，进行版权之间的经营。本章节主要研究数字出版商对已拥有版权的经营情况。

1. 版权转让经营

数字出版商的版权转让主要是指将网络原创内容转让与传统媒体经营者，收取版权的转让费。按性质的不同版权转让的可分为线下出版版权转让、游戏版权转让、影视作品剧本版权转让等；按收费模式的不同版权转让可分为买断式版权转让和分成式版权转让等。

版权转让形式在我国已经有了较为成功的尝试。例如《仙剑奇侠传》等网络游戏商将游戏的内容版权转让给出版商、影视制作公司等，允许根据游戏内容进行线上、线下的图书出版和影视剧的制作；《第一次的亲密接触》等网络原创小说在网络上获得高点击率和下载率之后，将版权转让给传统出版商和影视剧制作商等，允许其就相关内容进行出版。

以起点中文网作者的作品《星辰变》为例，其在起点中文网首发后，在线上实现了超高的人气，连续四十周在百度所有关键词搜索排名中位居前列，随后由线上作品变成了线下传统图书，2008 年其游戏版权以 100 万的高价转让给了盛大游戏，电影改编权也于 2009 年 11 月份转让给了盛世影业。

2. 版权授权经营

作为数字出版商的盈利方式之一，版权授权经营是指有数字内容的制作单位将内容产品授予数字阅读器厂商或相关网站，允许其发行相关数字内容。较之于转让，版权授权经营不发生权利的移转，不会导致原有版权所有者权利主体资格的消失，也不产生新的版权所有者。根据传统出版业的情况，版权授权经营包括直接授权、版权代理两种方式，数字出版产业也与之类似。

数字版权的授权相对于传统出版业而言相对复杂，由于数字出版商处于中间环节，内容的源头属于作者自己，因此数字内容的授权牵扯到多方利益。版权授权经营在我国数字内容制作和数字阅读器生成商分开的情况下较为适用，但其呈现出的乱象也需要解决。

3. 版权输出经营

2011 年新闻出版总署发布了新闻出版业“十二五”时期发展规划，在总体规划里对版权贸易制定的目标是：引进输出比例降至 2∶1。为了很好地实现这个目标，在“十二五”规划中的新闻出版业“走出去”战略中，又列了八项重点任务，其中大力推动版权“走出去”为任务之首。随着数字出版产业的不断成熟，数字版权的输出成为推动版权输出的重要力量。

在 2011 年的第 18 届北京国际图书博览会上，英国出版科技集团正式发布全球数字图书馆中文版——“英捷特全球数字图书馆平台”，其首批战略合作伙伴包括中国图书进出口（集团）总公司、广西出版传媒集团、时代出版传媒股份有限公司、中国轻工业出版社、龙源数字传媒集团等，这是中国版权走向世界的重大举措[1]。

近年来，我国传统媒体越来越意识到内容数字版权的重要性，在国外数字出版逐渐占据主流的情况下，数字版权的输出更具影响力。我国的数字出版商已经与亚马逊、苹果等国外重要数字出版商合作，输出中国的数字版权，实现盈利。版权输出强调版权的跨经济体（通常是国家）经营，依据权利交易的性质，严格来讲，又可归于版权转让经营或授权经营。

3.8.3 捆绑销售

数字出版产业的捆绑销售是指将数字出版产品与其他产品搭配，以促进其销量的共同增加。捆绑销售主要有数字出版产品与传统出版物捆绑、数字出版产品与硬件设备捆绑、数字出版产品与其他产品捆绑等方式。

1. 数字出版产品与传统出版物捆绑销售

数字出版产品作为一种全新的事物，在出现之初需要获得受众认可，占据一定市场份额，为后面的发展打下基础。对于一些例如当当网这类既经营传统出版产品又经营数字出版产品的出版发行商，会选择将部分数字出版产品与传统出版物进行捆绑销售，以提高两者共同的销量。但是从目前情况看，捆绑销售有些是为了打开数字出版市场，有些是为了增加传统出版物的销售途径。

2011 年 12 月，当当网电子书平台开始进行公测，在当日的新闻发布会上，当当网副总裁易文飞就宣布“当当电子书将充分利用纸书优势，通过‘拖泥带水’式的捆绑销售，实现二者深度互动，实现两种阅读并存的模式，预期 3 年到 5 年内让电子书的销售数量超过纸质书。”[2]

2. 数字出版产品与硬件设备捆绑销售

这种捆绑方式主要适用于既涉足数字内容生产、又涉足数字阅读设备等硬件生产的数字出版商。从经济学的角度考虑，数字出版内容与相关硬件设备属于互补品，两者的销量可以相互提升。事实证明，电子书销售巨头亚马逊也已经通过“内容 + 设备”的模式取得了成功，苹果、巴诺书店也采用了此模式。资源丰富的内容平台、功能全面的阅读器是这些数字出版商成功的关键。

采取此捆绑模式的数字出版商大多通过内容资源吸引受众，并使其对平

1 吴越．数字版权输出 中文图书走向世界的快车 [N]. 文汇报，2011-09-07.

2 杨晓芳．当当电子书平台日前亮相 利用纸书优势捆绑销售 [EB/OL]. [2011-12-28]. http://www.hj.cn/html/201112/28/2832746412.shtml.

台形成黏性，而内容资源平台与硬件进行匹配，以此使两者的销量都能得到提升。在此捆绑模式中，数字内容质量和硬件的用户体验同样重要。

我国采用这一模式较为成功的数字出版商主要有盛大文学和汉王。前者利用盛大文学成功的电子书出版平台，开发电子书阅读器 Bambook，后者通过与内容生产商之间的合作，使其电子书和电纸书有稳定的内容平台。这种阅读器内置内容平台的模式还在一定程度上为数字内容版权提供了保护，为数字出版进一步发展奠定基础。

3. 数字出版产品与其他产品捆绑销售

数字出版产品还可以与其他类型产品进行捆绑，既成为其他类型产品销售的噱头，也增加了数字出版的收入。这种捆绑方式对于数字出版在初期进行推广、增加市场占有率、提高收入效果明显，但对于数字出版产业的长期发展而言并无益处，只能是其他不想通过显性下调价格降价的产业附赠的礼品，而不能成为一个独立发展的产业。

3.8.4　游戏点卡、道具收费模式

游戏是数字出版中重要的一部分，也是最早盈利和盈利最多的一部分。据《第 30 次中国互联网络发展状况调查统计报告》显示，2012 年上半年网络游戏的用户规模为 33,105.3 万人，占网民总人数的 61.6%，半年增长 2.1%。

游戏，尤其是网络游戏在我国发展的时间虽然不长，但是已经形成了较为成熟的收费模式，除了将游戏作为数字出版内容销售外，基本通过游戏点卡、道具等进行收费。

1. 游戏点卡销售

现阶段，我国网络游戏出版商之间的竞争日益激烈，游戏点卡也逐渐取代了一次性购买游戏的方式，为多数游戏出版商所接受采取。

点卡，全称虚拟消费积分充值卡，是按服务公司的规定以现金兑换虚拟点（积分）的形式，通过消耗虚拟点（积分）来享受该公司的服务的一种钱款支付形式。游戏点卡，是游戏玩家购买点卡、充值、激活后获取游戏时间或虚拟货币的方式。因此，点卡主要分为两类：一是时间点卡，多用于收费游戏；二是虚拟货币点卡，多用于半收费和免费游戏。

2. 道具销售

道具销售是免费游戏常用的收费方式，与虚拟货币点卡密切相关。游戏出版商为增加竞争力，开始采用在“免费游戏”的基础上，向忠实玩家提供高级游戏装备或者加速升级等游戏附加道具，并收取一定费用的盈利模式。

而通常道具是以虚拟货币的形式购买，仍需点卡的支持。

我国著名的游戏出版商巨人、盛大等均采用“游戏免费、道具收费”策略，并获得了巨大的成功。免费游戏为游戏出版商聚集了大量人气，同时利用玩家争强好胜、希望快速通关升级的心理获得不菲收入。

3.8.5 App Store 模式

App Store 即应用商店，最初是苹果公司为旗下产品受众提供的服务，为用户提供下载软件的平台。现在，App Store 模式逐渐成熟，并被其他数字出版商所借鉴。

App Store 为第三方的软件制作者提供了便捷高效的软件销售平台，使其有利可图，而增加的应用软件满足了无线网络的普及条件下受众多样性、个性化的软件使用需求，进而增加了受众对于硬件的黏度，成为软件开发商和受众之间的桥梁。App Store 的出现增加了各方利益，促进了整个数字出版产业的高速发展，可以说 App Store 在某种程度上促成了苹果的成功。

App Store 采用免费与收费相结合的方式，免费 App 用以吸引用户，收费 App 用以获取收入。苹果平台对软件的下载费用统一代收，再由苹果公司与软件制作商之间进行分成。另外，对于希望增加下载量的应用软件制造商，会通过类似于竞价排名的方式向苹果公司支付费用，以提高在 App Store 中的排名或称为被推荐的应用软件。

App Store 创建了简单而明晰的数字出版产品产业链，其他数字出版商也开始纷纷效仿，其中以 Android 应用平台规模最大也最为成功。Android 应用平台与 App Store 所不同的是，Android 采用开源系统，相对于苹果的 iOS 系统更为开放，人人都既是应用软件的制作者也是其使用者。

总结来说，App Store 模式主要由四种盈利方式：

1. 免费应用 + 广告。

2. 免费应用 + 内置收费。

3. 内容资源收费（与应用软件制作商分成）。

4. 竞价排名收费。

App Store 的出现在数字出版发展史上具有里程碑式的意义，但是随着发展的不断深入和模仿者的出现，App Store 模式也出现了一些问题。首先，App Store 并不是一个完全开放的系统，对应用软件的制作者有一定的限制；其次，App Store 中的竞价排名现象虽然为平台增加了收入，却降低了平台的可信度，影响了受众体验。

3.8.6 按知识服务收费

现代社会已经进入以知识经济时代和服务业为主的时代，知识内容和服务成为一种重要的生产要素和财富。随着需求的不断增加，数字出版商开始对知识内容提供更多的服务。相对于其他数字出版内容，知识服务的需求弹性相对较小，数字出版商对服务的收费也相对较为容易，主要分为附加、定制内容收费模式；在线服务收费模式；移动增值服务收费模式；平台免费，服务收费的模式等。

1. 附加、定制内容收费模式

这是一种依附于传统出版的知识服务模式，主要是传统出版业在数字时代为延伸产业链、增加收入所采取的策略。传统出版业占据内容、人才的优势，并且拥有多年积累的读者资源和品牌优势，因此在数字出版转型过程中，传统出版业开始向受众提供附加内容和定制内容，以增加收入。

国外报业和杂志业在附加、定制内容的提供方面已经形成了较为成熟的模式，我国的传统出版业也已经接受并开始尝试这一模式。如以女性和时尚类内容为主题的杂志《瑞丽》开设了瑞丽女性网，形成女性、时尚主题门户，为受众提供增值服务，通过网站与杂志互动，提升品牌形象、增加杂志销量。而一些专业性较强的网站则会对注册会员提供定制内容的服务，以专业性、及时性及服务性为特点。

2. 在线服务收费模式

在线收费模式是利用互联网络的特点，克服地理障碍，进行远程的服务，在线收费主要包括网络教学、网络测评、在线解答等形式。受众对知识内容的需求不断提升，线下现有的知识服务可能无法满足或无法便捷地满足受众的需求，因此受众开始寻找线上的服务以满足自己的需求。

网络教学是利用计算机网络技术、多媒体技术、数据库技术等技术手段，在数字化环境下完成教育教学目标的教育方式。我国的网络教学既有大专院校在教育部的批准下开展的学历教育和非学历教育，也有教育机构通过网络进行的培训式教学。目前，较为流行的知名大学课程在网络上提供下载或观看服务也属于这一类型。

网络测评是指在网络上提供某些考试的预测试或者测评者通过网络对被测者进行的测试。前一种意义上的网络测评被应试者广泛使用，主要依据测试的内容决定是否收费，收费多少也是依据内容而定；而后一种意义上的网络测评则被许多企业应用，数字出版商主要收取测试的平台费用。

在线解答是指对用户的在线提问进行解答，并根据问题的内容收取费用。

在线解答与附加内容的收费模式密切相关，主要为用户就专业问题进行的提问，由专业机构或专业团队进行解答。

3. 移动增值服务收费

移动增值服务是指在移动通信网络基础上，以移动运营商为主体，SP（Service Provider 服务提供商）、CP（Content Provider 内容提供商）为主要参与者的，为满足用户的个性化需求而提供的一系列服务。

移动增值服务收费随着智能手机和无限互联网络的发展而获得快速发展，其中与位置有关的服务从移动增值服务出现开始就一直是主流应用形式，移动银行、移动支付等形式近期也逐渐兴起。

4. 平台免费、服务收费模式

在目前较多受众没有养成付费使用软件的情况下，软件开发商开始通过平台免费、服务收费的模式获得盈利。奇虎 360 公司开发的软件多采用这一模式，奇虎 360 公司 CEO 周鸿祎曾说“假如我的 2 亿用户中有 1% 的人愿意使用这个服务，就有两百万用户。就算每个用户每月只交 5 元钱，每月就会有 1000 万元的收入。但如果因为用户量庞大，就盲目地对基础服务收费，则会前功尽弃。”例如 ERP、CRM 等面向企业的管理软件，在竞争激烈的情况下也多采用这一模式。

但是，对于这一模式也不能持一种盲目乐观的态度，使用过程中的收费可能会造成受众的反感，因此造成用户流失。

3.8.7 按需出版模式

目前，在国际上按需出版的应用范围相对较广，一些大型的网上书店如亚马逊、NetBooks.com 等除了提供电子书的下载外，还提供按需出版服务；在我国按需出版模式主要适用于专利文献、国家标准、行业标准一类种数多但单品种印数低的出版社，更大范围的应用还在探索阶段。

如在 3.5.3 章节中对按需出版的服务所提到的，按需出版可以解决短版、断版书问题，库存积压问题，也可以迎合现代受众的个性化需求，是未来数字出版产业与印刷图书的结合点和理想模式，也是数字出版产业经营的理想模式。

按需出版物的价格可能略高于传统出版物，但是对于有特殊需求的受众，还是可以接受这种模式。对于提供按需出版的服务商而言，不会形成图书的积压。但是，按需出版的前期投入较大，需要进行内容数据库与按需印刷设备之间的匹配，因此按需出版需要形成一定规模后才可以形成盈利，资源的共享、格式的统一对于按需出版产业而言也同样重要。

3.8.8 广告模式

就我国现阶段受众还没有养成付费享受数字内容的情况下，广告仍然是数字出版商盈利的主要手段。数字出版是一种运用了计算机技术和网络技术的出版形式，具备了多媒体和超链接的表现形式和互动的用户体验。相比于传统出版，数字出版为广告商提供了更好的展示媒介和平台。随着硬件条件的不断进步，数字产品已经形成了庞大的用户基数，并且用户人数处在高速增长过程中，这为广告商提供了受众规模的保障。基于以上两点原因，近年来数字出版平台的广告投放量越来越大。

数字出版产业的广告模式一种与传统出版业类似，属于“二次售卖”模式。具体来说，是由数字出版商制作数字产品吸引受众，形成流量；数字出版商将受众的注意力出售给广告商，而流量成为衡量受众注意力的指标，相当于传统出版领域的销量或市场占有率。广告模式适用于绝大多数的数字出版产品，只有少数仅依靠用户服务的数字出版产品除外。而对于采用广告模式的数字出版商，有些是将广告作为主要盈利手段，有些是将广告作为辅助盈利手段，这也决定了数字出版产品中广告数量的多少。另一种是通过向数字出版物的注册用户进行营销而获得广告收入，采用这种广告盈利模式的数字出版商越来越多，但是这种模式需要向广告商出售会员信息，容易造成会员资料泄露，降低会员信赖度，严重甚至出现违法现象。

数字出版产品的广告形式与网络广告特点基本一致，根据不同的分类标准可以分为多种类型，按表现形式分类可分为图片广告、文字广告、视频广告、富媒体广告、植入式广告、竞价排名广告等；按是否定向发送可以分为行为定向广告和非定向广告等；按；按收费形式不同可以分为全时段广告、CPM 广告、CPC 广告、CPA 广告、CPS 广告等……

下面将对数字出版中最为常见的几种广告形式进行分析。

1. 图片广告

图片广告是最为常见的广告形式，广泛存在于普通网站、数字报纸、电子书等数字出版物中，例如以 banner 形式出现、以弹出式窗口形式出现等等。图片广告可以较好地展示品牌形象，且价格适中，制作方式也简单便捷，但是缺乏创意，容易被埋没在数字出版广泛的内容中，并且在传统出版物中图片广告也同样容易实现，很难体现数字出版的优势。

2. 富媒体广告

计算机和网络的特点允许富媒体广告的出现，也是数字出版物相对于传统出版物优势的较好体现。富媒体广告在网络游戏的前贴片广告、普通网站的弹出式广告、邮件广告中使用较多。富媒体广告结合了文字、图片、视频等多媒体形式，并允许受众与广告进行互动，增加了广告效果，但是这类广告的制作成本和投放成本都比较高，并不适合所有广告商。

3. 定向广告

数字出版的很多产品需要受众注册后使用，因此数字出版商拥有许多会员信息，同时通过特殊软件的植入，可以对受众浏览的内容形成记录，这些都为广告商进行定向广告推送提供了有利条件。定向广告只针对特殊的需求人群发送，结合适宜的广告形式可以获得较好的广告效果，但是这类广告的投放价格较高，覆盖人群少，并非对所有广告商都适用。

4. 植入式广告

这类广告主要应用于网络游戏和应用软件中，有静态与动态之分。静态的植入式广告主要应用于网络游戏和应用软件的背景，动态的植入式广告与游戏内容相结合，使玩家在不知不觉中受到潜移默化的影响。植入式广告在近年来发展迅速，受到广告商的青睐。

5. 竞价排名广告

这种广告形式多针对数字出版产品的第三方平台商以及一些搜索引擎，如 App Store、亚马逊、google、百度等，属于软广告的形式。这种方式可以提高产品的下载量或增加内容的点击率，为相关内容的制作商带来利益。这类广告一般按照排名的高低进行收费，但是这种广告在受众不知情的情况下可能效果明显，一旦受众对此种广告形式有所了解，并因此在使用中有不好的体验，就会对此类广告感到反感，影响这些第三方平台商以及搜索引擎的可信度。

3.8.9 作者付费，供读者免费阅读

开放存取运动兴起于 20 世纪 90 年代，开放存取（Open Access）期刊可以是新创办的电子期刊，也可以由传统期刊转变而来，是由科研者将自己的研究论文公布到网上，供公众免费获取。一般而言，开放存取期刊出版社不向读者收费，而由文章的发表者承担一部分费用。这种模式从根本上颠覆出版企业通过出版物产品销售获利的传统范式，确立了出版产品与服务全方位“开放”“共享”的全新出版理念。

按照布达佩斯开放存取先导计划（Budapest Open Access Initiative, BOAI）中的定义，是指某文献在 Internet 公共领域里可以被免费获取，允许任何用户阅读、下载、拷贝、传递、打印、检索、超级链接该文献，并为之建立索引，用作软件的输入数据或其他任何合法用途。用户在使用该文献时不受财力、法律或技术的限制，而只需在存取时保持文献的完整性，对其复制和传递的唯一限制，或者说版权的唯一作用应是使作者有权控制其作品的完整性及作品被准确接收和引用。

随着认识的不断深入以及应对期刊涨价风的浪潮，现在有越来越多的科研机构都支持开放存取，愿意把一部分的科研基金投入到开放存取上来，开放存取有了快速的发展。

目前全世界已有 5225 个人和 534 个相关研究机构签署了信息自由传播会议（Budapest Open Access Initiative，简称 BOAI）计划协议。截至 2010 年，DOAJ（Directory of Open Access Journal，开放存取期刊目录）共收录 OA 期刊 4953 种，其中 2014 种提供文章层次的浏览，共收录文章 384,945 篇；在 OpenDOAR（由英国的诺丁汉大学和瑞典的伦德大学图书馆于 2005 年 2 月共同创建的开放存取机构资源库、学科资源库目录检索系统）注册的 OA 仓库已达 1620 个。

但是，这种模式在我国仅处于起步阶段，我国被 DOAJ 收录的 OA 期刊仅有 14 种；而被 OpenDOAR 注册的 OA 仓储也仅有 7 个，而开发存储的普及率也很低，远不是我国数字出版的主流模式。

3.9 数字出版商业模式困局研究

数据显示，2014 年，我国数字出版全年收入规模达 3387.7 亿元，比 2013 年整体收入增长了 33.36%。数字出版产业在我国已经形成一定规模，并以较快速度发展。但数字出版繁荣景象的背后也存在着一些问题，其中商业模式的困局对整个数字出版产业影响重大。根据现阶段产业情况分析，数字出版商业模式的困局主要有六点：数字技术的通用性带来的数字出版概念的泛化；数字出版带来的出版平民化与内容泛滥之间的权衡；互联网开放性导致的资源共享与对版权机制挑战的权衡；数字出版内容与设备分离带来的问题；数字出版格式标准不统一对数字内容资源共享性的影响；数字出版缺乏稳定的盈利点。

3.9.1 数字技术的通用性带来的数字出版概念的泛化

数字出版拓宽了出版的领域、丰富了出版的形态、打通了出版环节。随着产业发展的深入，不同媒介领域之间的区别淡化，新型机构的进入，数字出版的概念开始不断泛化，产业链向多方延伸。数字出版概念泛化对于数字出版产业的长期发展既有利处也有弊端。

从广义上说，只要使用二进制技术手段对出版的任一环节进行操作都属于数字出版的范畴。广义上的数字出版的概念可以理解为数字化出版，既包括了传统出版物数字化后的产品，也包括了利用新媒体技术进行出版的产品。

数字出版概念泛化后对于数字出版产业的长期发展既有利处也有弊端。

数字技术的应用改变了出版产业的形态，泛化数字出版概念的有利之处主要有四点。

第一，泛化后的数字出版概念拓展了出版物的载体和内容表现形式。

数字出版在概念泛化的发展过程中，虚化了数字技术产品和出版之间的界限，将两者有机地联系起来，使两者结合后的数字出版产品成为内容的全新载体。数字出版物的内容制作依赖于互联网和计算机技术，以多媒体的应用丰富了出版内容的表现形式。

在数字出版概念泛化的情况下，网页、博客、微博、手机报、互联网期刊、数字报纸、电子书都成为数字出版物的形态；电影既可以在 PC 端播放，也可以在手机、平板电脑等手持设备上播放；内容不仅被存储在 CD-ROM 光盘中，也被存储在各种形式的记忆卡中、互联网上；传统出版物之间的界限被打破，图书中可以插入声音和视频，阅读过程中可以与朋友聊天、即时分享。出版物载体的拓展和表现形式的增多，使数字出版多样化，满足了现代受众个性化和多样化产品体验的需求。传统出版产业借助全新的载体和表现形式，有效地应对了数字时代对出版行业的冲击，开始进行产业转型，并利用有利条件延伸出版产业的产业链，以期通过合理的运作手段增加收益。

第二，泛化后的数字出版概念增加了出版商的数量，出版产业的盈利模式发生改变。

泛化后的数字出版概念使出版商的范围从报社、杂志社、出版社等传统出版机构扩展到个人内容制作者、应用软件制作者、阅读设备制造商、内容服务提供的个人或机构、网络教学的提供商等等。出版商范围的扩大使传播者和受众之间的界限逐渐被弱化，甚至消失，数字出版产业的盈利模式较之传统出版产业发生了巨大变化。

如 3.8 所述，数字出版的经营模式多样、每一种经营模式之间有着密切的联系。而随着出版商范围的扩大，数字出版产业的盈利点在逐步增加，根据中国新闻出版研究院每年的《数字出版产业报告》显示，数字出版的利润也在逐年增长。在数字出版概念泛化的情况下，从产值角度看，数字出版的前景光明。

第三，泛化后的数字出版概念促进了出版产业内以及出版产业与其他产业之间的资源共享。

传统出版产业出版商之间的竞争关系导致行业内不能进行有效的资源共享，而不同产业之间由于技术手段的不同，资源的共享更加困难。数字出版的概念泛化后，传统出版产业的行业内的竞争已经逐渐被新进入行业的机构和个人对传统出版业的冲击所弱化，行业内开始通过资源的共享或建立共同平台应对数字化时代的挑战。同时，传统出版产业也开始同新媒体、技术开发商等进行合作，通过内容与技术或平台的联姻增加竞争力。

不论是出版产业内的资源共享还是出版产业与其他产业间的合作，都推动了整个数字出版产业、出版产业甚至文化产业的繁荣，提升了我国出版产业在国际出版产业中的地位。

第四，泛化后的数字出版概念使我国进入全民文化传播时代，加强了文化多样性。

在传统出版产业时期和数字出版初期，一方面是我国的出版资源主要集中在少数出版商手中，且出版需要经过多重审批和复杂的程序，对一般受众而言难以企及；另一方面是出版商之间就少数的内容资源展开激烈的竞争，对少数畅销产品反复进行出版，造成市场上内容千篇一律，无法满足希望追求个性化和多样性受众的需求，损害了“长尾市场”带来的收入。

泛化后的数字出版概念使普通的受众有机会成为传播者，“全民记者”“全民作家”时代来临，我国的文化多样性得到提升。

但是，在数字出版发展还不成熟的情况下，长期在泛化的概念下发展也给数字出版产业带来了一些不可轻视的弊端。

第一，泛化后的数字出版概念导致商业模式复杂化。

对于从传统出版业转型而来的数字出版商，数字出版还没有能够找到一套完整的适合的商业模式。在这样的情况下，数字出版概念泛化使数字出版产业更加莫衷一是。

在泛化概念后，在传统出版过程中简单明晰的产业链被增加了许多分支，造成数字出版模式中出现多个两面性。一方面，是传统出版商将出版物数字化，生成数字出版内容，并在一定层次上同技术、平台提供商和硬件制造商之间进行合作；另一方面是个体内容创作者利用数字技术直接生成数字内容。

一方面，是数字内容被生产出来提供给受众；另一方面，是要通过各种经营手段使数字出版商盈利。一方面，是出版商与作者之间的利益分配问题；另一方面，是出版商与平台、移动运营商等跨行业之间的利益分配问题。

在泛化数字出版概念后，数字出版的商业模式被复杂化，扰乱了数字出版产业的发展进程，使整个数字出版产业陷入混乱。

第二，泛化后的数字出版概念使出版商的主体地位受到冲击，出版产品的内容质量难以得到保障。

在传统出版行业，出版商处于主体地位，而泛化数字出版概念后，出版商的地位受到严重威胁。数字出版平台、硬件制造商等开始主动与出版最上游的作者联络，使出版商处于尴尬地位。这虽然会提高作者的地位，减少出版中间环节并减少数字出版的成本，在一定程度上化解出版商的垄断地位。但是，传统出版商在历史发展过程中积累了大量的内容编辑经验和进行内容处理的人才优势，在内容的加工中起着不可替代的作用，是优质内容的保障。因此，缺少了出版商的数字出版产业的产品内容质量令人担忧。

第三，泛化后的数字出版概念使数字出版产业与数字内容产业出现重叠，影响两产业的有序发展。

如本节开篇处所述，数字出版概念泛化后，与数字内容产业基本趋同，而两产业界的从业人员对产品的归属分类和概念都并非完全认可，在产业产值测算问题上造成混乱。就一个国家的产业划分而言，是不可能同时存在内涵与外延相近或相同的两个产业的，目前情况的存在阻碍了数字出版产业和数字内容产业的发展。

3.9.2 数字出版带来的出版平民化与内容泛滥之间的权衡

数字出版时代，信息数量上的匮乏现象基本不复存在，各种形式的数字出版商为受众提供大量可供选择的内容信息。同时，数字出版业提供了受众转变为传播者的可能，使出版变得平民化，增加了许多在传统出版时代难以见到的内容信息。但是数字出版带来的海量信息内容导致了内容的泛滥和受众注意力的匮乏。

据百道网资料显示，在中国目前所有的原创作品中，大概只有5‰可以通过出版社发表，而出版社主要依靠出版有名气作者的书来扩大发行以获得市场利润。传统出版产业将许多优秀却缺乏名气的作品拒之门外。在数字出版发展的过程中，各种用户生产内容（UGC）不断涌现，信息内容呈现出平民化，出版成为人人都可以涉足的领域。2006 年 5 月总部设在旧金山的 Blurb 自助出版公司开始向外界提供自助出版的服务；2008 年前后，我国也开始出现了一些自助出版平台，如 Lulu.com、杭州的印象社（Mypress）等。他们大多是向受众提供易于使用的、免费的出版物制作软件，并提供按需出版服务，这样即使是普通的受众也可以出版属于自己的图书。数字出版尤其是自助出版的出现，使非传统精英阶层也可以将自己的作品发布出去，甚至印制成书，既将自己的作品出版出去，又为受众增加了阅读的选择。

但是在全民狂欢享受出版自由的同时，也应该注意到，大量用户生成内容（UGC）未经审批也没有经过验证就可以在利用互联网进行无界限的传播。由于缺乏专业编辑人员的把关和相关人员的考证，出现了数字出版内容良莠不齐和网络信息真假难辨的现象。在这种情况下，所有内容同时出现在受众眼前，因为无法筛选造成有价值的信息减少的“信息过载”现象出现。

数字出版的介质特点和技术手段使其内容方便复制和转载，表现形式也易于模仿。而且优质内容相对缺乏，一旦出现畅销作品，就一拥而上，将其转化为数字出版物。先将版权问题抛开不谈，上述现象致使数字出版商之间的同质化现象严重、缺乏特色，缺乏品牌意识，也就不能形成真正的市场竞争力。近年来，数字出版所依赖的网络快餐文化、低俗文化以及网络作家越来越受到受众诟病，引起了受众和社会的不满。

信息爆炸带来的出版内容泛滥对于数字出版产业的发展造成了不良影响，受众快速、准确、及时获得信息的需求不能得到满足，丧失受众满意度的数字出版产业将陷入困境。

3.9.3　互联网开放性导致的资源共享与对版权机制挑战的权衡

互联网以其技术特点为受众提供了一个高度开放的平台，2011 年以来“云计算”“开放平台”更是成为互联网行业的高频词汇。开放性的平台模糊了互联网上传播者与受众之间的界限，传受之间的相对性逐渐增强。数字出版是建立在互联网基础之上的一种出版形式，与互联网之间具有共同之处，既具备互联网的一些特点，也受到互联网性质的影响和限制。

对于数字出版产业的发展，互联网的开放性有利有弊。有利的一方面在于，开放性形成了数字出版产业内以及数字出版产业与其他产业之间的资源共享，行业的进入门槛降低，更多参与者的加入使数字出版产业形成竞争的市场格局，而非传统出版业时期所呈现出的寡头垄断的市场竞争格局。同时，一些具有“共享资源”意识的人利用互联网开放性的特点开始倡导数字出版的资源共享运动，如兴起于20世纪90年代的开放存取出版（Open AccessPublishing）就是其中之一，它从根本上颠覆出版企业通过出版物产品销售获利的传统范式，确立起了出版产品与服务全方位“开放”“共享”的全新出版理念。“开放存取”运动一直持续到今天，并取得了显著成就。（可参见3.8.9）另外，数字图书馆的概念也随着数字出版的不断发展和互联网开放性的优势而在各国诞生，并获得了良好的发展。

开放性的弊端：数字出版作为内容产业的一种，内容本身最具价值，是数字出版行业竞争的关键，而只有版权的存在才能够为数字内容资源保值。但是互联网所创造的开放平台对数字出版的版权保护形成了严峻挑战。

首先，数字出版是以互联网和计算机技术为基础的，易于复制和转载，且不易被发现，即使被发现也不易被追究。因此，互联网上发生的内容侵权行为相比于传统出版领域的侵权行为成本更低、风险更小，收益更大。

其次，互联网开放平台打破了传统出版的地理界线，具有高度的流动性，这对传统版权保护的地域性和时间性提出了挑战。

最后，在多种技术综合应用的基础上，数字出版相比于传统出版类型增多，产业链延伸，对传统版权法的适用性与稳定性形成了冲击。并且数字出版很多情况下是多种产业领域相结合的产物，传统的管理体系和制度体系也难以适用。

由此看来，数字出版产业在高速发展，而相应的法律法规和管理制度不能够及时地制定。在数字出版领域，例如百度文库、苹果公司等大型数字出版商也多次被作家联盟或其他数字出版商告上法庭，可见版权问题在产业内所造成的影响之大。版权问题的存在导致互联网提供的开放性平台不能真正发挥其内容资源共享的价值。

3.9.4 数字出版内容与设备分离带来的问题

数字出版的出现和发展是在新技术、新媒体的推动下实现的，既带动了传统出版业的深刻转型，也带入了许多与数字出版密切相关的技术型企业。两种类型的企业各具特色，都存在自身的优势领域，也存在弱势领域。

传统出版单位在传统出版时期一直进行内容的编辑、加工、制作工作，在长期的工作实践中，积累了大量的内容资源和内容加工的经验。传统出版单位资金的投入也大多集中于与内容的制作加工有关的领域。但是，传统出版单位在新技术、设备的自主研发领域显示出巨大不足之处，既没有相关人才的储备和经验的积累，也没有足够的资金投入。

新进入数字出版领域技术型企业是阅读设备的主要提供者，也是数字出版制作中的技术支持方。在受众对移动阅读要求和个性化阅读要求提高的情况下，这些新进入数字出版产业的技术企业成为产业中不可或缺的一部分。但是，这些技术型企业缺乏数字出版内容资源，在短时间内也没有能力建立自己的内容制作团队。

国外的图书零售商、也是电子书零售业的巨头亚马逊能够取得成功，很大一部分原因在于其“硬件 + 内容”在产业链中所起的关键作用。反观我国数字出版产业的情况，内容和设备基本处于分离状态，长期缺乏将两者联系起来的数字出版机构。2010 年 3 月，盛大旗下果壳电子推出电子阅读设备 Bambook，成为我国第一个真正构建“内容 + 设备”体系的数字出版商，但是设备内容单一、竞争力不足，仍然处于试验阶段，还无法与国外大型数字出版商抗衡。

在接下来的数字出版发展过程中，我国需要将内容和硬件两者有机地结合起来，才能真正有利于数字出版的长远发展，提高市场占有率，增加国际竞争力。

3.9.5　数字出版产品格式标准不统一的影响

数字出版是以数字化的制作方式将传统出版物数字化或直接开发新的数字出版原创作品。有计算机技术和网络技术等共同参与制作的数字出版产品必然会涉及不同的格式标准，各国之间，甚至在我国之内不同数字产品制作商所采用的格式标准也不尽相同。

以我国数字出版产业界现有的格式标准为例，数字内容生产商方面，有北大方正阿帕比的 CEB 格式、清华同方公司 CAJ 格式、书生公司的 SEP 格式、超星公司的 PDG 格式、华康公司的 WDL 格式、国家图书馆的 NLC 格式、上海通力公司的 ABM 和 BOK 格式等，数字阅读设备方面，有 UMD、TXT、Java 等，不同的阅读终端只能选择与自己格式标准相匹配的内容进行阅读。

数字出版产品格式标准的不统一给数字出版产业的发展带来了一系列问题。对于数字出版产品制作商而言，格式标准的不统一使其需要把大量的资金和技术人员投入到开发和维护电子书格式上，无疑造成了资源的浪费和制作成本的提高，而这一成本最终将转嫁于受众；对于受众而言，下载或购买到的数字出版产品不能在不同阅读器终端上阅读。另外，在例如按需出版这种数字出版模式中，没有统一的数字内容制作格式标准会严重阻碍行业的发展。

数字出版标准化的重要性显而易见。但是，目前我国数字出版业对数字出版标准化的认识还不够深入、存在盲目性。

在国外，数字出版标准的制定一般由向数字出版转型后的大型传统出版商主导，但这一模式在我国进行复制具有一定难度，因为我国的传统出版社在数字出版产业中的力量目前还不够强大，尚没有能力引导数字出版格式标准的制定。数字出版产业属于跨媒介的产业领域，格式标准的制定涉及到不同的行业和部门，这也影响了我国数字出版的发展速度。

数字出版格式标准的不统一阻碍了数字出版资源在产业内或数字出版产业与其他产业间的资源共享，妨碍了产业链的延伸和统一，最终影响了数字出版的发展进程，是亟待解决的一大问题。

3.9.6　数字出版缺乏稳定的盈利点

国际上发展较成熟的数字出版运营商，如亚马逊等均主要依靠“内容+设备”的模式获得盈利。而我国数字出版产业仍处于发展初期，还没有形成稳定的盈利点和成熟的盈利模式。借鉴亚马逊的数字出版盈利模式，本文分为内容、设备和平台三个方面加以分析。

1. 内容。一方面受众大多依然固守“互联网内容信息应该免费”的思维模式，付费阅读的习惯还没有养成，面向受众对内容收费形成盈利较为困难，只能通过“微收费”等方式逐步收回成本并扭亏为盈。

另一方面，内容平台的建设困难重重，中国文著协常务副总干事张洪波曾表示：“目前全国有 580 多家出版社，其所拥有的版权中只有 20% 是数字版权，很多数字版权还在作者和文化机构手中，还有一些虽然获得独家授权，但没有转授权。”这使得平台建设过程中对于数字版权的认证难度增加且影响了内容的多重营销。

另外，数字出版市场混乱，出版商各自为营，出版商与平台运营商和阅读器制造商之间的利益难以厘清。优质的内容不能够通过一条行之有效的产业链运作，不但不能在运作过程中为内容增值，甚至在转化为数字出版物后，内容原有的价值也难以保障。

2. 设备。随着数字出版的不断发展，为满足受众移动阅读和个性化、多样化阅读的需求，移动阅读器应用而生。移动阅读器大致可以分为三类：一类是专门为阅读电子书开发的，如亚马逊的 kindle、我国汉王的电子书和电纸书、盛大文学的 Bambook 等；一类是兼具移动阅读功能的平板电脑；一类是具有阅读功能的手机等。最后一类属于在原有硬件的基础上开发出全新的功能，因此，本文不将其列入讨论范围。

我国数字出版阅读器发展时间不长，从总体情况看，我国的数字出版阅读器市场被国外厂商所占据，造成这种局面的原因主要有以下三个：一是我国硬件设备制造商缺乏创新意识，功能设计不能满足受众需求；二是我国硬件设备制造商缺乏内容平台；三是产品质量不过关且缺乏适当的营销手段。

3. 平台。平台是连接数字出版商和受众之间的桥梁，平台建设对于数字出版产业的发展和数字出版产业链的平衡具有重要意义。但是，现阶段我国的数字出版平台建设并不完善，中国数字出版的受众对国外的数字出版平台，如苹果的 App Store 等的依赖程度较大。这一方面是因为国外数字出版发展时间较长，已经形成了成熟的产业模式，内容、设备和平台的一应俱全且平台中内容全面，可以给受众更好的用户体验；另一方面是因为我国数字出版平台严重缺乏，即使是盛大文学这类发展较好的数字出版商也仅是对其中几类数字出版产品提供服务。

数字出版继续发展必然会产生海量信息，如果不能有效整合而是分散于互联网上，则会对受众使用造成障碍，也不利于管理以及优质内容的筛选。而数字出版平台恰好提供了整合资源的方式，因此在数字出版未来的发展中显得尤为重要。

根据上面的分析，现阶段，我国在数字出版产业最重要三个环节均有所欠缺，不能形成有效的盈利点，也无法打通整条产业链，国外的一些成功经验和平台模式值得我国数字出版产业学习，但需要根据我国具体情况加以改进，照搬的道路是走不通的。

3.10　数字出版发展趋势

3.10.1　移动互联网的发展或将给数字出版带来新机遇

随着数字出版产业的高歌猛进似的发展，数字出版产业链出现了手机出版增长飞速，电子书产业日趋成熟，内容加工企业应运而生，数字出版“飘向云端”的产业局面。

截至 2015 年 6 月底，中国的手机网民规模达到 5.94 亿户，手机超过其他终端成为消费者第一大上网方式。不知不觉中，移动互联网已成为信息产业发展最快、竞争最激烈、创新最活跃的领域之一。

对苦于淘金数字出版的传统出版机构而言，手机阅读是一座金矿，手机阅读已成为当前中国数字出版产业发展最强劲的动力。

2008年底，中国移动在浙江启动手机阅读基地建设，以“内容+通道+终端”的方式打造全新数字图书发行渠道，开辟出3G时代数据业务新蓝海。2010年5月，中国移动手机阅读正式联网商用，面向全网用户提供服务。

中国移动阅读基地主要收入由原创文学站点和SP运营公司创造，但是，也有不少出版社从中获得可观收益。在所有接入中国移动手机阅读基地的出版社和民营图书公司中，磨铁是运营收入最高的一家，应收分账近百万元。

如今，很多早期接入中国移动基地的出版社已经获得实实在在的收益。传统出版机构提供的内容在手机阅读平台具有稳定的市场价值。不过，收益排名靠前的出版社，有一些其实并非出版社自己在运营，出版社只是“马甲”，很多是基地内部人士在借壳操盘。[1]

3.10.2 传统出版转型，相关行业渗透，初现百舸争流

数字出版不再单单被出版业所重视和谋划。通信服务业、广播电视、互联网，信息服务、IT制造业等各相关行业都把更多的目光转向数字出版，纷纷依靠强大的资本、技术、体制、人才优势，参与到出版阵营中来。比如，三大通信运营商都建立了自身的“阅读基地”，卡位移动互联网渠道，意图垄断销售；百度、淘宝、当当网、番薯网等都意图成为内容聚合与运营平台；阅读客户端、手机报、RSS内容推送服务等，更是由各类中小互联网企业进入；至于阅读终端，现有品牌已经不胜枚举。[2]

今天在全新的移动互联网时代，出版商需要重塑自己的定位，这就是不仅是从传统纸质书刊出版商向内容提供商转型，更重要的是要向数字内容信息服务商转型。

从长远看，内容依旧是数字出版的核心，但出版商仅做内容提供商是不够的，内容提供商只是盘活存量的内容资源，还没有打开增量的内容资源，所以出版商也需要角色定位的融合，关注三个转变。从内容提供商向数字内容信息服务商的转变，不仅仅意味名称的改变，更意味内容生产模式、服务模式的重新认知。内容生产模式的转变，意味着从只关注内容选题、审核、出版，到关注内容再出版、多元出版而构建的资源服务平台建设；从关注为纸书报刊设计的生产模式，到关注为数字出版而设计的生产模式。服务模式的转变，意味着从单向的内容数据流（内容以纸质载体通过书店推送到读

---

1 任殿顺.移动阅读基地惊现“借壳操盘”[J].出版人，2011(8).

2 梁威.数字出版产业布局进入全面实施阶段[J].出版参考，2011(22).

者），到双向闭环的信息知识流（从各种途径获取读者的关注等信息，到创作内容推送到读者，到读者对内容的反馈），再到全方位的服务（纸质载体、互联网载体、手机载体、阅读器载体）。[1]

3.10.3　作为中介机构的出版单位会永远存在下去吗?

出版曾经承担了整个人类文明的记载、流布与传承的重任，然而，现在的问题是：作为中介机构的出版还会有未来吗?

综合考虑被信息技术所改变的出版业现状，人们会认同阅读仍然是精神生活的基本需求，所以乐观派会认为，作为内容厨师的出版角色应该不会有存废的问题。但是，在以几何级数发展的出版产业链上，当作者与读者可以省却作为中介的出版机构环节而"自由对话"，长久以来作为中介机构的出版单位该何去何从，这是一个重要的问题。

全面地说，计算机与互联网技术给出版产业，特别是给出版社，带来五个前所未有的挑战，在出版产业内部带来四个挑战[2]：

1. 出版市场供求进一步失衡。近三十年来，出版已经是每个环节都供过于求的产业，写作能力大于出书能力，出书能力大于书店销售能力，书店销售能力大于市场实际消化能力。现在写作与出版的门槛因技术革命而降低，人人可以写作、人人可以做出版的时代到来，写作与出版的产能进一步释放，加剧了供求失衡。

2. 出版角色作为一种分工被取代。由于出版门槛降低，作者开始考虑自我出版，直接面对读者。复杂的出版体系，理论上可以由一个人完成。

3. 免费出版的流行。互联网以免费的商业模式崛起，多数网站迄今都不收费，提供免费的内容与服务，这不能不有效地激发了免费阅读的期望。

4. 版权保护的物理门槛消失。不合法的复制与传播可以在家庭中以接近零的成本瞬间完成。

第五个挑战来自出版产业之外：其他新媒体大举抢夺闲暇时间。娱乐性、信息性、社交性的新媒体层出不穷、日新月异，为人们提供更多的选择。出版、报纸、广播、电影、唱片、电视等"旧"媒体占有的闲暇时间被瓜分，而且被瓜分的势头来得很猛很决。

每一个挑战都很致命，传统出版出局的预言因此而生。但具体分析之后，情况又不是那么简单，因而结局也不那么令人悲观。计算机与互联网改变了

1　刘晓昆．移动互联网时代的数字出版 [J]. 中国出版，2011(1).

2　赵斌．在共存与竞争中生存——传统出版产业的未来 [J]. 编辑学刊，2011(2).

传统出版原有的独生环境，但并不必然夺走出版的未来。

3.10.4 纸质读物是否永远不会被终结?

如果出版仅仅代表着一种对信息或内容的生产、传播与消费的行为，出版将永存。但如果出版指的是对信息或内容的生产、传播与消费的载体形式、组织形态、传播方式，出版将会被根本改变。关键是我们如何界定出版。

如果将传统出版所面临的挑战做一个“推演”，会有以下情形[1]：

1. 销售纸质书的网上书店出现，所有的读者都不再从实体书店买纸书。

——如果这个预测成立，结果是：实体书店出局，但印刷厂、纸厂、出版社、作者都能生存，因为网上书店卖的仍是纸质书。

2. 电子出版依靠互联网派送电子文本，所有的读者只从网上购买电子文本。

——如果这个预测成立，结果是：书刊印刷、书纸制造、实体书店出局，出版社由于电子书出版的低学习门槛而转型为电子书出版社，网上书店因网络派送的低学习门槛而转型为只卖电子文本的网上书店。作者不受影响。

3. 由于电子书出版与电子派送的低成本门槛，作者决定自己出版，直接面对读者。

——如果这个预测成立，所有出版社，包括电子出版物的出版社出局。网上书店也仅留下一个类似淘宝网那样的网站，为作者与读者提供配对服务与收款。但作者仍无恙。

4. 当愿意不收稿费的作者成为主流以后，读者会不再付钱阅读。

——如果这个预测成立，所有想收版税的作者出局，世界只留下愿意义务写作的作者。

5. 读者因为成长于图像时代，都不阅读文字而只阅读图像。

——如果这个预测成立，所有文字作者都出局，只留下图像作者。

6. 所有的读者都不阅读，不管是文字还是图像。

——如果这个预测成立，所有的作者与读者同时出局。阅读成为历史。

上述的预测如果作为一种正在此消彼长的趋势，都是不争的事实。但最后的结局应是共存的局面，而不会有太多人出局。就是说：

——网上书店与实体书店共存；

——纸质书与电子书共存，电子书中多种平台多种介质共存，网上派送与实体派送共存；

——经过编辑的与不经过编辑的内容共存；

---

1 赵斌．在共存与竞争中生存——传统出版产业的未来 [J]. 编辑学刊，2011(2).

——收费的与不收费的内容共存；

——文字阅读与图片阅读共存；

——阅读与不阅读的人群共存。

阅读行为不会消失。不是基于信念，而是因为全部的教育与科研，以及人类的思想沟通，都是建筑在文字阅读能力之上。阅读是人类文明的极少数基石之一。

上网活动中相当部分是阅读行为。如果我们同意阅读的本来含义，那么现在受众因为上网而变得更加经常阅读，阅读时间实际上有增无减。关于阅读时间减少的统计，只是指分配在传统纸张出版物上的阅读时间减少。

纸质书会消失还是不会消失，两方面原因很多人都说过，都是从纸质书的优缺点出发。但是只要有阅读，纸质书是否消失都不会导致出版消失，传统出版社转向电子出版并不太难。有没有阅读行为才是关键。不是一两句话能说清的是：会不会不再需要出版，免费内容的影响如何。

第四章

国内外典型案例分析

4.1 在传统出版的三大领域中，数字出版呈现出不同程度的发展

4.1.1 专业出版 / 学术出版领域

在传统出版的三大版块划分中，学术出版是最先找到商业模式的。由于学术出版的内容产生周期较长但时效性也长、内容的独创和难以模仿性、用户的小众化和稳定性、检索和继承的必要性等原因，尤其是学术研究和学术出版都在 PC 上进行，经过近十年的发展，数字出版的学术出版市场已近成熟。以同方知网、万方数据、维普资讯为代表的企业已将市场充分渗透，已是业内尽知。[1]

在专业出版领域（西方发达国家一般称为 STM 出版），已经形成了以在线专业数据库为主要形态的数字出版模式。科研和技术专业人员必须通过这些由数字化专业期刊、文献组成的在线数据库了解专业发展最新成果和动态，查阅相关资料，才能完成研究和技术创新活动。目前，发达国家出版巨头已经占据了专业出版领域数字出版的高地，其在华分支机构以出版英文版图书的手段廉价获取我国专业科研人员的著作，充实其数据库。国内的专业用户严重依赖这些国际一流的在线数据库产品，以至于不得不屈从其一再提高价格的行为。[2]

学术出版：完善出版集团数字出版平台是王道

国际上各大学术出版社均投入重金开发各自的内容平台，并不断地升级版本、完善功能、实现更流畅的用户体验。以施普林格出版社为例，施普林格出版社是全球学术出版领域第二大出版社，SpringerLink 数字出版平台于 1996 年正式推出，是全球首个电子期刊全文数据库。2006 年 SpringerLink 升级进入第三代界面，成为全球第一个提供多语种、跨产品的出版服务平台，2010 年开始积极筹备第四代界面的面世。SpringerLink 涵盖施普林格出版的所有在线资源，包括电子图书、电子期刊、电子丛书和大型电子工具书。

相比于教育出版和大众出版，学术出版的数字化进程可以说走在了最前面。这与该领域的读者需求有着密不可分的关系。随着时代的发展，搞学术

1　梁威 . 数字出版产业布局进入全面实施阶段 [J]. 出版参考，2011(22).

2　韩卫东 . 出版社数字化转型要体现两大核心价值 [EB/OL]. [2011-08-17]. http://www.chuban.cc/hw/sz/bk/201108/t20110817_92483.html.

研究的人在查阅文献时不再是一篇文章接着一篇文章地阅读，或者是逐一阅读研究领域内的学术著作，而是在大量的文献中选取最为感兴趣的片段式的文字、图表、方程式及化学式等等，来帮助自己做文献整理。这种对文献阅读方式需求的转变，使得海量的文献必须实现可搜索的功能。那么电子书和电子期刊文献无疑是实现搜索功能的最佳形式。大型出版集团是把自己所出版的图书和期刊电子化，放到统一的出版平台上，以打包数据库的形式销售给大学、研究所、企业等等。[1]

4.1.2 教育出版领域

虽然教科书在短期内还不会被数字产品替代，但在不少职业培训产品和教学辅导产品领域，已经出现了大量数字产品，这些产品因其个性化、互动的特点和多媒体的丰富感觉形式吸引了越来越多读者的兴趣，也被越来越多的培训教育机构所采用。[2]

最让出版界垂涎的，从来都是教育出版，数字出版时代也不例外。虽然由于教材市场的利益链过于复杂，利益集团的行业地位根深蒂固，大家普遍不认为“电子书包”会很快普及。但是，围绕教育市场的网络教育、远程教育、点读机、点读笔、手机教育、多媒体教室等“曲线救国”的产品已经相当成熟。而且，在巨大的市场利益的诱惑下，英特尔、戴尔、富士康、联想、天闻数媒、中文在线等企业都明摆了冲着“电子书包”而来。虽然中国教育出版集团或是忙于上市，或出于自身市场保护等原因，一直按兵不动，但它对数字出版的关注，不必怀疑。转身参与变革，只是时间的问题。[3]

教育出版：发展终端阅读设备通用的电子书以及数字化多媒体教学是关键

麦格劳－希尔教育出版公司于 2010 年联合亚马逊 Kindle 一起把电子书教材带进校园，麦格劳－希尔教育出版公司为此开发了 KindleDX 版教材。未来电子书教材的形式是需要适合多种阅读终端的。

麦格劳 - 希尔教育出版集团的首席运营官迈克尔·海斯（Michael Hays）曾这样定义高等教育方面的数字出版形式：第一种是家庭作业管理。即教师布置作业，学生在线做功课，然后得到教师即时反馈。这既可以在课堂上使用，也可以直接远程使用。第二种是在线课程。视频、音频等多媒体技术使

---

1 张楠．三大出版领域的数字化转型 [J]. 出版参考，2011(22).

2 韩卫东．出版社数字化转型要体现两大核心价值 [EB/OL]. [2011-08-17]. http://www.chuban.cc/hw/sz/bk/201108/t20110817_92483.html.

3 梁威．数字出版产业布局进入全面实施阶段 [J]. 出版参考，2011(22).

学生可以在线学习，这可以作为对教师平时课堂讲课的补充，也可以用作远程教育的学习内容。第三种是电子书，既可以是与印刷图书完全相同的电子版，也可以在纸质课本的基础上加入多媒体元素。第四种是课外辅导材料。第五种是虚拟的体验性材料，如情景模拟、教学实验室、参与游戏学习等。

这样丰富的多媒体教学形式将在出版社的内容支持，软件平台方的技术支持，用户即学校、教师与学生的多方参与和推动下，在实践中不断地完善。[1]

4.1.3 大众出版领域

与学术出版不同，大众阅读市场由于知识产权保护、终端阅读体验等难题，市场运营一直是雷声大雨点小。虽然有盛大文学等网络文学网站风生水起，但传统出版社一直对这块市场爱恨于心，不敢下水。但是，手机阅读、ipad 阅读等给这个市场打了强心剂。以下三点，让大众出版找到了解题之道。其一，中国移动阅读基地的市场冲击波；其二，便于阅读的大屏幕、高清晰度的智能手机和 pad 产品的疯狂热销；其三，各类阅读客户端的功能完善和市场普及。[2]

以往数字出版最难以涉及的是大众出版物，但这种情况随着移动阅读终端，特别是电子阅读器的产生和热销而改变了。大众读物通过电子阅读器等移动阅读终端获得了有商业价值的数字出版实现形式。从早期的电子词典开始，这一领域的产品和商业模式正在探索中不断成熟。目前国际出版业在这一领域比较成功的商业模式是以亚马逊网上书店的 Kindle 阅读器为代表的电纸书。Kindle 阅读器在美国市场的热销，引来国内不少电子厂商竞相效仿，带动了国内电纸书产业的发展热潮。2011 年以来，以苹果公司的 ipad 平板电脑上市为标志，电脑屏幕的阅读器结合手机的技术特点后改进到新的阶段，加入到移动阅读终端的市场竞争中。大众图书的数字出版终于打破了电脑上网阅读的单一形式僵局，开始成为越来越多读者接受的阅读形式。加上正在成长中的手机阅读相应的出版形式，大众图书的数字出版取得了长足的发展。[3]

大众出版：出版社、平台方各司其职，可兼容的阅读终端是产业链快速形成的法宝

---

1 张楠．三大出版领域的数字化转型 [J]. 出版参考，2011(22).

2 梁威．数字出版产业布局进入全面实施阶段 [J]. 出版参考，2011(22).

3 韩卫东．出版社数字化转型要体现两大核心价值 [EB/OL]. [2011-08-17]. http://www.chuban.cc/hw/sz/bk/201108/t20110817_92483.html.

在大众出版领域，上游（出版社）、中游（平台方）和下游（终端制造商）的关系十分微妙。大型出版集团是有实力进入平台技术领域或者终端制造领域的，而平台方在网络出版、自我出版的新型出版方式下也是可以进入内容领域的，往阅读终端领域发展自然也不是难事。但是，值得思考的是，大众出版领域实现从传统出版到数字出版的转型，各司其职是不是最快的途径呢?

从国外已形成的产业链看，这是形成数字出版产业的最快捷途径。以企鹅出版社为例，现已成立 80 周年的企鹅出版社专注于出版事业，坚持内容为王的原则，专心服务和开发作者资源、严格编校流程，使得企鹅这一品牌成为经典优质文学著作的代名词。在电子书革命的大潮中，企鹅顺势而变，全部图书实现纸本与电子版两种形式发行。

再看看中游平台方，Amazon、Barnes & Noble、Kobo website、Borders eBook Store 等都是非常重要的、发展较为成熟的电子图书发行平台方。

最后我们把注意力挪到阅读终端上，Amazon Kindle、B&N Nook、Apple iPad、SonyPRC、Samsung Galaxy Tab 等国际上流行的阅读终端，都是读者阅读电子图书时可以随意选择的。阅读终端的可兼容性是大势所趋。[1]

4.2 传统出版数字化转型案例分析

4.2.1 面对数字时代，中国出版企业正积极应对机遇与挑战

中国出版集团公司总裁谭跃在 2011 年召开的北京国际出版论坛上介绍，中国出版集团公司已投入 2.5 亿元专项资金扶持数字出版。2011 年 5 月，中国数字出版网一期工程上线，可以提供 1 万多部电子图书的在线阅读、200 万个书目搜索、20 万种图书样本展示等内容。

中国科学出版集团已完成 1 万多种图书的数字化，数字化“科学文库”已上线运行。

中国教育出版传媒集团着手制定数字出版战略发展规划，大力发展数据库服务模式、网络平台模式和在线课程定制模式。[2]

1 张楠．三大出版领域的数字化转型 [J]. 出版参考，2011(22).

2 2011 北京国际出版论坛：数字时代出版业路向何方 [EB/OL]. [2011-08-17]. http://www.gov.cn/jrzg/2011-08/30/content_1936657.html.

4.2.2　传统出版企业以内容（版权）资源为核心的数字化战略

传统出版企业的核心优势，是具有丰富优质的内容资源、作者资源和读者认知度，同时还拥有素质过硬的编辑力量，这些正是传统出版业发展数字出版的坚实基础。

中国科学出版集团董事长王津认为，传统出版企业发展数字出版必须把握好两个基本原则，一是将内容资源作为出版业的核心竞争力，二是要依托内容创新和技术支撑。

中国教育出版传媒集团总裁李朋义认为，数字出版是未来出版业发展的方向，但是纸质书不会立即退出历史舞台，对于传统出版机构来说，现在仍然拥有充足的时间向数字出版逐步转型。[1]

1. 重新明确传统出版企业市场定位和价值定位

出版社不是简单的内容提供者，内容提供者首先是内容作者，而出版社则是发掘商业出版价值的专业机构，是大规模传播有出版价值的出版物的专业机构，因此叫作内容提供商。在现代社会中，几乎每个社会成员都能提供可以传播的信息，但具有商业出版价值的内容——读者愿意付出货币购买的阅读内容——则是由出版社提供的。内容提供能力是出版社的核心价值。传统出版业存在的问题使不少出版单位模糊了这一价值定位，沦为简单的赚钱工具。这些出版社早就丧失了内容提供的能力，一旦数字出版使得传统出版业提供的垄断地位和不公平交易寻租的空间消失，他们必将失去存在的价值。数字出版趋势当然是对这些出版机构的巨大威胁。数字出版要求出版社具备强大的内容提供能力，这一方面表现为专业的内容选择和加工能力，另一方面表现为强大的市场推广和产业主导能力。把握具有商业价值的内容的市场定价权，是出版社掌握作者和读者的根本力量，也是出版社在数字出版环境下生存发展的基础。谁掌握市场，谁就掌握产业话语权，就有不可替代的价值。出版社必须通过专业的运作能力掌握数字出版产业的内容提供和市场定价权，真正成为内容提供商，实现产业转型。

通过上述分析可以肯定，数字出版为出版业和出版社带来机遇，但机遇青睐的是有核心价值的出版社。数字出版条件下，能够得到发展的出版社必然具备两大价值：一是能够对阅读内容进行专业选择和加工，二是能够对出版物进行大规模营销和传播。在信息社会中，互联网和数字出版拉低了出版

1　2011北京国际出版论坛：数字时代出版业路向何方[EB/OL]. [2011-08-17]. http://www.gov.cn/jrzg/2011-08/30/content_1936657.html.

门槛，只要识字和会使用电脑的，就能成为信息制造者，网络传播更是无处不在，出版本身不再神秘。但是简单的信息发布并不等于商业化的出版。作为产业的出版业是商业化的出版行为，是通过出版活动传播专业内容从而获得价值回报的业务。作者提供的内容是出版的基础，但选择和加工是必需的。更何况在专业出版领域，提供经过专业筛选的数据和资料可以帮助专业人员更方便地掌握信息。甚至很多的大型资料整理项目本身就是出版机构主持和投资开发的。经过专业选择和加工的出版内容才具有商业价值，才是读者愿意付费购买的产品。内容产品制作出来后，还必须通过销售传播和推广，在这方面，出版社是企业，营销能力不仅是其存在的价值，而且是其掌握产业链主导权的关键。在信息传播高度便捷的社会里，出版社如果能够控制作者和内容、同时抓住读者，就具有存在的价值，而大规模开展市场营销使得阅读内容能够在广泛传播中实现商业价值的能力，是出版社的独特价值，也是出版社必须具备的功能。在数字出版条件下，只有具备上述两大核心价值的出版社才能继续生存并发展壮大。[1]

目前，进军数字出版行业的力量主要来自三个方面：传统出版社组建的数字出版公司是其一，另一股力量来自从技术公司发展而来的数字出版公司，而那些拥有雄厚资金、意欲寻找新的利润增长点的实力派公司则可归为第三股力量。这几股力量将在较长的历史时期内并存，各有优势。出版社自己组建的数字出版公司更容易将技术与作者的创作结合起来，从资源创作的源头上开始数字出版工作。技术公司更容易做到的是将已经出版的作品改造为数据库、电子图书、数字期刊进行销售，利用的是作品已经产生的影响。而实力派公司则有可能利用自身的财力优势，整合技术公司和出版社的力量，率先在数字出版领域打破瓶颈走出产业化的路子。

基于此，出版企业不应匆忙上马新媒体业务，而应专注于网络和信息技术发展所带动的内容和服务需求，逐步进行特色资源的建设以及特色产品和服务模式的探索，并积极谋划和布局今后出版社由内容提供商向信息服务商的战略转型。数字出版是战略方向，它代表出版业的发展方向，传统出版的转型将经历艰难的过程，目前的工作从长远看都还只是方向性的探索，近期赢利不应成为主要追求的目标，重点是通过项目运作来聚集资源、打造队伍、储备技术、寻求方向。同时，为减少风险，策略上宜以通过社会服务和合作争取外部资金投入为主。

在应对数字化出版的当前发展阶段，应该借助数字出版的起航之机趋利

1　韩卫东．出版社数字化转型要体现两大核心价值 [EB/OL]. [2011-08-17]. http://www.chuban.cc/hw/sz/bk/201108/t20110817_92483.html.

去弊，着重抓好以下几个方面的工作：

第一，重视队伍建设。在队伍建设上，以培养少量既精通数字技术又了解出版业务的领军人物为重点，在具体项目上以出版社为主导的整体设计和规划为重点，而其他相关的开发人员、技术和资金主要通过社会合作的方式解决。

第二，突出特色，精细化操作。从泛出版、大众出版的概念向小众出版、专业化出版、专职性出版的理念转变。内容生产也要精细化，基于知识、基于主题生产，出版对象不再是大众，应对的是分众或小众对象。

第三，加强基础建设，加快出版流程再造。利用先进技术，发挥资源优势，实现出版流程再造，建造与内容资源、产品形态相匹配的出版资源。

总之，当前并非“数字出版取代传统纸质出版的时代不再遥远”，事实是，出版业正处于一个过渡期，而且过渡的时期会相当漫长。客观讲，在发达国家（比如美国），传统出版商看待数字出版并不像我们那么着急。因此，目前出版社应首先立足于利用数字出版为读者提供更好的服务，同时在服务的过程中探讨未来的发展趋势并积累数字资源。在适当时机，利用数字技术和数字资源形成新的业务，厚积薄发。[1]

2. 版权解决是前提

数字版权（即信息网络传播权）在我国是个新生事物，而且因为出版行业普遍对数字产品盈利模式以及未来发展的不确定和不清晰，长期以来从作者到出版社都不重视这个权益的合约体现，事实上造成了其实很多出版社仅有纸书版权的现象，各个社的普遍情况都不很乐观，出版社自认为或者外界为出版社定义为内容提供商，而实际上大多数的数字版权并不在出版社手里，这将极大制约出版社进行数字出版工作的探索和步伐，比较典型的南方某出版集团运营数字出版的品种中，有版权的仅仅占10%，这将带来一定的版权风险。近年来这个情况有所改观。版权的解决是一个全社层面的联合协作行为，经验上看，需要上升到社级层面，社领导统一部署，必须由总编室和数字出版相关部门牵头，各个编辑部门配合逐步规范解决。

数字出版相关部门与总编室在梳理出版社已有图书出版合同，明确已有内容资源的数字版权占有情况的基础上，需联合相关编辑部门协作解决需要解决数字版权有瑕疵的合同情况。如有必要，还需进一步地完善和规范合同中的相关提法和商业费用标准。

各个编辑部门，需配合与相关作者做好沟通联系，以及解决好相关数字版权的追授和完善。并树立强烈的数字版权意识，统一使用最新的图书出版

1　张建明．数字出版泛化的出版概念对出版产业的影响 [J]. 出版发行研究，2009(3).

合同，将完整的图书出版纸质和数字版权都签下来。

另外，出版社对外开展内容合作的，需要特别注意合作公司出版图书的信息网络传播权情况，以及规范相关权利和合作公司进行数字版权处置的权限。[1]

3. 以内容为核心的出版流程再造战略

当出版单位采用了以数字内容为核心的跨媒体出版管理系统以后，传统的编、印、发等环节将被改变，这就是流程再造。出版单位可以通过流程再造，打通产业链，实现真正意义上的跨媒体出版。

流程再造是整个传统出版业数字化改造过程中的必然发展阶段。在上世纪 80 年代计算机技术刚刚在出版领域运用的时候，数字化只是在某一出版环节得到应用，如激光照排代替铅排；到了 90 年代，计算机应用软件的普及，使出版的更多环节也得以数字化，如销售系统或采编系统等，这些用于局部的出版软件，目的是为了减轻手工劳动。

随着近年来企业资源计划（ERP）的实施，特别是内容管理系统的应用，使原来以部门或某一环节为单位使用的软件，出现了许多弊端。因此，作为一种企业全流程的管理软件，企业资源计划或内容管理系统的应用必须触及到企业流程的改造。[2]

当前，在以网络为代表的新技术浪潮推进与市场竞争压力下，传统纸媒纷纷迈出数字化转型和跨媒体发展的步伐，纸媒转型已成大势所趋，要实现一次采集、整合利用、多次发布、资源共享，实现新闻资源最大化利用，流程再造是其中重要环节。

全媒体流程再造的必要性

在北京奥运会上，由于网络采访权的放开，网络新闻的二次传播一举变成一次传播，第一时间获得新闻，第一时间、多渠道发布，更多的是采用网络直播、全程实录。这种转折，或许可以看成是纸媒与网络竞争量变到质变的体现。

与网络媒体相比，传统纸媒无论在新闻资源、传播方式、传播手段等诸多方面，都显得捉襟见肘。虽然在奥运会报道中，国内一些报业集团进行了多媒体传播的尝试，取得一定实践成果，但这仅是纸媒转型的初步尝试和探索，从总体上受制于纸媒传播介质、传播方式、传播渠道等，传播效果大打折扣。

面对新媒体的挑战，纸媒需要加强自身改革，构建全媒体传播的数字化平台是其中最为重要的一环。

---

1 沈小农 . 出版理论与实务研究 2011[M]. 北京：中国人民大学出版社，2011.

2 张立 . 数字技术开创出版业个性化时代 [J]. 中国知识产权报，2008-05-09.

（1）实现24*7动态新闻传播需要

24*7新闻报道模式，即每周7天、每天24小时不间断地进行新闻报道，亦即滚动新闻报道。纸媒要想实现数字化转型，需要构建全媒体的数字化平台，借助这个平台方才能实现一次采集、动态整合、多个渠道、多次发布、多次传播，而不再是过去的仅有文字、图片相结合的报道。

（2）旨在最大化利用新闻资源

当前，在独家新闻、独有资源愈发稀有的传媒竞争生态下，以往趋于静态的"新闻策划观"和滞后迟钝的采编机制，显然难以适应新形势下报业内容生产的需要。体现媒介融合策略的"动态新闻生产观"或曰"动态新闻管理"，应是未来报业传媒内容实现价值增量的智慧所在。

以构建全媒体新闻平台为创新契机的报业集团改革，关键在于在内部以动态新闻生产观促成内容产品升级，进而延伸新闻生产链条，使内容资源优势可在报业集团内部实现信息资源的良性循环，在外部则整合集团各系列传媒品牌优势进行媒介融合，这些任务可在全媒体数字平台上实现。

从案例看全媒体构成机制

2007年6月，新闻出版总署数字报业实验室公布了第一批数字报业创新项目，首批申报项目总数有62个，其中57个来自报业集团/报社、5个来自科技公司。从目前率先进行报业数字化转型的情况看，报业集团由于有着资金、技术、人才等方面的优势，走在了转型前列。

2008年3月，烟台日报传媒集团组建全媒体新闻中心，8月26日，其创建的"全媒体数字采编发布系统"通过了国家新闻出版总署的专家验收。在这一全媒体数字平台中，集团记者采集的同一个内容包含文字、图片、音频和视频等素材，进入全媒体数据库，经过二次加工和二次编辑，然后由各媒体各取所需，再通过深加工生产出各种形态的终端新闻产品，通过不同的传播渠道发布。初步实现了一次采集、动态整合、多个渠道、多次发布的数字化传播。

（1）媒体构成

为适应转型需要，烟台日报传媒集团的产业架构也做了相应调整，初步形成了包括纸质报、手机报、多媒体数字报、电子纸移动报、户外视屏等比较完备的全媒体产品方阵。在发展战略上，集团以报刊出版为主业，核心业务、成长业务、新兴业务梯次配置。

第一部分是核心业务，即主打本地市场的三张日报《烟台日报》《烟台晚报》和《今晨6点》；第二部分是成长业务，包括主打全国市场的报刊和DM直投广告、创意策划等；第三部分是新兴业务，即基于网络传输手段的新媒体。

（2）组织结构

新构建的全媒体新闻中心相当于集团内部的通讯社，由三部分组成：一是总编室，在中心内部起新闻指挥作用，协调子媒体；二是采访部门，负责日常采访；三是数据信息部，负责稿件标引、背景资料搜集、针对大事件的前期资料整理以及视音频素材的编辑整理。此外，集团还创办了一个虚拟组织—YMG 特别工场，一旦有突发或重大新闻事件发生，由全媒体新闻中心牵头，其他各种形态媒体临时抽调人员组成。

（3）硬件支持

集团所有记者全部归属全媒体新闻中心，记者配备较为齐全的采访“武器”：每人一台笔记本电脑，移动、联通两种无线上网卡，一台照相机，一台摄像机，一部智能手机，可以同时满足手机报、水母网、电子纸移动报、纸媒文字图片需求以及网站、户外视屏的视频需求。

（4）运行机制

“全媒体数字采编发布系统”共分个人平台、待编稿库、资料中心等 9 个功能模块，包括待编稿库、历史资料库和成品库三个数据库，实现了用户管理、内容管理、线索管理、选题管理、任务管理和数据库管理的统一。

全媒体流程再造的运行

（1）采访编辑

全媒体新闻中心投入使用后，集团所有记者全部归属全媒体新闻中心，各个媒体只是一个编辑部。在全媒体数字平台，记者采集的内容是同一个素材、不同的种类，有文字、图片、音频和视频素材以及相关的文件，经过记者个人工作空间进入集团全媒体数据库，经过二次加工和二次编辑，然后由各媒体各取所需选取内容，经过各自深加工后，按照传播速度的快慢，通过多种媒介逐级发布、传播，满足不同受众的多元信息诉求，同时展开与读者的互动，开展数据库营销。

（2）整合共享

全媒体数字平台，可以说是烟台日报传媒集团从集团层面对新闻采编流程的再造，集团所有记者提供“初级新闻产品”。为避免媒体的同质化，新闻中心和各媒体之间的稿件分两条线：一是特约稿件，设定保护期，为特定媒体专供，保护期内其他媒体无法看到；二是待编稿件，除特约稿件外的所有稿件进入待编稿件库，纸质报、手机报、电子纸移动报、网站、公共视屏等媒体编辑部各取所需进行“深加工”，然后重新“排列组合”，生产出各种形态的终端新闻产品。

（3）制度保障

统一用户管理。全媒体数字平台可与采编、图片、网站等各系统无缝对接，对所有用户提供统一登录标识。

统一内容管理。全媒体数字平台作为文字、图片、音频、视频、图标、动漫等多媒体内容的统一入口，系统为用户统一提供内容存储空间，可把所有资源集中于平台上。

统一线索管理。来自热线电话、互联网、电子邮件甚至QQ的线索都统一管理，呈现在平台上，所有记者可在这个平台上进行浏览选用。

统一选题管理。利用这个平台不同部门可以方便一起完成选题策划，人员本属于不同部门，但在统一选题中要统一行动，分工协作，如包括多媒体采访和资料准备工作等。根据选题分配完成的多媒体采访内容，提交平台后会自动关联，选题负责人及各媒体编辑可以一目了然地掌控。

统一任务管理。各媒体的任务布置和完成任务情况，都可以在系统完整地保留，以便于绩效考核。

统一数据库管理。全媒体数字平台统一管理待编稿库、历史资料库、成品资料库，利用知识管理、搜索引擎等，为记者编辑提供资料查询服务。

全媒体流程再造中需注意的问题

纸媒转型过程中，流程再造是其中的一个重要环节，但这要与媒体组织战略目标的转变、组织结构的调整、媒介理念的重塑、组织文化的转变等诸多环节相配套同时推进。所以，在纸媒构建全媒体数字化平台时，就要考虑到多方面的因素，同步推进。

（1）旧有规制的制约

当前，国内的一些大型报业集团已经展开融合实践的探索，借着数字化向着跨媒介的传媒集团发展。但旧有规制仍在相当程度上制约着媒介的转型。如跨媒介的制约、跨地域的制约、跨入资本市场的制约等。

（2）组织结构的调整

搭建全媒体的数字化平台，就是要通过平台实现新闻资源在不同媒介间的共享、整合，实现新闻资源价值最大化。要实现上述目标，集团就需要根据受众市场细分的需要、根据全媒体数字化平台的要求，对其所属媒体进行优化、重组，根据其定位和传播方式进行调整，在组织层面给予保障。同时，集团内部各媒体编辑部，也要进行组织结构的调整和优化。

（3）媒介理念的重塑

报业集团实现数字化转型，媒介内部所有人都要从战略的高度转变观念，进行媒介理念的重塑。如集团内的各家责任主体都要接受经济效益指标的考核，如果没有媒体愿意把自己的独家新闻拿出来与兄弟媒体共享，在这种情况下，全媒体数字化平台如何推进？在转变观念的同时，构建全媒体流程时，需要明确集团内各媒体的责任和义务。

（4）业务技能的提升

纸媒转型，对于新闻从业者个人而言，最大的改变不是强化发现和采集新闻的职能，而是强化加工新闻和信息的职能，也就是要通过对新闻与信息的整合，提升内容产品的品质和价值，通过裂变与聚合，形成新的内容产品，从而促成媒介集团中产品链和价值链的生成。

全媒体数字化平台的搭建，要求记者由过去单一的文字工作者向综合型的传媒人转型，对工作的要求不再仅仅是完成采集，而是要熟悉多种媒介类型的内容生产，要利用多种采访手段进行动态跟踪报道，这对记者的个人素质、新闻视野、价值判断等都提出了挑战；对编辑而言，如何对平台上的多媒体资源进行策划组织报道，最大限度地利用集团内部多媒体资源，通过“深加工”最大化体现新闻事件的价值，也是个现实课题。[1]

4. 角色转变战略：从内容提供商转为服务提供商

继2011年平台运营商提出“从数据发行商向知识服务商”的转型后，在2012年数字出版年会上，作为内容提供商的主体——传统出版单位也提出了“从内容提供商到服务提供商”的定位转换。早期出版社的数字出版是在既有资源里选择优秀作品进行数字化生产，再提供给读者，这与传统出版一样，是一种“先生产后销售”的线性、单向度经营模式。

从内容提供商到服务提供商的转型，意味着传统出版单位对数字出版认识程度的深化，不再将发展数字出版仅仅停留在数字化内容的提供上，而是开始从网络经济的商业模式来建构内容产业。新的角色定位将从根本上改变传统出版的以版权为主的商业模式，具体来说呈现出以下三方面特点：

一是将内容与网络技术深度融合。服务型数字出版的内容展示与传播在很大程度上要依赖网络平台，利用互联网技术特点对内容进行重新结构是非常重要的一环。数字内容服务应结合网络的互动性、即时性、社区化以及海量存储等特点进行模式创新，设计多样化的增值服务业务架构，建立多元传播格局下内容与经营模式。

二是变目标趋动型为用户趋动型。传统出版以“内容销售”作为目标，以产品销售数量、获取大规模的复制利润为追求，是一种“以产品为中心”的经营模式。而服务型数字出版，则以满足“用户需求”为目标，从用户角

1 纸媒转型与全媒体流程再造 [EB/OL]. [2009-03-05]. http://media.people.com.cn/GB/40628/8913069.html.

度，内容销售围绕为用户需求提供解决方案而展开，对用户行为记录，进行追踪、分析，提供个性化定制与专属服务，是一种“以人为中心”的经营模式。

三是实现从物理属性到逻辑属性的转换。传统出版是基于文献的物理属性提供的服务，需要以图书、报刊等有形物而呈现，出版经营实际上是对这些“载体物”的经营，这种实体经济属性带有强烈的工业化时代的产业特点：标准化、规模化和流水线（亚当斯密在《国富论》中总结的工业时代的三个核心特征），反观数字出版，其载体形式脱离了“实物”的羁绊，而以“比特流”的形式呈现，从基于物理属性的单向度线性建构变为基于数字内容逻辑属性的多向度建构，内容组合与服务提供更趋立体化，产业特点呈明显的后现代属性：个性化、碎片化和组装性。[1]

5. 强化传统出版企业在价值判断及内容品牌上优势

出版业属内容产业范畴，内容资源是出版产业赖以生存和发展的核心要素。在数字技术背景下，“内容为王”仍是出版业的不二法则。纵观世界出版业，不难发现，大多数在数字出版领域获得成功的企业，如拥有全文数据库（Science Direct）和检索平台（Scopus）的励德·爱思唯尔、充分获取原创内容资源的盛大文学、实现期刊资源高度集成和聚合的龙源期刊等均系以内容资源制胜的数字出版企业。但需要强调的是，内容资源对传统出版和数字出版却有着完全不同的意义。在传统出版业中，能够占有某一方面的内容资源，一般都能够获得成功。然而，数字出版则不同，仅仅占有某一方面的内容资源是远远不够的，其对于内容资源的开发有着全新的模式。

“规模效应”对数字出版有着特殊的意义，无论是专业出版、大众出版还是教育出版领域，内容资源的高度集成都有利于形成“赢者通吃”的局面。对于数字出版企业而言，只有实现一定规模的内容资源的聚合与集成，才能形成“规模效应”，并被读者所关注，形成自己的品牌。以学术期刊出版为例，我国数以千计的专业学术期刊虽然大多都有自己的网站，但是真正有影响的却寥寥无几。然而，集成了众多学术期刊的龙源期刊、中国知网、重庆维普和万方学术期刊数字出版平台却能够独树一帜，成为我国学术与专业出版市场的领导者。龙源期刊网（下文简称龙源）凭借其高度集成的期刊内容资源、创新的版权合作途径以及优质的支持服务，开创了全新的赢利模式，这正是高度集成的内容资源在数字时代赢利的关键。数字时代，出版业属于内容产业范畴的特质仍未改变。因此，基于内容资源开展数字出版依然是出

1　汤雪梅.从第四届数字出版年会看我国数字出版发展的新趋势[J].出版发行研究，2012(8).

版业的永恒话题。大量占有高端内容资源主要适用于学术与专业出版；充分获取原创的内容资源主要适用于大众文学出版；而内容资源的高度集成则同时用于专业出版、大众出版和教育出版。[1]

在未改制前，出版社多是事业单位编制，依托于某一部门或行业，具有自己独有的经营范围和领域。改制后，出版社按企业法人进行经营，需要接受市场的考验。在此环境下，各出版社不断打破原有经营局限，扩大自身的经营范围。同类题材的图书层出不穷，电子网络类图书不断冲击传统图书市场，出版市场竞争不断加剧。此时，若出版社没有自己的品牌优势，就很难在市场中立足。相反，若出版社在某一领域具有了独特的品牌优势，将赢得独有的竞争能力。可见，进行品牌建设是出版社赢得市场竞争力的需要。

6. 对内容资源进行全方位、深层次的开发利用

电子书是大部分出版社与技术公司合作的一种成熟的形式。但国内主要还集中在原版原貌的电子形式的展示，对于出版社来说，收益微乎其微。深度开发增强型电子书是未来电子书的发展方向。出版社可以突破传统局限，对知识点进行深度挖掘和加工，辅以多媒体表现手段，对纸质图书进行多媒体增效拓展，以视、音、图、文实现图书的数字化、交互功能的智能化，从而使得读书变得更有趣、更轻松。[2]

作为传统期刊业，要积极与网络运营商及世界品牌的终端阅读器厂商进行战略合作，如《美国国家地理》《纽约时报》《华盛顿邮报》等著名报刊与iPad、iPhone的合作，实现了双赢，打造了一个全新的现代数字传媒的新形态。国内的《淘宝天下》及读览天下网站则是这方面的先锋，前者打造了订制阅读的新模式，后者则成为数字报刊发行渠道的重要前端及新锐平台。[3]

纸质期刊的绝大多数收益集中于出版初期，这就是期刊业的“二八法则”，即在20%时段内获得80%的效益。但在数字内容平台上，发挥最大作用的是“长尾理论”，由于打破了期刊界限，过刊文章不再“过期”，优质内容能在相当时间内发挥“长尾效应”。过刊内容的“尾部”价值经长期累积还可能超过当期刊物阅读量。

大众期刊数字出版创新模式，一是图书化期刊，细分读者市场，用数字出版方式将期刊新旧内容编辑成读者定位明确的畅销图书；二是网络化期刊，

---

1 方卿，王清越.关于数字出版模式的思考（一）——内容资源主导模式[J].中国出版，2011(17).

2 居红云，周海忠.中小出版社如何形成数字化出版产品线[J].出版参考，2011(21).

3 吴燕.内容生产提升核心竞争力积极应对改企转制与数字化转型——第五届期刊创新年会综述[J].出版发行研究，2011(2).

利用网络互动特点和数字出版的多媒体优势，实现读者、编者、作者的交互出版；三是手机杂志，制做适合以手机阅读和检索导读终端的数字化杂志；四是个刊全文数据库，为读者和机构收藏、订阅。依托纸质期刊的品牌影响力，利用数字化平台深度开发优质内容，二次甚至三次挖掘读者兴趣点，找到新的出版模式。[1]

7. 出版集团在数字出版中找到各自的位置

建立海量的资源数据库、建设全国范围的在线教育网站、推出基于优质内容的各色电子阅读器、开发电子书包等电子教育终端设备、与三大电信运营商建立战略合作关系、搭建不同的数字化运营和交易平台等等，这些在数字出版各个方面不断取得的成果中，很多在一两年前还停留在口头和纸面上，如今一一成了现实。

在找到、确定自己在数字出版不同方向发力的过程中，很多出版集团为了更好地促进数字出版发展，还纷纷成立了专门的数字出版公司，以实现集团范围内数字出版的集约化、专业化经营。尽管对于这个做法尚存疑义，但是由于思想认识到位，体制机制灵活加上资金充裕，大部分数字出版公司在成立后很短的时间内就迸发出强大的活力，成为各集团数字出版发展的主力军。

在充分肯定这些成绩的同时，我们仍然不能下结论说，各出版集团的数字出版已经迈上了康庄大道。事实上，在数字出版产业中，以出版集团为代表的传统出版商仍然处于边缘地带，所贡献的产值也相当有限或尚未体现。在与信息产业交融的过程中，传统出版商的地位虽然有所提升，但依然处于弱势。充分利用政策优势加快改革，转变观念跳出出版做数字出版，专注内容提升技术或许是出版集团在未来数字出版阵地中扭转形势、提升地位的良策。此外，人才和团队的建设、内部的同质化竞争、找不准项目盲目投资、体制机制改革不够深入、数字版权混乱等等，也是各集团在数字出版未来发展中迫切需要解决的问题。

万事开头难。好在，各个出版集团正走过开始的懵懂阶段，逐渐对数字出版发展形势有了各自的判断，正从当初的借场唱戏，发展到自己组班子搭戏台了。我们期待，有更多精彩的曲目上演。

（1）中国出版集团：打造中国数字出版首善门户

发展目标：在数字出版业务上，资源整合统一管理，研发整合统一规划，成果整合形成系列，通过集约经营壮大整体实力，实现集团数字资源的市场收益共享、融资收益共享、政府收益共享、集团收益共享、未来收益共

1　吴燕.内容生产提升核心竞争力积极应对改企转制与数字化转型——第五届期刊创新年会综述 [J]. 出版发行研究，2011(2).

享，最终实现集团公司和成员单位的利益统一体，推动集团的数字化工作共同发展。

周锡培：自2002年中国出版集团成立以来，就集中力量，突出重点，统筹兼顾，不断加大对信息化、数字化的投入力度。一方面大力挖掘、整理数字出版资源，完善各类大型数据库，实现数字出版产品化；另一方面通过成立中国出版集团数字传媒有限公司，改变机制和体制，充分利用集团的政策优势和资金优势，积极探索资源共享、优势互补、技术协作、共同发展的新模式，优化专业服务供给，降低成本和风险，产生增值效益。

8年多来，集团在信息化、数字化方面已累计投入2.3亿元专项资金，其中大部分资金用于集团的数字资源建设和数字产品的研发上，一批重点数字出版项目的实施得到较充足的资金保障。如中国可供书目数据库及网上样本厅项目、辞书语料数据库、古籍语料数据库、百科术语数据库、多语种翻译数据库、海外报刊链接系统、海外图书采选系统以及《东方杂志》数据库、三联韬奋图书中心网店等。目前，这些项目的建设和开发不断推进，正在发挥重要作用。

当前集团公司正在全力打造中国出版集团出版资源总库，并以此为资源基础，逐步开展集成式按需印刷系统和中国数字出版网（大佳网）的建设与运营工作。被授予“国家信息化试点工程”称号、以“共建、共享、共赢”为原则、拟建设成为中国数字出版第一门户的大佳网门户与运营支撑平台建设已于2011年5月上线，提供统一用户管理、图书连载内容发布与管理、出版社专区、原创出版、定向投稿、内容检索、微博等功能，并计划用12个月的时间，完成加工制作子平台、资源管理子平台开发，完善门户支撑子平台；实现内容加工、产品制作与发布、全流程资源管理，统一调度分发，并开通数字产品销售商务运营。未来，大佳网将根据运作及市场反馈，修改、完善平台功能，充分体现出版行业第三方协同作业平台的价值，实现内容增值、载体全面、渠道多样的商业化运营模式，包括网络平台、移动终端、印刷出版等跨平台、多渠道的资源投送、产品销售、广告服务等产业链一条龙的服务，主要赢利点将体现在内容增值、广告服务和产品销售等方面。

（2）时代出版传媒：主攻电子书包和数字化运营平台

发展目标：以“新媒体、新技术、新业态、新产业链”为方向，充分运用现代传媒技术，把全公司优质出版资源以及收购或合作的社会优质资源加以整合，通过网络平台及与各类硬件的嫁接，实现优质资源的多次增值。

林清发：近年来，时代出版传媒股份有限公司在数字出版的各个方面都取得了一定的成绩。如在手机出版方面开通了校讯通家教助手彩信业务，协助家长解决在孩子成长过程中所出现的一些问题，截至 2011 年 6 月，订阅数已达 90 万。面向高考考生及其家长，开通了手机版 2011 高考通讯，提供高考新闻资讯、高考放榜提示、高考志愿填报参考；同时根据高考时间段进行内容划分，为广大考生及其家长提供考试期间心理辅导、健康饮食等相关内容。2011 年 6 月推出《高考通讯》，当月订阅用户数量达 8.7 万。还开通了高校招生历史分数查询系统，通过移动手机拨打 12580 人工查询或拨打 1259018 自动查询实时招考资讯、历史数据查询、动态热点分析推荐、录取分数分析咨询。手机动漫项目订阅数已达 10 万，手机彩铃订阅数也已达 10 万。

在应用出版方面，公司基于当前最流行的苹果应用程序和安卓应用程序，将公司海量的出版内容以及优质社会资源，嫁接到先进的移动多媒体终端机上，开发出适合不同群体的应用程序，目前已开发了近百种多媒体互动图书并进入 App store。推出了时代名师智能学习机，旨在促进优质教育资源公平化，均衡教育服务，尽可能地让更多的学生享受到一流的教育。公司研发的无纸化教材项目被列为安徽省 861 计划项目，现已获得阶段性成果。

在网络出版方面，开通了时代教育在线，该平台集优质教育资源为一身，融阅读、下载、点播、视听、互动、社区文化为一体，实现强大的网络覆盖能力，做增值服务。最近又开通了时代 E 博网络平台、少儿多媒体阅读互动平台。

当前公司数字出版发展的主攻方向是电子书包和数字化运营平台。

（3）上海世纪集团：打通产业链创建新运营模式

发展目标：一是研制完成和推广数字出版协同编纂与动态发布平台，实现编辑出版工作数字化和“一次采编，多态发布”的满足大规模个性化阅读需求的内容提供形式；二是初步建成由各专业出版资源库组成的统一的出版资源库，实现内容资源有序共享和按需重用；三是按照市场需要，不断推出基于专业分类的多款“辞海悦读器”；四是探索研发“电子书包”系统；五是探索新的数字出版商业模式，建立建设在“云计算”基础上的电子书网络集成收费平台，试点并推出在线专业信息数据库，提供专业解决方案，以及开拓其他新型数字出版产品。

翁铭泽：上海世纪很早就开始关注、研究、探索和发展数字出版。早在“十一五”之初就有计划地启动数字出版一期工程，并在当时的技术层面上提出了三个可行目标：一是建立通用性的协同编纂和动态出版系统，改变传统编纂出版流程，为批量、协同生产数字内容提供平台。这是数字出版的核心技术。二是建立高效的数字出版转档平台，主要解决将已经出版的海量内容资源转化为可以跨媒体发布、按需定制的结构化数字内容，打通产业转型的瓶颈。三是初步形成规模化的内容资源库，为用户提供数字化条件下的内容产品和知识服务。

经过一系列探索和创新，上海世纪有不少项目的效益正在日益显现。如：以易文网为主要平台，结合电子书制作，开展和推进内容资源及相关排版数字文档的收集与维护，已制作和发布网络电子书1万余种，较为完整地保存集团版图书排版电子文档，初步形成了内容资源数字化维护的制度性工作机制；以2009版《辞海》（缩印本）为突破口，推出了拥有自主品牌、掌握核心技术的电子阅读器“辞海悦读器”，进行了数字图书版权保护和商业模式方面的探索和实践；“工具书在线”是易文网的优势品牌，根据发展的需要，对其在内容资源和系统功能上都做了极大的调整和扩充，使查询更便捷，内容更专业。同时，新建一系列专题数据库，对一些非工具书类型但又具备很高查考价值的出版资源（如医学类、古籍类、经济学类、文化类、教材教辅类图书）以及专业期刊进行深度的数字化加工，现已形成了不同专题的书刊数据库。在图书智能添配系统方面，上海世纪发行中心与易文网共同开发了智能添配管控平台，最终目标是针对不同的销售模式得出不同品种的主配、添配及调配数量，用最小的库存实现最大的销售。系统通过对图书产品销售规律的模拟和预测，实现计算机自动化的精确的图书配送，提高了图书发行工作效率，而且也减轻了客户采购工作量，显现了良好效益。

（4）南方出版传媒：打造“三大平台、一大基地”

发展目标：紧紧把握出版业的发展趋势，积极开展数字出版商业模式的探索，以数字化推动集团内容生产全流程、全方位升级，力争成为全国数字出版的领跑者。

黄海晖：南方出版传媒在全国较早成立了独立运营的数字出版公司，积极推出新媒体产品和服务，向市场要效益，努力探索数字出版的赢利模式。

经过两年多的努力，公司在数字版权经营方面产生了稳定的收益；在移动媒体运营领域，与三大电信运营商建立了战略合作关系，推出了“3G书城”“3G学堂”等成熟产品；在教育出版数字化领域，已经在“数字校园”框架下形成“网络教材”“电子书包”“家校通”等试点产品，与地方教育部门建立教育信息化全面合作关系，开展大规模试验与推广；在专业出版领域，“岭南文化数字平台”的一期工程“孙中山全媒体数据库”也将在年内正式上线，开始探索专业数据库出版的赢利模式。全集团2010年在数字出版方面的销售收入超过3000万元。

基于对自身优劣势的判断，南方出版传媒提出未来将着重打造“三大平台、一大基地”：一是在大众出版方面，建设全媒体出版平台；二是在教育出版方面，建设教育信息化、数字化服务平台；三是在专业出版方面，建设特色资源库与数字复合出版平台；四是建设好广东国家级数字出版基地。

（5）凤凰出版传媒：聚焦教育出版

发展目标：到“十二五”末，建立起覆盖主要产业板块、比较成熟完善的数字化管理与生产平台，实现数字出版产业化、规模化。在教育出版方面完成电子书包、数字化教材研发，取得较大推广与应用；在大众出版方面，通过自主发展、投资合作等方式，形成多家骨干数字出版企业。

凤凰出版传媒集团近两年数字出版的工作主要围绕教育出版展开：

一、建设凤凰版教材的官方服务网站——凤凰教育网。努力将网站打造成为教材权威信息的发布平台、教材配套教学资源的积聚平台、教材教者编者的交流平台。网站上线不到两年，累计访问量超过 700 万，注册用户接近 10 万。

二、重组全国性的教育资源网站——学科网。该网站有 700 多万注册会员，其网校通产品覆盖了全国大量中学，在教育界有广泛影响。由于有着比较成熟的商业模式，学科网一直保持着比较好的发展。

三、开发了面向学生的学习类网站——凤凰学习网。凤凰学习网主要面向学生提供数字化学习资源，同时也是电子书包项目的重要网络、内容支撑平台。

四、启动了数字化教材的开发工作。目前，高中部分学科的数字化教材第一版已经开发完成，义务教育阶段的教材也将启动。数字化教材目前取得了很好的效益，秋季光盘版的发行量达到 400 多万张，收益状况良好，网络版的赢利模式正在探寻中。

五、积极开拓电视教育领域。利用数字电视兴起的契机，从去年开始，我们已经有 600 多集电视教育节目通过数字电视渠道播出，已经取得了一定的收益。目前，正与电视渠道洽谈展开更深入的合作。

六、加强手持式终端设备的研发。计划与全球最大的电子纸生产厂商——台湾元太科技公司等企业联合成立电子书包公司，共同研发下一代的教育终端设备。

未来集团的数字出版还是首先聚焦在教育出版方面。在网络方面，将以目前的学科网、凤凰教育网、凤凰学习网等为基础，覆盖互联网、电视网、移动网，分别向教师、学生提供服务。在网络建设的基础上，加强“电子书包”等终端设备的研发，形成与网络互动的局面。在内容方面，将以数字化教材为龙头，建设题库、教育视频库等资源库，对外实现多元化发布。在加强教育出版数字化的同时，集团将充分利用投资合作等方式，建设大众阅读平台。同时，坚持走多元化发展之路，积极开展游戏运营、信息服务、电子商务等方面业务。

（6）长江出版传媒集团：做一流的数字内容提供商与全媒体服务商

发展目标：集团正在拟定数字出版战略发展规划，以一流的数字内容提供商与全媒体服务商为目标，利用信息化、数字化优化管理、重组流程、改善服务、提高产品创新能力和核心竞争力，在教育数字出版与服务、网络原创与数字阅读、移动终端应用、动漫及网络游戏等领域发力，开拓现代出版新领域。力争在“十二五”末，数字出版业务的销售收入占总销售收入的比重超过15%。

程国重：集团创建了阅读门户网站现在网（www.cnxianzai.com），以网络原创和在线教育为特色，排名位于出版业网站前列。网站举办的“长江杯网络小说大赛”产生了广泛影响，近二十部参赛作品先后由长江文艺出版社、《长江文艺》杂志、《芳草》杂志等出版或发表。网络原创在现在网实现网上付费阅读，与移动、联通、电信等合作已经取得进展。“面向网络出版的语义增值业务平台开发”获2011年武汉科技攻关计划项目。集团通过实施“图书网络推广计划”“报刊网络互动计划”，推动书报刊出版单位、编辑向新媒体的转型，同时也为网站提供丰富的内容、专业的团队、广泛的影响。

积极推进数字内容资源库建设。入库数万种图书以及二十余种报刊电子版，并对图书版权档案、电子文件进行了整理，组织出版社开展出版合同中有关数字版权条款的修订、补充授权等工作。在合法授权的基础上，加强手机、数字阅读终端等新媒体产品研发。与移动运营商合作，创办了几份手机报，用户发展迅速。目前正积极寻求合作，探索开发基于苹果、安卓等系统的移动终端应用。

下一步，长江出版传媒集团将全面启动数字化学习平台和长江教育在线项目，整合推出移动终端阅读及网络在线营销等平台，筹建动漫网游公司壮大集团的动漫板块。

（7）北方联合出版传媒：细分数字阅读市场与读者消费差异

发展目标：力争数字出版进入全国同行业第一阵营，在产业发展增量中显著体现数字出版的效益贡献率，实现从传统出版商到内容资源提供商转化提升的初级阶段，进入到内容资源提供商与内容和版权资源全媒体运营商并重发展的全新阶段。

北方联合出版传媒：“十一五”期间，北方联合出版传媒（集团）股份有限公司数字出版发展处于起步探索阶段。旗下各出版社普遍加大内容资源数字化和数字版权开发利用，促进与中国电信、中国移动等电信运营商和方正、中文在线等内容运营商的合作，出版经营活动借以扩展到手机阅读、移动阅读等多介质终端上，获得了进入数字化发展，扩展内容资源营收渠道等多方面的收益和经验。主要赢利点在于大众出版、教育出版、专业出版等内容资源，通过数字出版运营平台，实现经营收益。

“十二五”期间，数字出版成为集团加速发展方式转变和产业结构调整的主线之一，是实现传统出版向现代出版转型升级的重要战略发展方向之一，也是建构从“线下”到“线上”全媒体、全流程、全覆盖产业布局的重要内容之一。在产业全面转型中，集团将坚定突出内容价值这一产业资源核心优势，不断增强出版主业创新能力和市场竞争力，突出打造市场差异化发展、产品集中度和独特市场品牌价值。

现阶段北方联合出版传媒数字出版的主攻方向是细分数字阅读市场和读者消费差异，采取分众化经营方式，扩展数字出版营收。包括：统一规划建设数字内容出版资源数据库，构建以各出版社为基础，以公司专营数字化公司为主体的数字出版体系。稳固扩大电信运营商和内容运营商的良好合作，通过其强大的移动阅读平台和消费用户群体，实现内容资源的产出效益。创建集文字、图片等信息为一体的在线数据库出版模式，突出相关数字产品对专业用户需求的满足度和使用率。延伸进入到数字出版的上游环节，通过对相关数字产品的技术研发，创建由产品研发到最终销售为一体的数字出版完整产业链。介入数字版权的经营运作，向外扩充数字版权资源。

（8）山东省出版集团：力争建立国家级手机出版基地

发展目标：山东出版集团已将数字出版上升到集团的战略层面，“数字产业拉动”是集团未来五大战略之一。通过对内部资源和机构进行整合，打造自己的数字出版平台，并以此为依托，争取建立国家级手机出版基地，力争成为山东数字出版第一品牌和龙头基地。

陈钢：山东出版集团在数字出版上最大的成绩是集团上下对数字出版的重要性和进军数字出版的紧迫感有了高度一致的清醒认识，思想高度统一，这是今后搞好数字出版最重要的基础之一。目前集团所属单位中已有部分出版社通过不同形式开展了实质性的数字出版工作，如：部分数字资源上传苹果商店或开展数字出版平台、手机报的开发、教育课件的开发等，但赢利模式大多处于探索阶段。

计划建设的涵盖各层次教育内容的综合性网络教学资源平台一部分已基本搭建完成，并通过传统媒介形式进入中小学电话教育和远程教育，初步实现赢利。通过加大推广力度，可实现更好的效益。同时，集团计划建设的部分项目已分别入选山东省文化产业发展专项扶持基金和财政补贴重点项目。

山东科学技术出版社通过深度挖掘《妈妈宝宝》杂志的内容资源及广告运营优势，结合其数字出版方面的优势，连续推出了《妈妈宝宝》iPhone 版、

Android 版及 iPad 版，采取用户免费下载的模式，通过广告实现收入，目前经过近 2 个月的试运行，已经开始全面的广告招商。《妈妈宝宝》手机报在山东移动也开始试运行，目前正在通过加强横向合作及各种方式扩大用户群。另外，与山东联通的手机报合作也已经在运作中，不日即可上线。[1]

（9）中国国际出版集团：多媒体数字出版平台亮相

中国国际出版集团以国际市场需求为导向，基于自身资源优势和 iPad、手机等移动终端特性，研发推广各种媒体应用、电子书等新型数字产品，多媒介发布；以向世界说明发展中的中国为主旨，突出特色，重点打造以中国网为首的一批多语种外宣网站；根据对象用户需求，大力建设中国多语种图书、期刊、图片数据库，开展面向大众和机构用户的数据库营销业务；延伸出版产业链，再造出版流程和运营模式，建设声动网等多个新型数字出版平台。未来，集团将继续积极运用新媒体新技术手段，推进全媒体业务转型和对外传播业态创新，着力提升国际出版传播能力。重点产品包括，中国外宣期刊数据库，中国多语种图书数据库，数字出版网络平台等。

促进数字出版转型。集团将打造集出版、销售、店铺功能为一体的多媒体、多语种、多功能的数字出版平台。再造数字出版三审三校流程，提供全新的数字出版及阅读体验；多媒体出版涵盖动漫、视频、音频、音像等内容；多语种阅读服务包括英、法、西、俄等，其中英语版已上线试运营。集团网站已与多个内容合作方及中国移动、中国联通、中国电信三大运营商接口。如《环球汉语》，为集团联手耶鲁大学推出的全新一代汉语教学产品。产品由中美资深作者和制作创意团队共同打造；集合视、听、读、说、写等多媒体互动元素和纸质教材、学习用书；核心为一套在中国各地实景拍摄、中美两国专业演员加盟出演的教学连续剧。[2]

4.2.3 中小型出版社如何进行数字化转型

数字出版的发展已成为出版业的焦点，对传统出版来说是巨大的挑战。传统出版社在这次变革中如何选择和应对，将决定其在未来出版业的战略地位。中小型出版社面临数字出版问题的时候，限于规模、资金、人力、资源等诸多因素的制约，显得进退两难。

---

1 数字出版，出版集团找到各自兴奋点？[EB/OL]. [2011-08-09]. http://www.cbbr.com.cn/web/c_000000020002/d_4815.html.

2 中国国际出版集团：多媒体数字出版平台亮相[EB/OL]. [2011-09-02]. http://www.ahep.com.cn/news_info.asp?nid=1507.

对于中小型出版社，可以根据自身优势和特色资源，充分发挥新旧两种出版形式的优势，传统图书与新媒体产品相互渗透，由单一的纸质出版转向容纳纸质出版、网络出版、手机出版、手持阅读器、游戏动漫等多种方式的跨介质复合型出版，实现资源效益最大化才是可取的。数字出版的形式灵活多样，渠道也丰富多彩，这也为中小出版社的数字出版提供了空间。中小出版社可以在数字出版的基础性工作上多下功夫，在拓展性工作上多做尝试。

1. 先从优势项目开始，走“专精特”之路，在某个领域做深做透

纸质图书从某种程度上来说也是经历了“专精特”的发展过程，由于出版社发展壮大的需要，必须规模化、集团化。数字出版无论形式如何转变，关键还是内容，真正打造适合新形式的优势项目，才是核心所在。在海量的内容信息中，具有独占性的内容更具吸引力，所以数字出版走“专精特”之路更为有效。

例如，人民卫生出版社利用自身在医学领域强大的出版实力，策划建设了卫人网，包括医学教育、医学考试和临床研究等板块。卫人网以其专业资源特色为基础，充分考虑到考生的考试学习要求，以特色网站项目为展示形式，通过学习卡等方式收费，取得了很好的效果。

中小出版社不可能在出版社所有的图书方向上全面铺开，可以选择实力较强，在全国有影响的图书方向，结合该方向的数字出版领域可能运用的方式，以优势项目为突破口，做深做透。

2. 中小出版社数字出版宜走合作之路

传统出版社能掌控从选题策划到营销流程的所有业务，而数字出版涉及的领域相对复杂，需要内容提供商、技术服务提供商、运营商共同参与。目前合作之路较为艰难，跟技术服务商的合作，他们提供平台，出版社提供内容，由于无法深入，出版社最终分得的收益很少；中国的电信、移动运营商在控制渠道的同时，又想控制渠道上运作的内容，然而他们却无法真正掌握内容策划。中小出版社迫于资金、资源、技术、渠道方面的压力，更适合走合作之路，但如何在合作中掌握主动权，并吸引合作方的加盟，值得深入思考。中小出版社可以利用传统出版的创意优势，结合市场需求，以优势资源为基础，以纸质图书形成的读者群体为推广对象，策划具有市场前景的新形态产品。目前技术服务商和运营商最缺少的就是优质的内容产品，在对双方都有益的项目面前，合作方会积极参与。

例如，南京师范大学出版社与江苏移动南京分公司合作的“第二课堂”彩信业务就是一个很好的范例。南京师范大学出版社基础教育已有较好的内容资源、作者资源、读者资源优势，同时也了解中小学生学习过程中最需要

什么；而移动教育类彩信产品匮乏，又极力需要打造新颖的专业教育类产品。在这种情况下，双方一拍即合，分工明确，共同运作项目，效果较好。[1]

3. 将得天独厚的内容资源转化为数字内容提供出去

面对数字出版的冲击，必须谨慎面对。数字出版无疑是出版发行业转型和产业升级的主要推动力和不二选择。当前数字出版与传统出版的形势如同10年前的数字摄影与传统胶片争夺市场一样。节能环保、可重复使用的数字摄影一开始并不被接受、认同，经过不断改进，现在已成为摄影的主流。而传统的制造厂商，如尼康、佳能、莱卡等迅速调整自身，进行产业升级，现在依然傲立摄像业潮头。当前来势汹涌的数字出版浪潮亦并非会抛弃出版业，而是需要传统出版业植入新技术，提升产业技术含量，形成新的出版业。出版商只要将自己拥有的得天独厚的内容资源转化为数字内容提供出去，即可保持小康生存，而进一步对内容资源进行与时俱进的有效整合与拓展提升，才是实现产业转型和升级的开端。传统出版业在数字出版面前要强化自己的内容资源优势，在能充分发挥内容资源优势的前提下做到一看、二稳、三进入。[2]

4.2.4 中国传统媒体的探索

十年前，我们还在讨论传统媒体和新媒体的未来。十年后的今天，随着日新月异的技术突破，不断丰富和创新的商业模式的诞生，传统媒体已经自觉或者被迫走上新媒体转型之路。传统媒体向新媒体的转型，绝对不仅仅是平台的转换和替代，而是产业链和价值链的重组，是一次全方位的产业革命。

新媒体在内容上已经成为真正的主流媒体，成为舆论热点产生的主阵地。同时，新媒体广告收入飞速增长，迅速分流传统媒体的广告，并正在快速分流传统媒体的受众和人才。

传统媒体和新媒体的界限已经逐渐被打破。传统媒体与新媒体如何融合？如何转型？

第一，积极重视和应对新媒体的发展趋势，实施阶段性和长期性转型策略。这将是一场持久战，也将打破传统媒体既有的盈利模式，并且可能短期内不会有好的收益。

第二，研究新媒体概念，独立于传统媒体之外进行运作和应用的开发，新媒体是不同于传统媒体的一种新的介质，照搬传统媒体的运作模式和思路，

---

1 居红云，周海忠 . 中小出版社如何形成数字化出版产品线 [J]. 出版参考，2011(21).

2 和龚 . 后改制时代：中小出版社遭遇发展之困 [N]. 中华读书报，2011-09-28.

只有死路一条。

第三，重视传统媒体与新媒体之间的发展关系，在传统媒体的品牌沉淀和人员优势的基础上，推动传统媒体与新媒体的融合与发展。新媒体的转型之路不是要代替传统媒体，而是要更好地将其在更广的渠道和领域延伸，扩大传播性。

第四，突破传统的商业模式，引入更多创新的商业模式，探索盈利来源。这一点也是最具挑战性的。

4.2.5　专业出版数字化转型案例分析

1. 华中科技大学出版社

华中科技大学出版社有限责任公司（简称“华中大出版”）成立于 1980 年 12 月，是改革开放后中南地区成立的首家高校出版社，是全国为数不多的同时拥有图书、音像、电子出版物、网络出版物出版权的出版社之一。

截至 2010 年 12 月 25 日，华中大出版已出版图书 1473 种，其中新版与修订版图书 968 种，重印图书 505 种；出版电子、音像、立体化及网络出版物 623 种，其中多媒体电子出版物 94 种，音像产品 49 种，立体化及网络出版物 480 种；图书造货码洋 2.37 亿元、发货码洋 2.28 亿元，实现规模和效益持续、平稳增长。

在数字出版大潮中，传统出版社如何开展数字化转型是一项紧迫的课题。在数字化转型过程中，华中科技大学出版社作为一家具有 30 多年历史的大学出版社，在数字出版的道路上进行了改革与创新，正在平稳“转舵”。

清晰布局，夯实发展基础

作为一家改革开放后成立的出版社，华中大出版一直承继着改革开放的精神。20 世纪 80 年代末，出版社提出了围绕图书质量深化改革的工作思路，在出版的各个环节进行改革和创新，建立了严格规范的质量控制体系。20 世纪 90 年代，华中大出版在探索新的出版模式方面也勇于“尝鲜”，在国内最早将计算机软件作为出版物出版。

1990 年 5 月，华中大出版第一批电子出版物问世，当年 12 月，华中大出版成立专门的软件编辑室，具体负责该业务；1995 年，被原新闻出版署批准为电子出版物出版单位。次年 2 月，华中大出版成立电子出版；4 月，出版了第一批多媒体光盘。自此，华中大出版的电子出版物载体由过去单纯使用磁盘过渡到磁盘和光盘并用。

2003 年，华中大出版成立电子音像出版社，同年被批准为全国首批具有网络出版权的出版单位。2004 年，华中大出版率先在全国大学出版社中开设"华中科技大学在线出版网"，成为首家高校出版社网络出版平台，在出版形式的拓展上再次取得突破。

1998 年至 2006 年是华中大出版稳步发展时期，这一阶段，出版社通过探索内部运行机制的改革途径，初步搭建了适合市场经济变化的组织结构，在武汉、天津等地建立了专业出版事业部；而同时发展的电子、音像、网络出版业务，也使得华中大出版的出版量得到显著增长。据悉，基于清晰的产业布局与科学发展理念，华中大出版的发行码洋以年均 20% 的速度增长，2006 年，其生产码洋突破 1 亿元，位居全国理工大学出版社前列。

大力改革，开拓发展之路

2006 年，华中大出版被新闻出版总署确定为全国 18 家首批大学出版社改制试点单位之一，也由此进入到再次创业、扩张发展的新时期。

2007 年 10 月，华中大出版进入到全面转企改制阶段，注册成立华中科技大学出版社有限责任公司。对内，通过建立规范完备的法人治理结构，进行薪酬体系、机构设置、人力资源管理、编辑与营销等方面的改革；对外，在国家文化体制改革的大背景下，立足文化产业，积极寻求合作及业务拓展。

转制后，华中大出版将自己的定位明确为内容提供商，并试图成为优秀的内容集成商，在文化创意产业领域不断延伸产业链和价值链，通过综合新的商业模式、新的技术手段、新的传播形式，运用现代企业运作方式，探索质量效益型发展道路。值得注意的是，在数字出版业务上，因注重加强与产业链上下游的交流与合作，华中大出版的电子音像类重点选题入选数也大幅提升。

作为对传统出版的超越，华中大出版将数字出版作为企业发展的战略重点，在探索中不断对数字出版的发展思路进行积累和优化。

数字精品传承出版使命

出版处于精神文化建设的"关口"，负有极为重要的社会责任。作为一家具有 30 年历史的大学出版社，华中大出版无论是在传统出版还是数字出版领域始终强调"精品"理念。

华中大出版的数字出版产品《中国手语互动教学软件》荣登电子出版物奖榜单，获第二届中国出版政府奖。这个可支持 3D 互动、支持任意语句演示的创新产品，被专家评价为"国际领先、国内首创"，并在 2008 年 7 月，成为北京奥体委、部分奥运志愿者和残奥会运动员收到的特殊礼物。在华中大出版看来，针对我国 2000 多万聋哑人对中国的标准化手语的学习需求，《中国手语互动教学软件》既是实实在在的市场需求，更是一份沉甸甸的社会责任。

2. 万方数据：打造“品质信息”数字出版平台

万方数据股份有限公司，由中国科技信息研究所于 2000 年 8 月发起组建并控股，是互联网领域集信息资源产品、信息增值服务和信息处理方案为一体的综合信息服务商。作为国内第一批开展互联网服务的企业之一，万方数据坚持以信息资源建设为核心，开发独具特色的信息处理方案和信息增值产品，致力于为用户提供从数据、信息到知识的全面解决方案。

目前万方数据拥有在职员工近千人，其中硕士以上学历约占 25%，专业技术人员占 70%。万方数据 10 年来保持稳定快速发展，在大陆地区设有七大销售区、30 多个办事处、客户群体遍布全国 31 个省（区、市），主要集中于高等院校、科研机构、信息机构、公共图书馆、医疗机构、政府机构、企业等；并设有海外市场部、加拿大办事机构，客户群体遍布美洲、欧洲、亚洲等十几个国家和地区。2014 年，万方数据营业总规模突破 3.35 亿元。

2011 年年初，万方数据整合相关业务正式成立数字出版事业部，全面布局数字出版。事实上，此前以资源产品的数字化加工起家的万方数据在数字资源服务领域已鏖战十余年。

产业突变——传统出版面临三大挑战

数字出版改变了出版商和读者之间的互动模式，为出版商提供了全新的业务平台，与此同时，新的媒体平台和新技术也给传统出版带来巨大挑战。新的媒体技术创造了新的出版形式，这种形式是革命性的，它颠覆了以往的产业链，为传统出版业带来了三大挑战——对模式的驾驭能力、对技术的驾驭能力及对用户体验的驾驭能力。

从模式上看，如何利用数字化技术探索出全新的业务模式并做好传统业务模式的过渡和衔接是一个重大挑战；也对出版商的技术驾驭能力提出了新的要求。在纸质出版时代，传统出版商的优势在于内容筛选和编审，而在数字出版时代，不仅要进行数字化内容制作，还要自建运营平台，这样的能力非一日之功。万方特别强调了对用户体验驾驭能力的重要性。传统出版基于纸质媒介，体验优劣的差别很小，但是数字化环境下，用户的体验可以说是千差万别。因此，体验甚至会成为决定数字出版业务成败的关键因素。

在内容泛滥的数字时代，万方数据认为，传统出版发展数字出版业务的关键在于建立起有效的商业模式，将数字出版平台搭建起来，协调好出版商、作者与读者多个主体之间的利益关系，建立起健康有序的产业发展环境，做到这些，就能做好数字出版。而这其中，作为中间力量的数字出版平台的作用就显得尤为重要。

搭建桥梁——技术商提供解决方案

万方数据从数字化信息服务业务、数字图书馆业务做起，由数字服务领域走向数字出版，在此过程中的技术积累同样适用于数字出版平台的建设和服务。基于这样的认识，万方整合了相关的业务部门，成立了专门的数字出版事业部，以全面梳理资源采编业务、平台业务、产品体验业务，从而形成完整的产品及工作体系，帮助传统出版商解决挑战。

打造高品质信息的数字出版服务平台，为作者、出版商、图书馆、用户等搭建桥梁，为建设健康有序的数字出版生态环境做出贡献这一新目标，也是基于万方数据自身转型发展的现实需要。万方数据副总工程师兼数字出版事业部经理王胜海表示："目前万方还是在走二次出版这条路，而未来要扩大规模还需要做原创内容，内容的把控与编审是万方的弱项。因此，万方希望通过与出版商合作，解决高品质内容的编审和筛选问题，而万方帮助出版商解决他们的技术难题。"[1]

在万方数据的布局中，将利用其技术积累对内容进行处理、挖掘，形成各种特色产品，如论文相似性检测技术，应用在其他领域就是对版权的一种保护。万方将利用技术把整个体系构建起来。万方数据知识服务平台定位于品质信息的出版和服务，将为精品出版物提供网络出版平台、增值服务平台(特色检索服务、论文相似性检测服务、知识脉络分析服务等)，并以此建设网络社区服务功能，同时也将基于技术积累，为出版商提升数字出版技术水平和内容质量提供服务。

目前，万方数据与公司的股东单位以及业内多家出版机构联合申请承担了国家复合出版工程、国家数字版权保护工程项目中的多项课题，包括数字出版支撑技术、数字资源服务支持系统、数字内容注册与管理平台开发等，并参与了上述工程中的采集编审技术、互联网出版版权保护应用系统开发以及多项出版标准的研制工作。

优势互补——共筑数字出版未来

目前，万方数据在数字出版业务上的架构布局已基本确定，对于接下来的重点工作，首要的还是完善与出版商的合作。

原创信息万方做得并不多，更多的还是踩在传统出版商的肩上做数字出版。因此，万方期待与出版商进一步稳固合作关系，同时也积极争取新的合作伙伴，优势互补，共同做好数字出版。

同时，基于对用户体验的重视，万方数据将紧紧围绕提升用户体验展开

1　李淼.万方数据：打造"品质信息"数字出版平台[N].中国新闻出版社，2011.3.31.

工作。对于数字出版，最基本的用户体验是速度要快，包括网页的反应速度等，在这一点上万方还在不断努力突破。

万方做电子书的出发点还是为用户提供高品质的信息，同时要保障出版商的利益。万方一直坚持一种理念——推动与出版商的长期合作，促进信息的快速传播，从而谋求共同发展。万方数据将采取相对合理的定价模式，平衡与出版商、作者、读者之间的利益关系，并且真正体现出图书的价值，同时通过这一模式，使用户得到快速阅读的享受和体验。

万方数据将基于自己的平台构建网络社区，并向其他平台开放接口，全方位满足作者与读者间的信息、互动需求，培养用户黏性。品质信息服务平台、IT 技术的增值服务、社区化和技术输出将是万方数据数字出版事业部未来发展的四个重要方向。协助出版商产出更优质的资源，围绕着国家对数字版权的保护与管理去做一些工作，将积累的技术输出给行业、输出给国家已成为万方数据的重要使命。

4.2.6 教育出版数字化转型案例分析

传统出版仅通过出版纸质书、电子出版物或音像制品来辅助教学，但在数字时代，教材出版的形态枷锁被打破。教学的本质是一种特殊的交流活动，师生的互相交流使教学过程成为“教师—教学媒介—学生”的统一体。因此，互动性是教材的应有功能，教材的数字出版模式不单纯是教材的电子化，还包括数字化教学平台。学生通过网络平台实现比传统教学更加及时和有针对性的师生互动或人机互动，教学的内容不再以线性的编排固定在课本中，而是融入在教学的交往情景中。许多著名的教育出版集团都开发了与数字化教材相配套的在线教学或自学平台，将传统的内容资源与在线互动出版模式有机融合。

培生集团 2005 年、2007 年先后收购了数字化学习平台 my course compass 和在线学习软件公司 ecollege，以网络教学平台技术为核心，结合自己的数字化资源与网络课程，提供数字化教学产品与服务。

麦格劳·希尔教育出版公司的网络平台使教师能对学生掌握程度迅速做出评估，根据学生的需求调整授课。[1]

在数字技术的推动下，我国数字出版产业发展迅速。原新闻出版总署署长柳斌杰在《加快新闻出版业发展方式转变是当务之急》一文中明确提出：“必须站在现代科技发展前沿，抓住新一轮世界科技革命带来的机遇，更加注重自

1 于文. 内容的属性差异与数字出版的多重模式 [J]. 出版发行研究，2011(2).

主创新，为加快新闻出版业发展方式转变提供强有力的科技支撑。”面对数字出版的机遇和挑战，对于传统出版业尤其是教育出版来说，怎样做才能开拓出一条新路？

成就源自内容资源整合开发

在网络时代，纸质文本已逐渐被电子文本所取代。在教育领域，多媒体教学、电子化教学、远程教育等先进的教学方式也让教材本身从纸质向网络化迈进。

在数字化转型的大环境下，人民教育出版社这家中小学教材出版领域的龙头老大没有松懈，以自主创新为引擎，坚持与时俱进。人教社这些年来在做好中小学教科书编写和出版工作的同时，也在努力探索数字出版业务，以使教材建设进一步立体化、数字化。

人教社经营性学习网站人教学习网（www.gopep.cn）已上线运行。人教学习网是以 flash 技术建立，采用分布式内容分发网络（CDN）对网站的内容和视频进行加速，并通过站点镜像同步技术（Mirror Sync），在全国设置 12 个站点镜像，覆盖我国五大运营商网络，进而确保全国各地的用户都能够顺畅访问网站和观看视频。在运营模式上，人教学习网付费方式灵活，按册收费，并将多科结合在一起进行销售。由于人教学习网积极响应了未来学生利用信息手段主动学习、自主学习的方式，受到学生和家长的认可与欢迎。据统计，该网开通首日，仅一下午视频点击率就达到 13 万人次之多。

“人教社能在数字出版领域取得成就，很重要的一个因素是由于很好地整合了、充分地利用了自身现有的资源，在新的形势下，实现了内容资源的整合与开发、表现形式的创新。”中国音像与数字出版协会副秘书长王勤如是评价。

出版社要做内容主导者

数字出版已成为出版业的重要组成部分和新的经济增长点。新闻出版广电总局数字出版司司长张毅君认为：“实现传统出版与数字出版的对接，关系到出版单位自身以及整个出版业的现代化转型和可持续发展。但是在传统出版与数字出版对接的过程中，要想成为内容的主导者，传统出版业需要更加积极、更加主动。”

王勤用“大军未动，粮草先行”来描述自主创新过程中内容所占的重要地位。王勤说：“不管出版这支大军的创新形式、表现形式怎样，内容是最根本、最本质的因素，出版业应该重视对于内容资源的积累、整合、开发，应该从以前的内容出版者转变成内容生产者和服务者。”

新闻出版产业与新技术、新知识的关系最为密切，谁能率先运用新技术，在创新方面占据优势，谁就能够掌握未来发展的主动权和制高点。

数字出版着重要解决技术创新

在出版业数字化转型的过程中，技术创新如何影响出版业？“工欲善其事，必先利其器。”创新技术是出版发展过程中的一个工具、一个“利器”，出版单位应该利用技术创新来提高工作效率，提高先进内容的生产力，只有将技术创新应用于内容生产，才能为市场和读者提供更加丰富、更能满足国家、社会、行业和读者的需求，并使产品成为更具需求黏度的出版物。

现在，数字出版最重要的工作是解决技术创新问题，技术创新所服务的项目应该包括资源采集、资源集成、资源清洗、资源描述、资源结构化处理以及资源安全存储及产品的跨媒体发布等整个数字出版全过程。对于出版社来说，应该努力做到内容采编网络化、内容记载标准化、内容拆分碎片化、处理流程工业化、处理过程精细化、资源管理系统化、出版行为服务化、阅读方式离线化。

在新兴市场中，传统出版单位的服务对象发生了改变，不单是读者，还有渠道商、技术商等。许多人认为，在向数字化转型过程中，传统出版社是弱者。但是，很多时候，销售成绩不佳并不是因为出版社的内容不好，而是出版社的内容没有做到适销对路，提供的只是未经加工的原料。出版社应该研究如何利用新技术、新的传播方式，以适合服务对象的需求，满足并引导读者的阅读需要，把出版社的内容资源和优势转换成现实的生产力。

1. 外语教学与研究出版社——依托自有品牌与新媒体企业合作做数字化转型

在按需印刷（Print-on-demand，POD）方面，知识产权出版社早已经在数字出版方面建立了工厂，提供 POD 方面的业务，商务印书馆基于 POD 的支撑，已经可以提供民国时期的杂志、图书按需订购。

对于我国大学出版社来讲，在学术上比较占优势，技术力量可能相对较弱，特别是一些小型出版社。这些出版社可以寻求与一些网站或网络公司的合作，或合资、或股份制在共同开发数字出版产品，壮大自己实力的同时，还能解决技术上的困扰。例如，外语教学与研究出版社（简称“外研社”）与新浪教育频道携手，共同打造中小学教育的视频产品，受到广大消费者青睐；在有声阅读方面，200 余种点读书已成系列，与江苏电信、中国网通合作推出的“听计划”及“网通语音玩具”相继崭新面市。[1]

外研社利用自身的资源优势，开发出自由品牌的电子词典（外研通牌电子词典）、点读笔等产品，突出 E 佳教网站提供外语课程服务，还和诺基亚、

1　祝清亮，郭莉．浅谈我国大学出版社的数字化战略 [J]. 中国出版，2011（9）.

中国移动合作开展“行学一族”活动。

2010年，外研社出版的《汉语900句》等电子音像制品获得“中国出版政府奖音像电子网络奖”。这份沉甸甸的收获也从另一个侧面展现出外研社在数字化进程中取得的丰硕成果。

“十一五”阶段，外研社的发行码洋由13亿增长到20亿元，每年增长超过1个亿。

数字化的机遇与挑战

外研社将取得的成绩概括为社会效益的显著提高与经济效益的不断提升。仅从经营利润上来说，从2005年至今，外研社每年的经营利润都保持在1个亿以上。值得一提的是，在数字出版业务大幅增长的2010年，仅数码产品事业部就取得了销售码洋超千万元的好成绩，外研通点读笔销量达到近8万支。

外研社电子音像网络分社社长彭彦认为，数字化是传统出版单位对自己在内容生产、传播等方面向新媒体形式转型的一种概括，其基本特征是内容与信息技术的融合。这种多个产业在数字出版领域中竞争的趋势在未来几年内还会继续，但是因为对数字出版而言，数字内容与信息技术缺一不可，所以，出版企业与信息技术企业之间会呈现既竞争又联合的局面。

数字出版业务展现活力

面对整个行业发展的紧迫形势，为应对数字化的挑战，“十一五”期间，外研社专门聘请了IBM公司对其进行了业务转型的战略咨询，对十几个具体业务方向进行了分析和评估，教育培训业务和数字出版业务取得喜人成就。

其中，在教育培训业务领域，北外在线2010财年同比增长18%。乐奇乐思2010年加强了网站销售、B2C、商超活动等各种类型销售渠道建设。

外研社的数字出版业务更是展现出勃勃生机。作为外研社数字出版的先头部队的电子分社，2010年同比增长26.4%。

对于过去几年中，外研社在数字化转型中进行一系列尝试：

一方面，外研社建立了集国际汉语学习内容数据库、国际汉语多媒体学习资源库、国际汉语教学案例库、国际汉语学术资源应用平台以及集国际汉语对外汉语图书产品教学服务于一体的国际汉语教学与服务门户——chineseplus.com，并搭建了面向外语自学者的多语种学习资源性网站——悠游网，以整合多语种精品图书资源和多媒体资源，并通过精准的英语水平测试，为广大英语学习者提供有针对性的英语学习解决方案。

外研社网络学术出版平台将建成一个服务于广大大学外语教师、外语教育研究工作者、研究生、博士生的科研学术平台。

此外，外研社还对本社精品图书和教学互动资源等进行了二次开发，在各类移动应用商店中，发布了超过 30 款应用产品，形式包括教育性游戏、电子书、互动教程等，为外语学习者提供了多样化的选择。

外研社的目标是要成为一个名副其实的教育服务提供商，必须走数字出版方向，不是单纯的数字产品生产，而要积极探索新的数字出版商业模式，追求利润和成效。电子分社将在这条道路上大刀阔斧地继续推进。

加快布局“数字外研”

面对出版业的数字化机遇与挑战，外研社表示，将大力倡导创新，通过打造专业特色、有效整合资源和加强渠道建设，实现外研社由教育出版者向教育服务提供商的转型。

对于外研社的未来，外研人则有着“线上外研社”和“数字外研社”的构想。外研社表示，“十二五”期间，要探索出有效的数字出版模式、若干有很强盈利能力的数字出版项目，基本实现到“十二五”末，数字出版的营业收入达到全社总营收的 40%。

外研社把抓好数字出版业务作为发展的重中之重，要做好服务，为客户提供个性化服务。与此同时，鼓励产品策划、内容生产、市场营销等各环节的创新，在外语、双语、教育、国际化等多个纬度中，找到属于自己的特色，以差异化的资源，赢得竞争优势，以完成由出版者向教育服务商的成功转型转型。

修炼内功，整合外语数字化资源

“以出版为中心，以教育培训和信息服务为两翼，数字化出版，产学研结合”的战略发展计划，大力研发网络和无线领域的新业务，是外研社社长于春迟心中的一盘棋。国外的教育系统早已开始应用数字化手段促进教学与学习，信息技术和互联网的普及刺激着传统出版，在危机中，潜伏着巨大的转机与商机。

然而，找准市场并不是一蹴而就的事情，在商业模式并未足够成熟时，修炼内功，打有准备之战不失为重要的前提。不可否认，在互联网时代，自然式、智能化、互动式学习将成为潮流。但考虑到外语教学的现状，外语资源的数字化以及随之而来的产品被当下的主流市场所接受仍需时日，在这个过程中，外研社不会毫无调研地冒进，更不会错失发展机遇，而现在所做的正是为未来几年外语教学数字化打下基础。

在积极迈向数字出版整体发展理念的前提下，外研社现阶段更看重的是修炼内功，以备随时出击。

早在 2006 年，外研社即成立了事业发展部，2009 年经过整合，事业发展部成为电子音像网络出版分社的下属部门，在此基础上成立了数字资源中心，启动了外语资源的数字化转换和完善工作，现在外研社有一个专门的团队在做，希望建立一个相对完善的外语内容资源库，为前方的市场研究提供弹药。

在数字资源中心资源积累的基础上，外语学习资源库迅速完成了开发和上市，如今全国已经有200多家大学可以访问使用外研社外语学习资源库。它精选外研社30年优质外语学习资源，包括BBC等海外著名媒体的精彩原版音视频资源，为教师及学生提供集阅读、练习、考试、教学视频、多媒体课件及自测为一体的全面解决方案，成为高校图书馆建设优质外语数字资源库的首选。外语学习资源库分为4个模块，其中外语图书馆提供技术领先、制作精美的电子书刊，具有浏览、检索、插入书签、标注等功能。双语视频提供原版视频资源，并针对视频中的生词、短语、内容梗概、学习难点等，开发了大量助学内容，资源题材广泛。考试中心则包含专业的语言水平测试以及各种专项练习，包含30,000道词汇练习题目，10,000道听力、阅读、语法等专项训练题目。多媒体课堂独家提供《新概念英语》《走遍美国》《跟我学》等多门经典教程，以及日常、秘书、科技、医护、空乘、商务、导游、财经等诸多专业英语课程。

搭建平台，融合多方内容建设

2009年，经过整合、扩充原有团队，电子音像网络出版分社成立。这是外研社真正意义上做数字出版的机构。面对市场上电子书、平板电脑以及手机阅读等多种形态的数字出版，关注它们的动向并探索其与外研社自身数字化资源的结合模式，从而开发有市场前景、更利于大众学习阅读方便的平台成为外研社的重要工作之一。

互联网等新技术、新媒体的发展，为科研工作者的实时交流提供了便利。然而目前，我国广大外语教师、外语教育研究工作者科研交流的主要方式仍为学术会议、讲座、学术团体活动及学术论文发表等这些传统方式。这些方式时效性差、受时空影响严重，而教师们的发表意愿又十分强烈，很多时候他们都找不到出口。外研社认识到，这个现实问题将是外研社研发更好平台，促进外语教学和研究的发展的动力。

外研社网络学术出版平台的主要建设目标是建成一个服务于广大大学外语教师、外语教育研究工作者、研究生、博士生的科研学术平台。拟整合学术著作检索、在线学术著作阅读、国内外文献数据库检索、学术著作在线投稿处理系统、学术博客聚合、科研经验交流与互助等多项科研服务功能于一体。

而协同翻译平台则调动了全国丰富的高校翻译教学资源，让翻译、校对、审核等一系列流程同步进行，缩短了大规模翻译项目的翻译周期。供多人同时登录使用，在线交流保证高质量和高效率，可按需求进行内容分割和分配，再进行稿件派发、协同翻译、辅助翻译、译文审核以及人员管理。整个流程清晰可控，省去了传统翻译中烦琐的工序。协同翻译平台潜力巨大，未来，它可能不只是一个出版平台，还有可能变成翻译公司的平台，为外研社创造新的盈利点。

通过与读者的互动，这两个平台还将及时收集读者反馈良好的信息资源。通过有选择地进行按需印刷，数字出版也将助推传统出版的新增长。

丰富产品，创新教学研互动模式

外研社每个部门都有骨干参与到数字化出版的运营中，他们加速着从传统出版向教育服务提供商的角色转换：研发更适应现代外语阅读、学习体验的新产品，以网络、手机甚至平板电脑为载体的数字阅读产品，使读者真正受益，是他们的追求。

继外研社与诺基亚发布“行学一族”移动学习计划抢占手机学习市场后，他们又发布了手机词典。外研社认识到无论是纸质词典还是电子词典，都无法避免价格昂贵、携带不便等缺点。人们希望更便捷、更具性价比的词典产品问世，外研社手机词典便应运而生。外研社手机词典通过多个渠道到达用户：苹果软件商店、书店购买手机存储卡版本、网上下载单本词典等，目前市面上的大部分主流手机，包括 iPhone 手机、NOKIA 手机等，都能找到适合的手机版词典。其功能设计涵盖了词典、阅读（语法、原著等）、会话三大板块，全部使用外研社优质版权内容。TF 卡版的手机词典已推出英语、法语、德语、俄语、日语、韩语、意大利语、西班牙语 8 个语种的产品，苹果商店上的词典软件在国外受到很多汉语学习者的欢迎。

在有声阅读方面，“点读笔”也是外研社着重推出的一款产品，它是一种能够“发声”的新型图书，用点读笔轻轻点击印有隐形底码的文字或图片，就能让图书“开口说话”。新教材包括了课文朗读、教师讲解、中文翻译及练习提示等语音资料，可以轻松实现看图说话、听对话跟读句子、分角色朗读对话、中英互译等。在山东省发行的外研版小学《英语》（新标准）教材全部采用数码有声点读技术，即使是农村孩子，也能听到纯正地道的英语发音。

除着力研发各种基于移动终端的学习应用之外，电子音像网络出版分社还建设和运营着外研社面向广大读者的增值服务网站——悠游网。外研社读者可以累积购买外研社图书的积分，在悠游网上兑换各种学习资源：电子图书、学习课件、视频资料，还可以与外研社已有的多种平台和产品进行互动，相辅相成。

此外，外研社还密切关注 iPad 所带来的新鲜阅读和学习体验，认为 iPad 是十分符合外语学习特点的新兴载体，因为它互动性足够强，方便练习和反馈，而且操作便捷，外研社也在积极地研发适用于 iPad 的外语课程，希望将来能有新的赢利模式出现。[1]

2. 西南师范大学出版社

国家“十五”重点出版规划项目《教育大百科全书》是目前世界上教育科学领域最具权威性和实用价值的一部专业全书；“十一五”重大文化出版项目《域外汉籍珍本文库》《中华大典·法律典》……这些国家重大出版项目都和一个名字紧密联系在了一起——西南师范大学出版社。

作为一家在地理区位、经济发展、文化水平等方面都没有先发优势的出版单位，西南师范大学出版社却在20多年的发展中，由一家名不见经传的小社迅速发展壮大，成长为一家集图书、电子音像网络出版为一体的综合性大学出版社，同清华、北大、人大等国内一流学府的出版社一同屹立在“全国百佳”出版社之林。

2010年12月27日，由北大方正电子技术有限公司承建的西南师范大学出版社数字出版平台一期项目正式通过验收。该项目紧密围绕该社核心数字出版业务进行开发，共包括内容资源管理系统、条目库管理系统、题库管理系统三大子系统，拥有目前国内领先的技术手段和管理模式。

早在2003年年初，西南师大社果断提出由单一出版模式的传统出版向复合出版模式的现代出版转移的发展战略，开始了数字化、网络化转型的探索历程。2009年5月，西南师大出版社与中文在线签订数字教育出版合作协议，正式拉开了重庆数字出版基地建设的序幕。

面对数字出版越来越激烈的竞争，西南师大出版社于2009年7月明确提出了未来5年—10年数字化出版的战略发展目标——“12345”数字出版工程：打造一支数字出版的专业化队伍，构建信息化、数字化两个数字化基本平台，建设三类基础数据库，研发四套数字化产品，实现五种数字化服务。这项战略性现代出版工程将着力开拓以学科数据库为基础、“数据库 + 网络”的在线教育出版服务模式，把出版链条延伸到包括图书、电子音像、网络以及多媒体内容制作等多种增值服务的衍生产品，拓展出版价值，最终从出版商转变为内容提供商、服务商，多方位地强力参与出版业、信息业的竞争。

西南师大社力求通过一系列数字出版实践，大胆而稳健地探索传统出版社的数字化转型，在增加传统出版物附加值的同时，积极开发特色资源，尝试提供个性化信息服务，开展优秀图书纸质与数字同步出版；在海量数字资源的基础上，实现按需出版等，努力抓住一切机遇，构建新的出版业态，加

1 红娟，于春迟. 动心数字出版 动情公益支教 [N]. 中华读书报，2010-11-10.

快数字化转型步伐。[1]

3. 高等教育出版社——音像电子出版内容成为数字出版资源

高等教育出版社（以下简称“高教社”）是向数字出版领域进军较早、成就较为突出的代表。从 2002 年起，高教社已经开始创建形象化、多媒体、交流互动的各学科大型数字资源库。早在 2003 年，高教社就完成了全社的信息化改造，为数字出版打下了坚实的基础。2004 年，高教社作为唯一上榜的出版企业，被评为“中国企业信息化 500 强”。2009 年 7 月，该社荣获“2008—2009 年度数字出版示范企业”称号。

高教社数字出版的盈利模式是以利润源为核心，利润源、利润点、利润杠杆、利润屏障和利润家五个要素相互作用的过程。

（1）利润源

利润源是指出版社提供的出版物及配套服务的购买者和使用群体，他们是出版社实现利润的唯一源泉。高教社结合自身开展数字出版业务的优势和资源，将利润源进一步划分为核心利润源、辅助利润源和潜在利润源。其中，核心利润源是高等院校师生，辅助利润源是各级各类学校师生，潜在利润源是所有有学习和教育需求的人。核心利润源是当前和今后一段时间内高教社获取利润的主要来源，是盈利模式设计的着眼点和落脚点；辅助利润源和潜在利润源是未来的利润增长点，是高教社长期盈利模式设计不得不考虑的因素。

明确了数字出版利润来自何处，即完成了市场细分和市场定位，这只是设计数字出版盈利模式的第一步，接下来还需要进一步评估利润源的质量。评价利润源优劣的指标主要有三：一是利润源规模是否足够大，二是企业资源和能力是否与之相匹配，三是利润源是否稳定。庞大的高等教育在校生基数，是高教社开发数字出版物以获取利润的稳定保障。加上半个多世纪来积累的选题、作者、品牌、渠道、技术、人才等资源，使高教社比竞争者更有实力进军高等院校教材及其配套资源的数字出版市场。于是，从2002年开始，高教社调整产品策略，将“以教材为中心”的出版模式调整为“以课程为中心”的资源提供模式，逐渐将内容围绕课程建设成数字资源库。

（2）利润点

利润点是指出版社可资获取利润的出版物产品或服务。数字出版时代，出版物的形态已经发生了翻天覆地的变化，从捧在掌中可以随时阅读的电子书，到流媒体上在线播放的流行音乐；从教室里老师向学生演示的多媒体课

1　曾革楠．西南师范大学出版社 教材立社 精品办社 项目强社 [N]. 中华新闻出版社，2011-03-18.

件，到每天准时发送到用户手机上的手机早晚报。“数字出版物”所包含的产品和服务已经丰富到挑战人们想象力的程度了。任何一个出版社单体，都不可能生产和提供所有形式的数字出版产品和服务。这就有一个利润点选择和设计的问题，好的利润点一定既能够为客户提供价值，也能够为企业提供利润。

高教社为了更好地了解市场需求和顾客偏好，进行了客户调查。结果显示，有近七成的高校被调查者认为，学习卡、在线资源库等辅助资源可以弥补课本的不足、拓展知识面、丰富学习内容。于是，本着以“满足客户需求为中心，提供优质教学资源为基础”的理念，结合自身优势，高教社开发了13个不同类别的数字出版产品。这些产品，反映着高教社作为出版企业进行数字出版实践的成果，是为高教社获取利润的利润点。

（3）利润杠杆

利润杠杆是指出版企业生产出版物或服务以及吸引客户购买和使用该企业产品或服务的一系列业务活动，包括生产方式、生产流程、业务模式等，反映的是出版企业的一部分投入。传统出版企业要想进军数字出版，必须转变生产方式、改造业务流程，使之与数字化的生产过程相适应。

高教社意识到数字出版不单单是传统出版流程中某一生产环节的数字化，而是生产全流程的数字化，是创新意识指导下制定具有自主知识产权的生产标准。在打造数字出版利润杠杆的过程中，高教社主要完成了三项任务：一是全面实施面向供应链管理的企业资源计划（ERP），二是应用数字化内容管理系统（CMS）改造传统出版流程，三是制订与实施数字化内容的管理标准（内容结构化标准 HEPDTD）和元数据标准。

2003 年，高教社与全球最大的 ERP 供应商——德国 SAP 公司和五大咨询公司之一的普华永道合作，为企业设计实施资源管理方案。选定项目管理（PS）、计划管理（PP）、物料管理（MM）、销售管理（SD）、客户关系管理（CRM）、财务会计（FI）、管理会计（CO）、人力资源管理（HR）等模块率先实施。在完成企业信息化建设的基础上，数字化内容管理系统（CMS）全面上线，为编、印、发各流程数字化和开发数字出版产品做好充分准备。更重要的是，高教社为内容管理平台制订了专门的内容结构化标准（HEPDTD）和元数据标准，确立了整个出版社乃至更大范围的内容资源得以集中管理的基础，并可以用于建立内容之间的关联，为资源共享、知识工程和个性化服务奠定了基础。

（4）利润屏障

利润屏障是指出版企业为防止竞争者进入市场抢夺利润源而采取的防范

措施。同样表现为出版企业的投入，但利润杠杆是撬动“奶酪”为我所有，利润屏障是保护“奶酪”不为他人所动。对于数字出版企业来说，利润屏障可以简单理解为“数字权利管理”（DRM），因为数字出版盈利模式实际上是基于权利管理的商业模式。DRM 涉及数字环境下与权利有关的各种事务，包括技术、版权、安全性、销售与传播等问题。DRM 的意义在于确认用户、授权使用、测定用量、防止盗版以保障出版企业从数字出版中获利。

高教社以“学习卡”和“在线学习平台”入手，从授权使用、防止盗版和测定用量三个方面打造 DRM 驱动下的数字出版盈利模式。授权使用方面：用户可以通过购买获得教材资源包的账户或学习卡密码，想要使用高教社的在线学习平台或其他主题资源，必须提交其账户和密码，只有通过验证的用户才被允许使用其内容（少数资源可供免费下载或浏览）。防止盗版方面：初期高教社主要与 Adobe、微软等供应商合作，采用加密和水印两种手段来阻止无限复制和传播。目前高教社使用的版权保护技术为自主独立开发，主要功能是可以将包括 doc、flv、jpg 等大部分文件类型转化成以 swf 为后缀的文件，并根据不同需求，对 swf 文件进行基于 java 技术的加密，实现各种 DRM 需求的应用。测定用量方面，高教社正在探索数字出版物离线管理技术，试图通过开发有关技术实现数字出版物的离线管理，即控制内容的离线使用、分发、打印；限定播放次数、时间，定期销毁内容等。

（5）利润家

利润家是企业内部对企业如何盈利具有极强的敏感和预见性的人，需要具备对市场机会的精准分析能力和对关键性稀缺资源的把握与整合能力。利润家是企业盈利模式设计的总工程师，是构建企业盈利模式的核心要素。

作为领导核心，高教社的社长和总编辑具有利润家所必需的商业敏感和进取精神。他们从事出版事业多年，熟悉传统出版运作；同时对市场变化反应灵敏，具有包容开放的胸怀。早在 2006 年，他们就提出以“集成服务开创出版蓝海的理念”，将数字出版做成实实在在为企业赢利的产业链条。通过近几年的人才培养和引进，在高教社内部，汇集了许多具有多年企业管理经验、熟悉数字技术的职业经理人。他们或者是分公司经理、或者是分社社长、或者是高级顾问……在各自的领域内，也扮演着利润家的角色，设计、规划、实施着高教社数字出版赢利模式。[1]

1　方卿，许洁.数字出版赢利模式设计的五要素——以高等教育出版社为例[J].出版发行研究，2009(11).

4.2.7 大众出版数字化转型案例分析

1. 旅游类、烹饪类、生活资助类数字化出版转型

客体性强的内容主要是指自然科学与工程技术的科研成果，以及实践活动中直接产生或得到的各种数据、经验等，包括揭示自然物质规律的科技情报、生活实践中的经验及日常资讯等，以传统出版业中科技类、专业资讯类、生活类、旅游类等图书为代表。因为较少受到作者个体意识的影响，客体性强的知识信息可以被分解为大小不一而意义完整的知识单位，并可按照读者用户的需求进行加工和再组织。然而在印刷出版时代，因为印刷成本的规模效应限制，即使是强客体性的内容也都必须汇集成书籍文献的形式才能够得以出版传播。但是在数字时代，所有的内容都以数字内容资源库的形式存储，借助 XML 格式、数据标引等相关技术，就能实现对数据内容的定制化生产与多媒体发布。

大众出版中也包含了许多强客体性内容，比如旅游类、烹饪类、生活资助类等。以旅游书为例，因为不同读者旅游的动机、行程、兴趣与消费能力都各不相同，传统的纸张旅游图书无法充分满足个性化需求，信息的时效性也很弱。而通过在线旅游网络平台，形成汇聚不同层次旅游信息的数据库，为用户定制旅游信息，以个性化电子书或按需印刷的方式提供给客户，是旅游出版的理想模式。

美国约翰·威利公司就是通过收购在线旅游资讯网站 what son when 等举措来推进其旅游图书出版的数字化。通过自身优质旅游内容与在线网站模式的结合，威利公司并不是将网络视为图书出版的补充，而是根本转型为在线旅游信息服务商，根据用户的需求来定制出版旅游内容，并通过预订服务等延伸价值链。[1]

2. 依托自有资源和实力，独立完成数字化转型——《中国国家地理》

作为中国发行量最大的地理杂志，《中国国家地理》在传统媒体中享有盛名，现在，和《中国国家地理》杂志一样出现在网络、iPhone、iPad 上的手机报、电子杂志们，正成为《中国国家地理》的左右手，以一个全方位、更加立体的方式呈现在世人面前。

作为《中国国家地理》新媒体 CEO 兼总编辑，才华烨不愿意把这个转型称作“传统媒体的数字化出版”，她将《中国国家地理》的一系列动作称之为“新媒体战略”。“数字化出版只是一个存储器的概念，比如传统的图书数字化以后再次出版，只是多了一个数字化的发行渠道，而我们所做的，并不只是

1 于文．内容的属性差异与数字出版的多重模式 [J]，出版发行研究，2011(2).

简单的数字化出版，我们是在做一个新媒体平台。”曾经在传统媒体有多年从业经验的才华烨对此有很深的感触，“我们以前从来不会意识到手机会成为一个终端载体，现在又出现了平板电脑，技术的发展是未知的，凡是有别于纸质平台的都是新媒体可以涉足的领域”。

手机报的三次改版

《中国国家地理》从 2004 年开始就接触了手机彩信杂志，最开始和广东移动合作。2007 年,《中国国家地理》手机报作为中国移动唯一人文类手机报在全国重点推出。作为第一个在全网做手机报的媒体,《中国国家地理》也进行了很多的尝试和改变。

一开始运营商和 SP 合作伙伴的想法很简单，就是直接把《中国国家地理》杂志的内容拷贝到手机上面。不过，问题很快就来了，手机彩信报出现了稿量短缺的问题。尽管《中国国家地理》杂志已经有多年的积淀，但是手机报每日一期的量对于杂志来说相当于日刊，杂志社的领导们很快意识到做手机新媒体，不能简单地把传统媒体复制和拷贝上去。于是，手机版迎来了第一次改版，这次改版,《中国国家地理》针对手机载体重新进行内容的打造：每日一主题。比如针对沙尘暴的主题彩信报，内容是介绍沙尘暴的成因、气候的比较、图片等等，分解成不同的小栏目。

不过，这次改版后，并没有让彩信报的用户量增加，反而呈现不稳定的局面。新媒体手机报的订阅比较特殊，用户可以随时退订，不像订杂志订报纸，一旦订阅就不能退掉。而彩信报则不同，也许用户连续看了三天主题，感觉都不是他想要的，第四天就会退订。即使后两天有他感兴趣的主题，他也不会看到不会知道了。

意识到这个问题,《中国国家地理》又进行了第三次改版，这次改版真正的将手机作为一个媒体平台来重新规划和定制：手机日报。手机日报有栏目化的内容和滚动的主题，比如周一地理荟萃、周二军事等，除了主题外，还有固定的栏目，比如酷游、每日地理，用来稳定用户，让他们对栏目形成期待。比如每周六是原创图片故事，周日会给手机用户放送精美的图片周历，每月 1 日，是地理美文，每月 20 日是特别策划，这些栏目的调整基本上一直延续至今。

现在《中国国家地理》的手机报是三个月一小变，六个月一大变。很多订户都是长期订户，让他们保持阅读的新鲜感是非常重要的。

做付费的电子杂志

2008 年,《中国国家地理》杂志全面进军新媒体平台，为此还成立了北京全景国家地理网络科技有限公司（2009 年 5 月后更名为北京全景国家地理新媒体科技有限公司）。

新公司成立后第一件事就是《中国国家地理》官网的转型，《中国国家地理》要做的不只是一个网络媒体，更是要做一个商业的网站。首先改变的是网站域名，原来的域名是杂志的缩写“cng.com.cn”，虽然《中国国家地理》杂志的读者定位很清晰，但和杂志不同的是，中国国家地理网要做地理纵深领域的“门户”网站，还要扩充更广泛的读者群。团队在进行读者调查以后发现，实际上，读者更容易接受音译的域名，于是有了现在这个域名“dili360”，意为360度全景的地理。

《中国国家地理》第三个开始进入的是电子杂志领域，2009年7月，杂志推出了《行天下》电子杂志。当时，《行天下》的执行主编杨浪涛和管理团队还有整个编辑团队，对于这本杂志究竟是免费还是收费的问题，进行了多番激烈的讨论。

坚持免费的一方认为，当时国内的电子杂志平台都是免费的，《行天下》收费显得很突兀，担心会没有市场；而坚持收费的一方则认为，有价值的独家原创内容值得让读者埋单。

实际上，当时媒体的大环境是，一些进入数字出版的传统媒体，卖纸质的期刊价格很高，十元甚至二十元，可是到了数字化杂志的时候，就只要几元钱甚至免费了。

《行天下》走了一步险棋：采取5元一期的付费方式。免费或者付费只是经营方式不同而已，读者是否买账，要看你能否给他提供独家原创、让他感兴趣的内容。

于是，《中国国家地理》杂志给这本电子杂志的定位是中国国家地理的旅行版。传统的纸质杂志主要给读者提供谈资话题和内容，并不会提供实用信息，而实际上很多户外出行的玩家，希望能够知道杂志介绍的地方如何去。所以《中国国家地理》将《行天下》定位成旅行版，通过提供原创独家的内容，把更多深度旅游、户外出行的内容和实用攻略呈现给读者，这也是对传统杂志的扩充性阅读和延展。不仅如此，《行天下》的内容定位还在一定程度上满足了广告客户的需求。

这本电子杂志也成为《中国国家地理》品牌进入新媒体的又一利器，考虑到快速阅读平台的特性，《行天下》采用的是图片故事的方式来呈现，每个故事结束的时候，会提供这个地方详细的攻略，比如交通、住宿、吃喝玩乐和注意事项等等。玩家可以拿着杂志提供的摄影师独家攻略直接开始自己的行程，杂志能保证内容的专业性和实用性。

为了保护版权，杂志采取的是客户端加密的方式，和电脑的机器码捆绑，不能复制和拷贝，不过，在电子杂志最后的攻略是可以打印和下载的。不仅如此，《行天下》每期还提供四张精美的桌历免费下载。

新媒体模式

对于已经习惯免费的PC用户来说，付费对于他们的使用习惯是一个极大的挑战。《行天下》刚开始的一年的时间都是在培育市场，来自中国国家地理网的主动订阅用户更多一些，而还有一个收入渠道就是与大客户合作，让渠道用户免费阅读，比如锦江之星、兴业银行、如家等。

相比较而言，手机和手持终端的付费用户数量则要多得多，这要感谢运营商对用户消费习惯的培养，但PC上的付费习惯还处于培育期。因此，中国国家地理的新媒体战略重点会放在相对比较成熟的手机和手持终端上。

苹果应用商店这个平台提供了一个非常好的付费机制，让很多媒体也意识到付费阅读和下载是一种可行的方式，《中国国家地理》已经用比较前沿的方式为这个平台做好了准备，现在不论是iPhone还是iPad，都有提供杂志下载。

针对PC端的网络战略，《中国国家地理》采取的是付费和免费相结合的方式。比如客户端是免费下载的，将旗下三本纸质杂志《中国国家地理》《博物》《中华遗产》的导读版本放在上面免费下载，这些都与付费产品《行天下》和《地理周报》做了整合。

《中国国家地理》的新媒体战略借助品牌和内容优势开展得如火如荼，但对于传统杂志的电子化却一直很谨慎。新媒体演进的节奏，比传统媒体快出不止一倍。和传统媒体以内容为驱动的方式最大的不同是，新媒体是同时以内容和技术作为驱动的。

《中国国家地理》采用的是技术合作的方式，由特定的团队来做整体的产品规划、UI的设计、客户端逻辑层级关系等，合作的技术公司来做技术的实现。没有技术做不到的，只有想不到的。这种合作的方式让杂志只需要对产品进行二次开发和维护就可以了。[1]

3. 商务印书馆

商务印书馆成立于1897年，是中国历史最悠久的现代出版机构，被誉为“学术出版的重镇”“工具书的王国”，在人文科学和社会科学领域享有盛誉。

在数字出版方面，商务印书馆利用自身丰富的出版资源，提出了“品牌、主导、分类”的数字出版理念。他们按照出版物类别、产品特色和出版资源的历史时期，将商务印书馆出版资源分为现代出版资源和历史出版资源两大部分，现代出版资源又包括工具书、一般图书和期刊等，并分别选择了相应

1 中国传统媒体的数字化转型之路[EB/OL]. [2010-08-10]. http://media.sohu.com/20100810/n274112483.shtml.

的数字出版形态。

他们开展了辞书语料库及编纂系统、数据库排版系统、工具书在线、英语世界网络学习平台、按需印刷网、《东方杂志》数据库等一系列数字出版实践，并取得了阶段性成果。如“东方杂志”数据库已经基本建成，POD 业务很受图书馆的欢迎，接下来将陆续展开商务历史上最著名的《妇女杂志》《教育杂志》等“十大杂志”的数字化工程；“工具书在线”二期工程也在顺利建设之中，计划推出《商务馆学汉语词典》《新时代汉英大词典》等近 100 种工具书，三期数量将达 1000 余种；此外，开发《文津阁四库全书》网络版也计划在 2009 年启动实施。[1]

4. 中南传媒联手华为，布局数字出版平台

2010 年 10 月，中南传媒登陆 A 股资本市场，一举成为文化传媒产业的龙头公司。2012 年 6 月，公司凭借完善的公司治理结构，入选上交所上证公司治理指数样本股，成了市场中不可多得的蓝筹新标杆。2012 年 5 月份，上交所启动了对公司治理指数样本股的甄选工作。中南传媒高度重视申报工作，最终得以成功入选。此次入选说明了监管机构对于中南传媒公司治理工作的认可，有力地提升了中南传媒作为卓越公众公司的良好形象。中南传媒上市之后，成为资本市场第一只全产业链整体上市的出版传媒股。在传统出版面临巨大挑战的形势下，中南传媒寻找到了数字的曙光。2011 年，中南传媒全面推进数字化战略，与华为、中国移动、中国联通达成战略合作，实现了由传统出版企业向多介质内容提供商、信息传播解决方案和综合服务提供商的转型和升级。

2011 年 1 月 10 日，中南传媒和华为技术合作，双方共同增资 3.2 亿元，打造天闻数媒科技（北京）有限公司。天闻数媒将以数字阅读与出版、数字教育业务运营为主营业务，在全球范围内开发、运营数字内容资源。与华为的合作，将帮助中南传媒找到一条进军数字阅读市场的“绿色通道”。

与此同时，中南传媒与北京博集天卷图书发行有限公司（博集天卷）管理团队签署战略合作协议，各方拟共同出资成立中南博集天卷文化传媒有限公司（筹）(下称中南博集天卷)，注册资本 6000 万元，其中，中南传媒出资人民币 300 万元，持股比例为 5%。中南博集天卷将主要从事图书、期刊、报纸、电子出版物批发和零售业务。

博集天卷则为国内大型民营图书发行企业，旗下拥有《杜拉拉升职记》系列、《浮沉》系列、《宽心》系列等图书版权，在内容提供方面拥有得天独

1　张倩影.数字出版的赢利模式形成了吗 访北京商易华信息技术有限公司总经理刘成勇[J].出版参考，2009(9).

厚的优势。

中南传媒与上述两家公司的合作，使得中南在电子书、网店营销、手机报刊等数字新媒体领域更具备优势。[1]

5. 报业数字化生存——内容为王时代正在回归

媒体真正的价值是它的内容，是信息量、是实用性、是附加值。

报纸之所以不同于一张白纸，就是因为它承载着一定的信息量，这就是它的附加值。因此，纸媒能否生存下去，取决于它所能承载的附加值，而不只取决于介质形态。面对数字化冲击，纸媒真正的功夫应下在如何提升产品附加值上。这就是当前不断有人提出要回归内容为王的重要原因。《中国青年报》常务副社长张坤就曾呼吁"原创内容制作为王时代重现"。可以说，内容为王时代正在回归。

用深度应对快速和海量

报纸的有限版面和网络的海量新闻形成鲜明对照，这也是制约纸媒发展的重要问题，但在一定条件下，优势与劣势是可以互相转换的，报纸要在海量信息与激烈竞争中赢得读者，必须扬长避短，用足自身的优势。

网络海量新闻常常导致大海捞针式的检索，使获取有用信息的成本大大增加。虽然不及网络时效性强，而且出于成本考量，也不可能无限扩大版面，但报纸的长项是做深度分析。

中央媒体长期培养和造就了大批具有专业素养的新闻人才，他们的专业素质和职业技能可以使他们及时有效地抢占新闻的第二落点，挤干网络水分，把海量碎片化信息变成精细化、有深度的新闻，满足受众延伸阅读的需求。

言论让报纸旗帜高扬。

言论是报纸的旗帜和灵魂，也是抢占舆论场的利器。报纸要赢在网络时代，必须旗帜高扬，以言论引领舆论，使主流大报成为真正的"意见领袖"。

在这点上,《人民日报》做出了表率。除了"社论""人民论坛""今日谈"等品牌栏目外，还有"声音""感言""国际论坛"等栏目。每个栏目基本都有固定的版面位置，便于培养读者的阅读习惯和心理预期。

《人民日报》评论部主任卢新宁在一场演讲中说：党报评论就是要努力通过沟通交流，达到共鸣，在党心和民意的共鸣中间保持锐气，凝聚共识。这样才能制造更多的"同意"，形成更大的共识，让主流舆论的声音传得更远。

走报网融合之路

新媒体时代，报纸要以整合面对挑战，走报网互动、报网融合之路已是

---

1 中南传媒布局数字出版平台联手华为投3亿设天闻数媒[EB/OL]. [2011-01-20]. http://edu.ifeng.com/gundong/detail_2011_01/20/4365155_0.shtml.

许多报人的共识。报网互动是产业集群或传媒集团搭建全媒体数字化平台，通过将报纸、网络、手机等“捆绑”在一起，信息一次采集，整合利用，多次发布，形成合力，资源共享，效益最大。在报道内容和形式上各有侧重、内容共享，可大大增强主流大报的传播力。

媒介融合已经是大势所趋，更是报纸数字化时代的生存之道。

传播技术从助推到引领媒介发展经历了三个阶段，一是简单地把报纸复制到网上，即报纸电子版时代。那个时代的数字化仅仅是媒体搬家。二是建设报纸网站，建立公共服务平台时代。一些报社已经开发了手机报、博客、微博等拥有互动功能的传播新手段、新产品。三是开发新的产业模式的时代。让技术真正成为能为用户提供增值服务的工具。

数字时代媒体终端与娱乐消费平台一体化趋势越来越明显。《光明日报》基于云技术开发的光明云媒、新华社和《人民日报》先后投资发展的搜索引擎业务，都是因为技术背后带来的与大众消费服务融为一体的巨大商机。

纸质媒体要让新技术为我所用，就需要抢占更多引领潮流的终端和渠道。技术发展日新月异的今天，一种新手段可能在它出现那一天就已经开始走向衰落，更何况其追随者。在我们还热衷于谈论手机报、微博的时候，新媒体已经进入微信、米聊时代。新技术、新手段代表新的群体、新的声音，也意味着新的商机。

数字化技术在提高人们体验的同时，也催生了新的商业模式。建立良好的商业模式是产业得以稳步发展的关键。对于传统媒体而言，要适应数字时代并健康成长，不仅要具有数字化传播能力，更需要具备数字化生存能力。

中国日报网总裁张兴波说：两年前，当他们与苹果公司合作时，苹果手机还没有大规模进入国内市场，但在国际市场上却取得了惊人的成绩。在iPhone、iPad上的下载量相比较报纸发行来说，成本很低，而增长很快。一年内，国外客户端下载量增长70%，这种增长速度，对于报纸的发行来说，根本不可想象。

话语权不代表影响力。怎样把话语权变成注意力，把注意力变成影响力，把影响力变成生产力，这是今天每一位媒体人都必须思考的。

文化体制改革步伐的加快或许给传统媒体带来变革活力与生机。中央主流大报要认识渠道价值，加快资本运作，建设综合信息服务平台，拓展媒介产业边界，有效扩大市场。加快资本运作步伐，就是要按新闻规律办事，按经济规律办事，让新闻产生真正的价值。[1]

---

1 翟跃文，李婷．中央媒体数字化生存五问 [J]. 中国记者，2011(9).

6.《商界》期刊

作为国内发行量最大的商业财经杂志,《商界》为何会进军网络游戏？很多人提出了这样的问题。商界传媒董事长刘旗辉认为："网络游戏经过十年的发展与成长，在表现形式上可谓琳琅满目，然而在内容与价值观上却鲜有实际的变化。商界传媒集团进军网络游戏，希望能够以游戏为载体、以知识为内涵，挖掘新一代网络游戏的现实价值。"在这位商界传媒集团当家人看来，《商界》涉足网络游戏，绝非一家公司的新领域尝试，而是用十几年的商业领域积累影响，对新媒体领域的一次全新实践。

从 1994 年开始,《商界》杂志在中国愈演愈烈的经济与文化互融共生的发展进程中，被工商企业誉为"中国招商第一刊"，构建了拥有六刊一网的传媒航母。业内评论认为，在经济并不算发达的西部城市重庆，其成功更难能可贵。

中国社会化的现状决定了期刊发展现状，以互联网为首的新媒体对传统网络的冲击无情地揭露了一个事实：不改变，最终只有死路一条。与国外媒体不同，中国传统媒体的转型将更为艰难困苦。

在美国,《纽约时报》《波士顿环球报》《华盛顿邮报》等 30 多家媒体通过 Kindle 平台发行数字报纸,《纽约时报》网络版也收费。而中国报刊网络版收费会死得更快，因为中国人习惯免费阅读，更重要的是，新浪、腾讯等强势综合门户，让读者的内容来源并不欠缺。在这种情况下，数字出版成了必然。

杂志的盈利模式很简单，无外乎是在三次销售上建立的，第一次是发行销售，第二次是广告销售，第三次是围绕杂志衍生出的各类增值服务。但是，新媒体的盈利模式在哪里呢？先行者的探索很快遭遇了挫折。2009 年，全国许多媒体纷纷向手机报业务进军,《商界》也不例外，2009 年初上线了《商界手机报》。然而，仅仅 8 个月后,《商界手机报》就无奈停刊了。这是因为，传递给以刘旗辉为首的《商界》领导班子的信号是，手机报不足以支撑《商界》数字出版这一未来战略，于是他们果断结束了手机报业务。

几经探索,《商界》领导班子将转型目光转向了高速成长中的网游市场。2009 年,《商界》和重庆聚购网络联姻，投资 2 亿元进军网络游戏领域，成立了核心团队柠檬工厂。

网游行业的盈利模式明显清晰了许多。和其他一些网游一样,《商界》也主要是靠道具收费盈利。但他们的充值门槛很低，1 元都可以充值。

数字出版绝对不是数字化出版，无论是之前的《商界手机报》，还是《商界时尚》在 iPad 上的应用，都是传统媒体将内容以另一种形式再现于某种平台，都属于数字化出版，也就是狭义的只和内容有关的数字出版。网游、影视媒体也是数字出版的一部分，数字出版应该根据媒介质不断发生变化。对《商界》而言，为了自己的数字出版更“广义”，他们希望更好或更细分地挖掘传统广告客户和读者，实现各个群体的全方位覆盖，通过视频、游戏、商城、互动娱乐、专项营销、数据库等增值方式，找到适合自己的模式。

企业家在成功之后需要确立在人生世界的位置，要在“意义”中找个家。人生的上半场寻找成功，下半场寻找意义。现在，全力向数字出版进军的《商界》，迎来了自己的下半场。[1]

7.《中国日报》

4 天做出的 iPad 版

2010 年 4 月 3 日，苹果 iPad 在美国首发，全球无数苹果粉丝在激动中度过了这一天，在地球另一端，北京朝阳区中国日报大楼，有一群人也在紧张关注着 iPad 销售的盛况。

3 月下旬，苹果公司让《中国日报》提交一个 iPad 版本，赶在 4 月 3 日 iPad 美国上市时供用户下载。中国日报的新媒体团队用了 4 天时间，在 iPhone 版基础上修改，3 月 30 日，《中国日报》的 iPad 版提交给苹果。苹果的审核同样快捷，作为第一家登陆 iPad 的中国媒体，4 月 3 日，《中国日报》与 iPad 用户见面了。是否能像 iPad 般受到美国用户的追捧，完全是未知数。

《中国日报》iPad 版已有 4 万下载用户，iPhone 版用户超过 7 万，其中 70% 以上的用户来自海外。《中国日报》的目标是加强国际传播能力建设，iPhone/iPad 应用在海外取得的成绩，坚定了他们拓展新媒体传播渠道的信心。

iPhone/iPad 的用户大多是 25 岁至 36 岁这个成熟又富有活力年龄段的人群，也是中国日报重要的目标受众群。选择苹果，其实是增加一个发行渠道，市场的效果充分验证了这样的预测。以后技术的进步又会带来更吸引用户的产品，《中国日报》的数字载体选择会紧跟潮流调整，是否符合国际传播能力建设的需要是基本的原则。

与《纽约时报》这样世界一流报纸在 iPad 上为邻，是《中国日报》对外的一种形象。生活中择邻而居，代表每个人所处的阶层，媒体要选择电子载体，也是要看都有哪些伙伴。

国外媒体是借鉴的榜样

在中国日报内部，认同一个观点：数字阅读时代，内容为王。内容的质量始终是第一位的。《中国日报》30 年来最重要的一次改版发生在 2010 年 3 月。为了这次改版，《中国日报》总编辑先后两次率队考察了美国《纽约时报》、

1　中国传统媒体的数字化转型之路 [EB/OL]. [2010-08-10]. http://media.sohu.com/20100810/n274112483.shtml.

欧洲《金融时报》等欧美主流大报，看西方人如何办报，如何适应网络时代数字阅读带来的变化，了解到第一手资料，也更新了很多办报的思路和理念。经过一年多的酝酿，反复提方案、修改，聘请国际优秀设计师改变版式，新版《中国日报》上市，得到海外读者以及驻华使馆官员的广泛好评。

海外考察也带回不少国外报纸在新媒体上的经验。总编们也在思考，《华尔街日报》开始的电子版是收费的，结果行不通，又改免费了；《纽约时报》已有十年的数字阅读与传统报纸阅读结合的历史，比较成功，还在不断尝试创新。从上至下，学习国外媒体的优点，分头锁定学习目标，为自己树立新的标杆，这在中国日报成为风尚。

传统媒体转型的优势

每天凌晨2点，《中国日报》当天内容在进印刷厂的同时，也传给网站、手机报、iPhone、iPad的团队，经过挑选，4点钟，iPad用户就可以看到精选的内容了。iPhone用户看到的内容略有不同，一般是快讯，如旅游、财经类的信息，展示的格式也与iPad不一样，但都是免费阅读。

传统媒体做数字出版有两种选择，一种是现有传统内容的二次开发，一种是脱离纸媒内容的高度原创，这两种方式并不对立。数字出版让内容更有层次感，加上音频、视频，表现更丰富，而保留报纸的一些版式特征，带给读者特定的认同感，否则与网站新闻没区别。在纸媒上发一张照片，在平板电脑上可以看到一组相关的照片，数字出版是对传统出版的传承。

《中国日报》将进一步向内容发行和内容服务转型，让内容呈现立体化，比如看到一篇文章里的照片，可以显示出相应地理位置，让读者有全面的体验和愉悦的视觉享受。[1]

4.3　新媒体实施数字出版案例分析

4.3.1　新媒体企业以平台、渠道、服务为核心的数字出版战略

1. 新媒体的界定

所谓新媒体，是一个相对的概念，伴随着媒体发生和发展在不断变化。广播相对报纸是新媒体，电视相对广播是新媒体，网络相对电视是新媒体。

1　中国传统媒体的数字化转型之路[EB/OL]. [2010-08-10]. http://media.sohu.com/20100810/n274112483.shtml.

今天我们所说的新媒体通常是指在计算机信息处理技术基础之上出现和影响的媒体形态。这里有两个概念，一个是出现，是指以前没有出现的；一个是影响，所谓影响就是受计算机信息技术影响而产生变化的，这两种媒体形态就是我们现在说的新媒体。当然新媒体并不是终结在数字媒体和网络媒体这样一个平台上。科学技术在发展，媒体形态也在发展，我们今天恐怕是需要去关注在数字媒体之后的新媒体形态。

用一、二、三、四给媒体排序，并不是一种很严格的学术阐述。所谓第四媒体的说法也不是一个学术定论，因此第五媒体实际上也是不同学者在阐述自己观点时的一种表述。有人说，手机和移动通信是第五媒体，也有人提出网络游戏是第五媒体，这只是学者为了表述方便而创造的概念，很难作为学术定论。

目前值得关注的发展趋势是生物媒体，这可能是数字媒体、网络媒体之后的一种新的媒体形态。

所谓生物媒体就是生物技术在媒体中的应用，目前在国际学术界有一种新的说法，叫“融合技术”，主要指纳米技术、生物技术、信息技术和认知科技的融合。我们说媒体是人的延伸，现在更多的谈人的感官的延伸，像视觉、触觉、听觉。所谓生物媒体就是通过生物技术寻找一种最符合人体感官特征的媒体形态，这种研究正在进行。

新媒体是在不断的发展过程中的，新媒体这个词儿是不变的，但它的内涵是在不断发生变化的。科学技术，是促使其发展变化的一个主要因素。目前的媒体生态实际上呈现的是一种并存、互补、融合、创新的发展趋势，这种生态是由多方面的原因造成的，新媒体的发展就是在这样一种生态环境中成长和变化的。[1]

2. 以渠道、服务、平台为核心竞争力

新媒体产业以渠道的拓展、服务的升级和平台的搭建为核心竞争力，新媒体产业的发展首先应从渠道切入，解决产业链难题，同时提升文化创意产业的服务理念和实践，在此基础上搭建综合的分发传播与服务运营平台。

新媒体产业处于文化创意产业的高端，是在以“体验和共享”为标志的新的经济形式下，由文化创意产业、信息产业、传媒产业相融合产生的一种新型的产业形态。简单地说，新媒体产业的内涵包括两大方面：内容的数字化和传播媒介的新型化。内容是核心，网络等媒介是传播的基础。

根据国际文化创意产业发展经验，新媒体产业价值链环节结构从价值比

1 清华大学熊澄宇：新媒体与文化产业[EB/OL]. [2005-02-01]. http://media.people.com. cn/GB/35928/36353/3160168.html.

重来看，呈现出明显的哑铃型分布特征，内容创意环节和交易传播环节，各占产业链价值的45%和40%，也就是说内容创意和交易传播环节对新媒体产业价值链的贡献率达到85%，这两个环节成为新媒体产业发展和聚集的关键环节，简而言之，可以归纳为：内容是核心，渠道是关键。

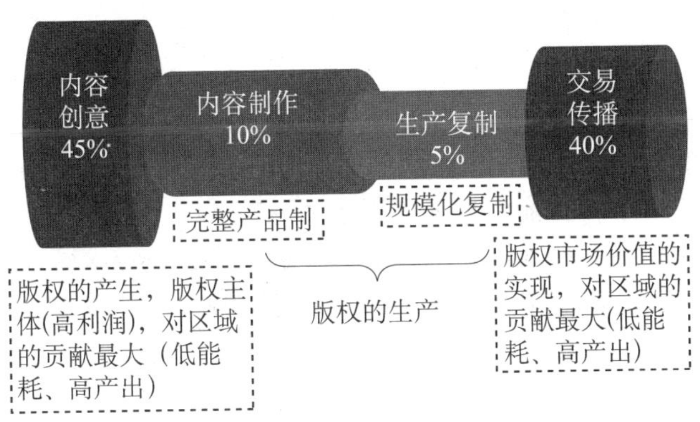

图 4.3.1-1 “哑铃型”的产业链价值比重分配

新媒体产业有一个必须引起高度重视的特点，就是渠道对产业具有核心拉动作用。因为有了一个良好的渠道，就具备了非常好的市场资源和需求，因此，渠道也成为核心的产业环节和要素积聚的重要促进手段。只有这个环节壮大了，内容创意和产品制作才可能有雄厚的市场与需求基础，才可能出精品和大制作，才可能使新媒体产业真正形成产业的良性循环。而目前销售渠道不畅却是产业发展的重大缺陷之一。

产业链的不闭合，是导致新媒体产业发展滞后的重要因素。而产业链的问题就出在原创和渠道两个重要环节上。销售和播出渠道是新媒体产业链的最后一个环节，直接关系到企业的产品价值能否实现，是产业良性发展的关键，但同时也是目前最为薄弱的一个环节。

3. 角色定位战略：构建内容平台为主的数字出版服务商

新闻出版总署制定的《数字出版“十二五”发展规划》中明确提出，到“十二五”期末，建成5～8家集书报刊和音像电子出版物于一体的海量数字内容投送平台。近一两年来，国内涌现出数家不同类型的数字出版平台。从出版活动各环节看，以中国出版集团、中南出版集团、盛大文学等为代表的具有出版资质的出版商着力搭建出版、分销于一体的出版平台，三大电信运营商、新华E店、四川文轩九月网、汉王书城、当当期刊网等打造的数字出版物分销平台；从服务方式上，有B2B、B2C商业模式的平台；从内容分类上，有数字报纸、数字期刊、数字图书、数字音乐等平台；从读者服务定位上，有专业数字出版、数字教育出版、大众综合性数字出版等平台。数字出版平台可谓风起云涌，大家都在积极探索数字出版平台的商业模式。

纵观国内外数字出版平台，最显著的特点是内容资源的聚合，无论是综合性的大众数字出版平台，还是专业化的数字出版平台，都以海量内容资源为支撑。目前，在国内学术期刊领域，形成了中国知网、万方数据、维普网3家大型学术期刊数字出版平台。

国际上，以亚马逊、苹果、谷歌、巴诺书店为代表的综合性数字出版和以施普林格出版集团、励德·爱思唯尔集团、汤姆森·路透社、威立·布莱克威尔、牛津大学出版社为代表的专业数字出版，正是基于聚集了大量内容资源于数字出版平台，加之品牌的力量和创新的商业模式，才得以盈利。没有海量的内容资源，数字出版平台就没有根基，只有海量的内容资源，才能最大限度地满足不同读者的阅读需求。通过数字平台控制海量信息资源，也是互联网企业制胜的利器。“无规模不平台”已成为业内人士的共识。[1]

4. 打造优质内容平台，推进内容与终端的对接

当主流企业还在争鸣讨论的时候，很多小公司已经在辛勤地工作并得到了可喜的突破。基于Ipad应用下载的《神笔马良》《哪吒闹海》这样的传统故事，以精美的画工与配音、友好实用的功能设置、妙趣横生的互动设计获得了儿童的喜爱，几乎每出一本都能在排行榜名列前茅。它的出品方是一家叫黑麦的小工作室，有十多个热爱数字阅读的年轻人在那里辛勤工作，据说他们已经依靠App销售赚到了钱，而年产量不足二十本。最近创新工场又涌现出一个叫唐茶的公司，在Appstore推出了《失控》与《她们》两本书，其精美的排版将ios的表现力发挥到了很高的水平，它的注解功能也让人眼前一亮。德国的数字出版业者可以用数千甚至上万欧元去打造一本书，而在国内，一万欧元足够去排一千本书了。现在说起做电子书内容，大家首先想到的是有多少本书？但是，如果不能给用户足够好的体验，也许做一万本数字化纸书还真不如踏下心来做一百本数字书。

学习型阅读重在信息的挖掘，即强化注解与参阅的功能，在内容的深度与广度上下功夫；休闲型阅读则需格外注重出版的形式美与多媒体表现力。[2]

随着技术的升级和竞争的加剧，移动阅读终端的主要用途为阅读和知识搜索，不仅是阅读，更多的是一种知识的搜索。这样一个特性决定了电子书产业的发展越来越依靠内容的提供。Kindle的成功很大程度上在于亚马逊的网上书店整合了大量的内容资源，从而为电子书产业提供了强大的内容支撑，

1　季守利．数字出版平台：产业发展的“枢纽”[N]. 中国新闻出版报，2012-01-05.

2　三探电子书阅读器成功的必然性[EB/OL]. [2011-08-04]. http://www.chuban365.com/2011/0804/1564.html.

为消费者提供了新的阅读服务。或者再简单地说，这个产业在美国成功了，是因为电子书整个完整的产业链在美国建立了。而在中国，今天的电子书产业还没有形成一个完整的产业链。

中国电子书产业目前需要解决的就是建造图书数字转档平台，打通产业发展瓶颈。中国目前在售的图书达百万种，绝大多数没有电子文档，拥有电子文档的图书，文档的格式也是只能用于印刷的。要想在电子书上阅读，必须进行转档，即从排版的文件转变为可以为阅读器识读的数字文件，今天绝大多数是转成 TXT 格式的，TXT 严格来讲不是出版的文件，不是电子书的文件，一般的读者在阅读的时候会非常不习惯，这些文件通过转化以后没有经过校对，所以它的差错率依然是按照传统书的比例，在万分之一以内作为合格品，而 PDF 格式的文件只能用于电脑阅读，是一种固式的文件，而不是一种流式的文件，也没有办法很好地适应小屏幕的阅读器，所以必须重新转档。[1]

5. 建立完善的版权合作机制

包括版权在内的知识产权被称为知识社会的支柱，是促进知识社会国际合作的原动力。每个国家都应该努力创造一个能够使版权人的努力得到肯定的知识社会、一个版权人权利和使用者权利能够相互协调的文化产业社会。在数字出版蓬勃发展的大背景下，国与国之间、行业与行业之间、企业与企业之间等的版权合作的重要性日益突出。

6. 不断加强数字版权管理技术

新媒体产业健康发展的基本前提是保证新媒体数字内容的版权不受侵犯。数字版权管理（DRM，Digital Rights Management）利用加解密技术、数字签名技术和授权管理技术等，实现对数字电视、数字电影、数字杂志等新媒体数字内容的可控、可管理的消费。DRM 系统主要功能包括数字内容的加密和解密、服务许可证的生成和发放、DRM 客户端等。

国外 DRM 标准较多，目前占市场份额较大的有：微软的 WMDRM (Windows Media DRM)、OMA DRM、苹果 FairPlay 使用的 ISMA 等。相对而言，国内 DRM 的研究组织成立较晚，国内企业对 DRM 标准组织的参与度也不及国外企业，目前国内影响力较大的 DRM 标准有 AVS DRM 和 ChinaDRM。CCSA 也在研究制定 IPTV DRM 标准。

DRM 产业链的主要角色包括：内容提供商、网络运营商、服务提供商、终端提供商和解决方案提供商。目前 DRM 产业链已具雏形，除了众多国际

1 打造优质内容平台，推进电纸书产业内容与终端对接[EB/OL]. [2011-01-18]. http://www.cpin.com.cn/html/2011/01/18/512285.html.

媒体巨头的大力推动外，也有很多国际化大型标准组织的参与，各大服务提供商也积极关注 DRM 技术，但尚未形成主导性的优势主体来控制和推动产业的发展，各种商业模式的开发还不够清晰和明确。

近几年 DRM 的主要应用在数字化内容如流媒体、DVB、在线音乐、电子出版物等上面。据 iSuppli（是一家全球领先的针对电子制造领域的市场研究公司）2006 年的报告，2005 年 DRM/CA 市场规模接近 15 亿美元，到 2010 年将增长至 47 亿，其中 DRM 占据了近一半的份额。未来成长最强劲的是 IPTV 和移动设备，不过其商机也分布在卫星无线电及其他平台和服务等领域。使用 DRM 的目的是保护数字内容的版权，从技术上防止数字内容的非法复制，最终用户必须得到授权后才能使用数字内容，从而保障内容提供商的切身利益。因此，内容提供商非常支持使用 DRM 技术。

新媒体的健康发展有赖于 DRM 提供一个安全可靠的数字内容交易基础设施，而 DRM 技术的持续演进也将为新媒体产业带来新的发展动力。DRM 技术不仅为新媒体的安全交易提供了技术保障，同时通过 DRM 技术可以为新媒体产业创造各种精细化的、新型的业务模式，为最终用户提供更好的个性化服务。对 DRM 而言，产业链各方的协同共生固然重要，最终用户的选择同样不可忽视。移动互联网的发展越来越重视最终用户的体验，这就要求 DRM 业界更多地关注最终用户的需求，为 DRM 的发展注入新的活力。[1]

7. 跨媒体整合精准营销战略

在新媒体环境中，传播门槛降低，传播主体无限增多。传播主体数量的飞速增长带来的直接后果是信息绝对量的增加，然而过量的信息极大地分散了受众的注意力，反而不利于受众有效便捷地接收有用信息。

新媒体的异军突起使大众媒体的强势地位正在分化瓦解，企业营销传播不可避免地面临转型。新媒体不同于以往的信息传播方式造就了受众新的信息接触行为与信息接触习惯，即人们在信息获取与传播过程中根据自身的需求与喜好不断发生分化，从而造成“大众媒体”地位的衰落，和“小众媒体”与“个性化媒体”地位的提升；同时，由于现阶段人们对新媒体的认识还不够透彻，企业的整合营销传播面临着前所未有的困境。[2]

新媒体使品牌传播和品牌建构更加精准有效。新媒体的“精准”，使得它可以大胆地宣布“按效果”收取广告费用，这在传统媒体的品牌传播中几乎不可为。越来越多的企业开始选择新媒体，这也是因为传统媒体的广告效果实在难以评估。传统媒体在线上线下结合进行品牌传播上，远远落后于新媒

1　胡舜耕 . 面向新媒体的数字版权管理研究 [J]. 信息通信技术，2011(5).

2　张常悦 . 新媒体环境下品牌整合营销的 MISC 传播特征 [J]. 中国传媒科技 .2012(14).

体。企业选择新媒体构建品牌，新媒体在帮助企业构建品牌的同时，越来越多地参与企业的决策和经营。

在体验式经济、创意经济蓬勃发展的背景下，企业在利用新媒体不断拓展新的营销传播方式和手段。新媒体的发展使病毒营销、社区营销、数据库营销、反向沟通、互动体验、口碑传播、精准营销、焦点渗透、事件营销等各种新的广告形式和营销方法不断出现。新营销传播手段的要旨就是企业如何充分利用新媒体的特点，加强与潜在消费者之间的互动和沟通，从而更好地了解他们，更好地服务于他们，更好地与他们建立关系，并在此基础上满足消费者的体验和文化需求。特殊的体验是客户需求中最核心的内容，也正是独特的体验不断地为客户提供了一次又一次成就自我的机会，而正是新媒体整合营销传播的出现，才使得完美体验成为可能。[1]

8. 建立合理的秩序、分配机制

信息网络的交互性、虚拟性和数字化特征为侵权行为创造了便利条件，版权保护问题本身就是一个涉及多方参与者的利益博弈问题。一方面，版权创造者或所有者的法定私人利益会得到迅速膨胀，另一方面，版权需求者或使用者的少偿、无偿甚至非法使用的欲望也会无限扩大，这种扭曲变异的利益不对称状态必然伴随着版权保护问题而共存于新媒体环境之中。但无论从内涵还是外延来看，版权的使用价值和价值均体现出了其在创造过程中所耗费的人类劳动，而针对不同价值形式所形成的不同利益格局则是版权保护问题产生的真正原因。

新媒体极大地改变了信息资源的存储、传递方式，在最大程度上实现了信息资源的共享与开发利用。在新媒体高速发展的时代，产业链中的商业模式、贸易模式、法律模式等方面均与传统环境下有所不同，比如版权交易的版权代理方式、作品表现形式逐渐以信息网络为载体；版权纠纷事件的调查取证等工作也必须实现技术与司法的融合；行政管理也重视对数字内容进行分类管理等等，可见，新媒体领域中的产业链已经不仅是媒体表现形式方面的创新，因此，当前的版权保护工作也不能仅将传统意义下的版权保护模式简单移植到新媒体领域，而应该是在多种模式彼此融合的条件下实现版权保护模式的创新发展。[2]

1　张力文. 新媒体整合营销传播策略 [J]. 传媒，2010(8).

2　段桂鉴. 新媒体版权保护中的利益博弈与整合 [EB/OL]. [2010-08-23]. http:// ip.people.com.cn/GB/136672/12520199.html

4.3.2 盛大文学——付费阅读的自助出版

盛大文学有限公司（以下简称“盛大文学”）是以经营网络游戏著称的盛大集团的子公司。近年来，盛大文学成功推行了网络付费阅读模式，先后收购了“起点中文网”等国内领先的原创文学网站，全面整合了数字出版产业链的上中下游，打造出了中国的亚马逊，备受数字出版界瞩目。盛大文学实质上是新时代的数字出版公司，其发展模式有独到之处，值得深入研究。

1. 盛大文学成立的背景

盛大文学的成立和发展有一定的政策支持。2003 年，原新闻出版总署的《出版物市场管理规定》出台，允许民营公司有发行权和全国连锁经营权；2009 年《关于进一步推进新闻出版体制改革的指导意见》的出台，进一步开放了中国新闻出版的政策，促进了民营企业进入出版行业，这为盛大文学的发展提供了政策条件。

盛大集团奠定的经济条件和经验也为盛大文学的成立打下了基础。盛大集团成立于 1999 年 11 月，早期经营图形化网络虚拟社区游戏“网络归谷”。2001 年 9 月，盛大集团正式进军在线游戏运营市场，并积累了雄厚的资金基础，建立了庞大的销售推广渠道。而盛大董事长陈天桥一直怀有“网络迪斯尼”的梦想，从经营“网络归谷”开始，盛大集团几度转型，试图整合家庭数字娱乐产业链。通过一系列探索，陈天桥最终将盛大锁定在“围绕版权进行全方位运作，以互联网手段进行传播的家庭数字娱乐媒体”上，此后盛大的蓝图强势向网络文学铺开。盛大文学的发展历程可分为以下三个阶段：

起点阶段——收购“起点中文网”

盛大文学有限公司成立于 2008 年 7 月，但其网络文学经营之路始于 2004 年 11 月对“起点中文网”的收购。“起点中文网”成立于 2002 年 5 月，2003 年前后面临盈利困难，2003 年 10 月“起点中文网”正式开始了商业化探索，推出首批 VIP 电子出版作品，实行收费阅读。2004 年盛大文学收购“起点中文网”，其付费阅读模式被盛大看中并被进一步推广。

随后盛大文学又注资“红袖添香”和“晋江原创”两家文学网站，2009 年榕树下也被纳入盛大文学旗下。目前，盛大文学旗下拥有起点中文网、潇湘书院、言情小说吧、红袖添香、榕树下和小说阅读网 6 家国内原创文学网站，另外拥有晋江文学城 50% 的股权。据《中国网络文学市场调查报告》显示，盛大文学拥有中国网络文学市场 80.2% 的份额。尤其是“起点中文网”得到盛大注资后，凭借付费阅读模式和盛大文学全国的营销网络平台，迅速发展成为国内主流的文学网站。

全版权运营阶段

盛大文学的目的并不仅仅是建立收费阅读模式，在取得一定的基础后，盛大文学很快开始了再次转型——实行全版权运营，即版权的生产主要由旗下原创文学网站完成，在不同渠道将版权销售出去。除原创网络文学平台外，盛大文学还拥有1家提供网络文学、数字图书、报纸杂志等电子商品的网站——云中书城，以及2家阅读网站和3家图书策划出版公司。

盛大文学的规模化发展与它的产业形态和总体架构有密切的关系。它把自己的发展战略定位于数字出版和版权运营，其业务主要分为内容原创和渠道传播两大板块，这两个方面相互依托、相互支持，对盛大文学规模优势的形成起到了重要的作用。

走向平台时代——OPOB 战略阶段

2010年3月盛大发布了“一人一书”（One Person One Book，简称OPOB）的电子书战略。该计划的核心是建立一个连接数字版权所有者、电子书硬件厂商和用户的开放云服务的大平台——云中图书馆。OPOB战略能全方位整合我国的数字出版产业，盛大文学走平台经营之路势在必行，盛大文学坚守网络文学和大众娱乐领域，足以打造一条完整的数字出版产业链。

盛大文学的定位就是全版权运营的基地，做国内最大的版权运营商。“盛大文学现在所做的所有工作就是和原创网络文学作品相关的版权生产和版权分销工作。”版权生产是提供网络文学创作的园地，建立一个原创互动写作小区，而版权分销则是让网络创作可以进行收费，并且多元分销版权。正是这样的模式让盛大文学盘活了公司的业务。

2. 版权多元化战略

版权生产——推进网络文学主流化进程

（1）内容为本战略

盛大文学对受众进行了准确的分析定位，起点网以玄幻文学起家，针对男性读者的小说专栏有玄幻、武侠、都市、言情、历史、军事、科幻、灵异、悬疑等；也有专门针对女性读者的“起点女生网”，小说专栏有古代言情、现代言情、青春校园、历史时空、玄幻奇幻、科幻网游、武侠仙侠、灵异推理、时尚等栏目。

盛大文学内容上以玄幻作品为主，用户主要是年轻人。年轻人在阅读过程中更倾向于求新求变，追求新颖浪漫，将自我带入到理想化的世界当中，这些需求恰好在玄幻类小说中得到满足。这些在传统出版界并不入流的文学作品，因为网络平台的存在，迅速摆脱了被边缘化的尴尬。

目前盛大文学拥有约160万名作者，600万部原创作品，月均访问用户达 6690 万人，2009 年—2011 年的复合增长率达 128%（如图 4.3.2-1）。盛大文学旗下的“起点中文网”占有 43.8% 的市场份额（如图 4.3.2-2）。艾瑞统计数据显示，2011 年—2013 年热门网络小说前十名都来自盛大文学（如图 4.3.2-3）。

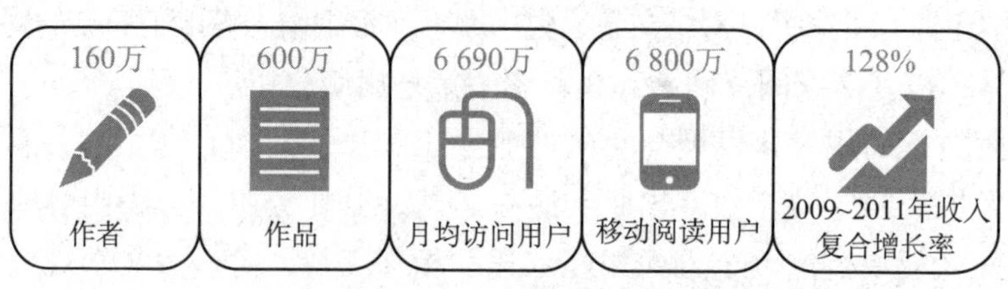

图 4.3.2-1　盛大文学概况

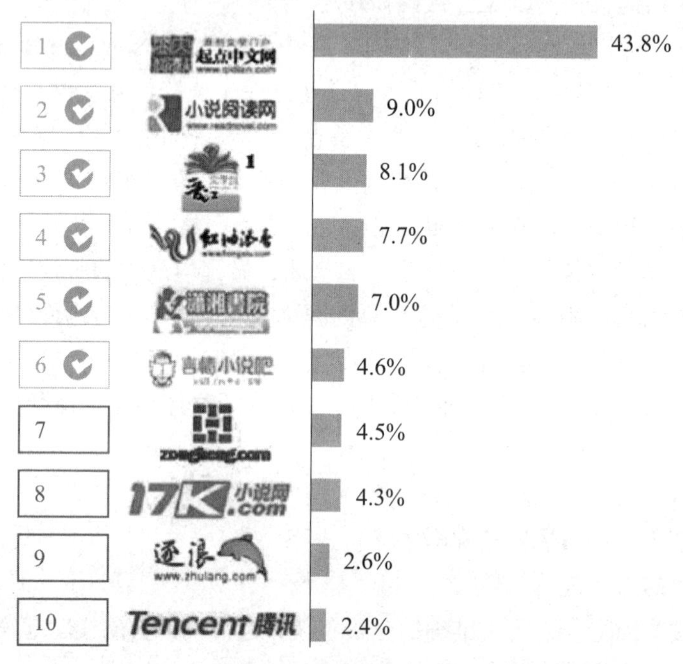

图 4.3.2-2　我国网络文学产业市场份额

（2）品牌的建构和保护战略

盛大文学树立了以原创为标杆的文学品牌。起点中文网从成立之日起，就秉承了严谨的写作态度，锲而不舍地求新求变，以“读书在起点，创作无极限”为主题宣传词，以“感受超越自我，体验想象极限”为口号，注重网络文学作品的原创，为读者和作者搭建了即时互动交流的平台，从而使起点中文网拥有国内一流水平的原创作品，为读者提供了更加高质优秀的精神食粮。

热门网络小说排行			
排名	2011	2012	2013
1	《吞噬星空》	《将夜》	《魔行》
2	《遮天》	《吞噬星空》	《遮天》
3	《仙逆》	《赘婿》	《仙逝今生第一曲》
4	《永生》	《武动乾坤》	《绝世唐门》
5	《天珠变》	《遮天》	《凡人修仙传》
6	《武动乾坤》	《校花的贴身高手》	《莽荒纪》
7	《凡人修仙传》	《大周皇族》	《将夜》
8	《斗破苍穹》	《斗破苍穹》	《天才相师》
9	《医道官途》	《诛仙 2》	《傲世九重天》
10	《长生不死》	《修真世界》	《斗破苍穹》

图 4.3.2-3　2011 ～ 2013 热门网络小说排行

盛大文学注重对自身品牌的保护。原创网络文学网站要想在日趋激烈的竞争中立于不败之地，不仅要建立属于网站自己的品牌，更要保证所建立的品牌能够被广大的消费者认同，能够经得起时间的考验。一是要保证作品的质量，起点中文网建站之初就紧抓文学原创的定位，坚持走原创路线。起点中文网的原创内容前 1/3 是免费公开的，之后的内容对会员开放，读者需付费方可阅读。二是要提高作者自身的素养。起点中文网不惜重金为站内写手提供培训，在保障作者利益的同时，为提高作者的写作水平，起点中文网于 2007 年启动了专门针对作者的“千万亿元行动”，对站内写手提供写作指导，对于签约作品则有专门的编辑进行指导，提供市场走向等信息。三是建立了完善的审核和把关制度。起点中文网于 2011 年开设了专业培训班，专门针对旗下互联网出版编辑人员，以提高网络编辑的综合素质，加深编辑们对互联网出版方针、政策法规的理解，同时能够更好地掌握网络编辑经营管理的业务知识，正确引导作者的创作方向，保证网络文学作品的质量，增强网络文学的社会责任。四是运用法律武器保护网站的品牌。起点中文网筹建了国内最大的网络文学维权集团，以维护作者权益、打击网络盗版为己任，为了打击网络盗版，专门成立了网络盗版事业部，并率先呼吁百度和谷歌协助解决盗版问题。

版权分销——推进网络文学产业化进程

网络文学的产业化是盛大文学的发展策略核心。版权分销则是其商业模式中重要的一环，无论是图书、游戏、影视作品，文学创作是这条产业链的最上游，谁占有了版权谁就拥有这个产业链的话语权。在盛大文学旗下的文学网站上的作品，由作者与盛大文学共同拥有作品的版权。

（1）创新的阅读产销方式——UGC+ 微支付

盛大文学以网络文学社区为平台，采取 UGC（User Generated Content，用户生产内容）的文学生产方式和微支付的付费方式，完成原创文学的网络数字化“出版及销售”。盛大文学将这种生产方式引入文学创作，成为一种全新的文学商业模式。它打破了传统的出版社编辑审核再印书出版的旧模式，被西方媒体称为“数字阅读的三种主流模式之一”。与 Google Book 和 Amazon Kindle 这两种新型的数字出版模式相比，盛大文学更像是内容生产的集合商。

2003 年起点中文网的创建者宝剑锋等人提出了 VIP 方案，并开发出在线付费阅读“微支付”模式，一举获得成功，此模式也成为网络文学网站的主流盈利模式。其操作流程是：将原创作品分为公众章节和 VIP 章节，公众章节不需要花钱就能阅读，一般是非签约作者的作品，或者是签约作者作品的开头部分；VIP 章节就是付费才能阅读的章节，而且最近更新的章节只有 VIP 可以阅读。非 VIP 付费 5 分钱 / 千字，初级 VIP 付费 3 分钱 / 千字，高级 VIP2 分钱 / 千字。付费方式可透过盛大游戏点卡扣抵。

读者除了正常订阅之外，还有诸多消费项目，如：打赏、评价票、催更票等。打赏是指出于对作品（或者作者）的喜爱，读者可以花费自己愿意的价格对作品进行打赏，打赏的钱部分成为作者的收入，打赏 10,000 起点币（100 起点币 =1 元人民币）获赠月票一张（月票：起点设有月票版，前十作者根据排名不同有 1000—10,000 不等的奖金，当月获得月票下月无效）。评价票是指读者在订阅花费到一定程度可以获得一张评价票，一本作品仅有一次获得免费评价票的机会，想要为喜爱的作品投更多评价票需要花费起点币，每票 200 起点币。催更票从字面不难理解，是指催促作者更新的票，有 3000 字、6000 字、9000 字、12,000 字之分，价格不相同，每张票 100 起点币。

起点中文网这一颠覆性的举措获得了成功，也为整个行业的发展指明了一条出路。盛大文学总裁吴文辉说，收费是形势所迫，“不收费是等死，收费是找死，我们决定试一试”。正是他“找死”的举动，让起点获得了新生。也为整个行业的发展开辟了道路，消费者也开始逐渐改变观念并接受了“收费阅读”这一模式。2003 年底，VIP 方案中订阅最高的作品已经达到 20 元 / 千字稿费级别，并且访问量位居世界 500 强行列，国内排名前 100，VIP 制度正式走上正轨。依作者的人气，通常一部小说付费部分为 1/2 ～ 1/3。所得收入由网站与作者分成，比例由 5∶5 到 3∶7 不等，网站作为数字内容运营商拥有定价权。

在起点中文网上超过 200 万字的作品比比皆是，也缔造了一批年收入百万以上的作家。这是目前乃至未来盛大文学盈利模式的根基。艾瑞咨询的相关报告显示，个人付费占文学网站 70% 的营收比重，远高于 22% 的广告收入及 8% 的版权收入。微支付模式为大众出版领域的数字化转型开创了一种全新的模式，它支撑了盛大文学的内容生产，也是目前盛大文学最为成功的商业模式。起点中文网这一成功的商业运作模式，为作者、读者、网站建立了很好的纽带关系，为起点中文网走上商业化发展的道路奠定了坚实的基础，大大提高了原创网络文学作品的质量，也为同类文学网站的发展提供了值得借鉴的经验。

（2）网络文学的全版权运营

盛大文学邀请经纪人对盛大文学的签约作家进行包装和运营，将小说的电子版权、无线发布权、传统文学版权及动漫影视改编权等统一包装、运营，打造一个以文学为核心，整合影视、版权、无线等多方资源的产业链，充分挖掘中国原创文学的文化创意产能。

版权的线下延伸——实体书出版：

盛大文学为了获得长足的发展，对作品版权进行了多元化经营，通过实体书出版延伸了网络文学作品的生命线。而人们多年来形成的阅读纸质图书习惯，使得网络文学走上实体出版成为发展的必然。

2009 年盛大创立聚石文华图书销售公司并收购华文天下，由此进入线下出版和发行领域。如今盛大文学是中国最大的民营出版公司，其主要分为三部分：一是北京中智博文图书发行公司（2010 年收购），主要出版社科类图书；二是天津华文天下图书有限公司（2009 年收购），探索了一整套畅销书运营模式，策划了大量优秀畅销书，例如韩寒的系列作品等；第三是聚石文华图书公司（2009 年创立），主要负责图书的策划出版及发行。

网站和出版社联手，为原创网络文学网站品牌的延伸找到了合适的渠道，在未来的发展中，二者定能越来越紧密和契合，开发更广大的合作领域。起点中文网连载的《斗破苍穹》至小说完稿，共 1623 章，超过 532 万字，仅在起点中文网的总点击就接近 1.3 亿次。凭借其强大的网络人气，《斗破苍穹》进入了传统出版界的视野，被湖北少年儿童出版社于 2009 年 6 月出版，销量已突破 300 万册。

为了实现经济效益和社会效益的对接，出版社对盛大文学的原创文学作品的出版可谓不遗余力。从 2006 年到 2007 年，盗墓文学成为原创网络文学的创作和阅读的最大热点，安徽文艺出版社慧眼识金，适时抓住了这一热点，出版了当时的热门网络盗墓小说《鬼吹灯》。该书分前后两部共八册，依次是《精绝古城》《龙岭迷窟》《云南虫谷》《昆仑神宫》《黄皮子坟》《南海归墟》《怒晴湘西》《巫峡棺山》。从安徽文艺出版社出第一册开始，每册都连续荣登畅销书排行榜，曾创下了八本书同时荣登畅销书排行榜的奇迹。

另外，知名写手的原创网络文学作品也由国内的其他出版社纷纷出版，如今何在的《悟空传》由光明日报出版社出版，《一直向西，直到世界和你的尽头》《海上牧云记》《九州幻想》由天津人民出版社出版，唐家三少、说不得大师、血红、烟雨江南、宁财神、饶雪漫、心梦无痕、沧月、天下霸唱等写手的畅销作品由国内多家出版社出版。

2011 年开卷大众类前 1000 名排行榜，有 109 部作品来自盛大文学；社科类前 1000 名排行榜，有 132 部来自盛大文学。按 2011 年零售额，盛大文学是国内最大的民营图书出版公司。根据盛大文学在 2012 年初提交的财报显示，盛大文学三家线下图书公司 2011 年销售图书 2420 万册，线下图书销售收入已高达 2.63 亿。目前，盛大文学所出版的网络文学作品涉及不同的题材，有历史、言情、悬疑、玄幻、武侠、军事、科幻灵异等。盛大文学一系列网络文学作品的出版，改变了传统出版的格局，网站还为编辑们提供了获取选题资源的平台和工具，降低了出版社的出书风险，双方的合作达到了共赢的局面。

版权的全媒体延伸——影视作品

网络小说凭借其良好的人气基础，已成为影视改编的重点开发对象。盛大文学作为全球最大的中文网络原创小说版权运营基地，抢占先机，频频触电。《恋爱前规则》改编自《与空姐同居的日子》，这是近年来知名度最高的网络小说之一，点击率累积超过 10 亿次，而《恋爱前规则》之所以能热播，剧本质量好是重要原因之一，值得注意的是，盛大文学正是该片的投资方之一，该片的开拍宣示着盛大文学走进影视圈。

《鬼吹灯》这部小说的版权开发可以称得上的是盛大文学的代表作品。该小说在网上发布后，曾连续荣登网络小说搜索榜榜首，曾创下点击率过千万的成绩。2007 年华映电影公司获得了该小说的影视改编权，宣称将投入巨资拍摄电影三部曲。在已上映作品中，陈凯歌导演的《搜索》、湖南卫视的《小儿难养》、江苏卫视的《裸婚时代》、央视热播大戏《我是特种兵》、韩国著名影星安七炫主演的《帝锦》、杨幂主演的《盛夏晚晴天》等皆根据盛大文学旗下作品改编，同时盛大文学的大量原创作品正在筹拍中。2011 年，盛大文学售出版权作品 651 部，销售作品数量同比增长 107%。

盛大文学贡献了一系列优秀网络文学作品，展示了一种聚集性创意基地的形态。作为中国目前最大的创意和版权基地，盛大文学不但将《鬼吹灯》《星辰变》《朱雀记》等当红原创网络小说改编版权卖给了影视传媒公司，而且又与 MSN、网易开展战略合作，延伸网络平台，颇有一统原创网络文学天下的气势。

盛大文学拥有国内最大的作者和读者资源，每天新增小说达数千万字，不仅满足了人们阅读的渴求，在其背后撬动的是整个中国的娱乐文化产业。

盛大文学的原创文学作品作为文化产业链的源头，受到了影视传媒的高度认可，成功推广了自身业务模式，延伸了盛大文学品牌的生命力。

版权的全媒体延伸——网络游戏

盛大文学的版权内容是网络游戏作品改编的重要来源，而网络游戏的盈利主要是采取卖游戏点卡的模式，即卖游戏的在线时长，玩多长时间游戏收多长时间费用。

随着时代趋势的转变，2005年盛大宣布《热血传奇》《传奇世界》《梦幻国度》等3款游戏采用“游戏永久免费”模式，抛弃了原有的计时收费模式，而是靠销售各种虚拟道具与提供增值服务来获得收入。一时间，“免费”的标签贴满了盛大的网游产品，这意味着免费模式已成为盛大网游的主要运营模式。尽管正常游戏时间不再收取点卡费用，但盛大网游中一些通关环节所需购买的虚拟道具仍可带来营收。这是因为，玩家在游戏闯关过程中，需要购买一些游戏“装备”予以辅助才能顺利通关，通关升级的能力都是运营商在上游戏之前就计划好的，这是游戏运营中不可缺少的环节。而一些玩家为此投入的费用更是远超游戏点卡费用，点卡费用是固定的，但增值费用可以无限收取，盛大仅靠销售虚拟道具和提供增值服务就能轻松获得相当可观的收入。

目前，“游戏免费增值收费”已成为大趋势。未来网络游戏将进入一个连道具都免费的阶段，这时就要依靠玩家亲自参与到游戏道具的销售环节，比如以前的道具是买来的，而现在是通过闯关升级所获得的，这样玩家在玩游戏过程中获得装备就可以拿到商城去销售、竞拍，而盛大便采取从中收税抽成的方式来获取盈利。这种模式或许能够更好激发玩家的积极性，因为在玩游戏的同时还能赚取费用，这是一种创新模式，未来游戏的盈利也许都将采取这种收税抽成的模式。

网络热门奇幻修真小说，由我吃西红柿所著的《星辰变》的点击率曾超过4000万，荣登各大搜索引擎小说搜索排行榜的第一名，直到现在,《星辰变》也还是热门的网络小说之一。2009年，盛大文学以100万元的价格将其游戏改编版权售予盛大网络与湖南广电合作成立的盛视影业公司，后者全力推出了《星辰变》网游产品，该网游产品连续两届折桂具有“中国游戏奥斯卡”美誉的金翎奖“最受玩家期待十大网游”冠军。此后上市的《星辰变》桌游版，也赢得了广大玩家的喜爱。另外，百游打造的《凡人修仙传》也是根据盛大文学的网络小说改编的游戏，开服不久就达到了同时在线人数20万的高峰成绩。

盛大之所以能够盈利，主要依靠的就是丰富的渠道资源，但是盛大自主研发能力相对较弱，所以只能通过并购来不断扩大自己的阵容，这种模式现在来看虽然没有问题，但并不是长久之计。盛大要使游戏有核心竞争力就要在运营过程中进行独创，自主创造出网络游戏，提高自己的策划能力和游戏引擎的开发能力，不买国外的引擎。另外要不断进行创新，跟随网络游戏的发展趋势，研发碎片化的游戏，不能只做青少年群体所需要的游戏产品，也要抓住白领市场，跟上时代，提高自主的研发能力才是长久之计。

3. 电子书战略——电子阅读器 Bambook（“锦书”）

内容资源的匮乏是中国电子阅读器市场发展的一大障碍，盛大文学内容资源优势为其电子阅读器提供了巨大的竞争优势。盛大文学提出的 OPOB 计划为硬件生产商提供了一套完整的软硬件解决方案，同时又建立了一个开放的平台多元的渠道，使得其他内容供应商可以参与其中，使内容与渠道得以整合。使用电子书的用户通过阅读终端了解内容，没有强大内容的支持，阅读终端就是一具没有灵魂的躯壳。反过来，内容提供者没有终端设备以及网络的支持，也无法传递到用户手中。因此渠道与内容与终端同样重要，协作发展才有出路。

而与汉王等电子阅读器厂商相比，盛大文学寓意不仅在终端市场，而且在于内容提供，以终端为传播介质，发布电子书战略，构建“内容 + 渠道 + 终端”的移动阅读产业链。

2010 年 7 月，盛大文学在第八届中国国际数码互动娱乐产品及技术应用展览会期间宣布推出电子书“锦书”，正式进军电子书行业。“锦书”是一款专为阅读设计的硬件产品，高分辨率、便捷上网以及太阳能充电的方式，使其正式上市后，立刻在电子书市场引起巨大的反响，并获得成功。易迅网公开的电子书销量榜数据显示，盛大“锦书”上市后，已经连续数月位居电子书销量第一。

“锦书”具有 6 英寸的电子墨水屏，16 灰阶的高分辨率，厚约 1cm，重约 282g，支持 24 天超长待机，并配以先进的 TTS 语音引擎，具有真人朗读效果。“锦书”集成了盛大专利——快速翻页技术，同时支持主流电子书的格式（EPUB、PDF 等），内置了 Wifi 模块，可通过 USB 与电脑实现连接。

“锦书”将与盛大文学等内容形成上下游关系，打通网络文学产业链，进一步整合盛大的内容资源与产品。“锦书”能根据用户身处不同环境而任意选择适合的网络连接，帮助用户实现随时、随地阅读和下载，而这也与市面上多数电子书产品形成差异。以平台运营见长的盛大，要打造的“锦书”绝不仅是一个移动阅读终端。当内容和用户足够丰富以后，开放和平台化运营将是使“锦书”不断壮大并实现盈利的绝佳方式。同时“锦书”的移动终端特性能吸引更多的增值服务接入。结合盛大现有内容资源和用户群体来看，“锦书”将会经历一个整合内容资源、打通上网通道的过程，进而接入增值服务，打通移动支付渠道，形成一个移动的运营平台。

4. 整合分销平台战略——盛大云中书城

盛大文学拥有海量的原创作品，但作品的发布缺乏统一的平台，出于对数字出版平台的建设，盛大云中书城应运而生。2011 年 2 月，盛大文学宣布盛大云中书城（www.yzsc.com.cn）正式独立运营。盛大云中书城是全球最大的中文数字版权书库，内容囊括盛大文学旗下诸多原创网站的内容及众多知名出版社、图书公司的电子书。

盛大云中书城构建了一个完全开放的平台。一方面，盛大云中书城开放了海量的版权内容，包括盛大文学旗下网站拥有的版权，以及传统出版商、杂志社、报社拥有的版权。目前“云中图书馆”的内容主要来自盛大文学旗下网站，同时盛大文学也加强与知名出版社的合作。盛大云中书城包含了超过 300 万本当红作品和 1000 余种电子期刊，并与 200 多家出版社及王蒙、韩寒、郭敬明、莫言等一线作家建立了合作关系，百度热门小说排行榜 90% 收入云中书城，盛大云中书城的藏书量与同类产品相比遥遥领先（如图 4.3.2-4）。另一方面，盛大云中书城将无条件放开发行渠道。海量电子书已经可以通过云中书城网站、Android 客户端、iPhone 客户端、PC 客户端、云中书城手机 WAP 站、盛大 Bambook 等下载阅读。盛大云中书城 Android 应用在安智市场、飞鹏网、木蚂蚁手机乐园、安卓星空、优亿市场等阅读类软件下载量排名第一。

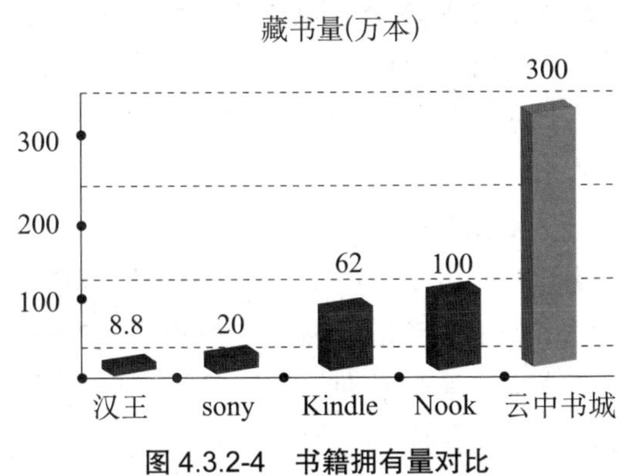

图 4.3.2-4　书籍拥有量对比

盛大云中书城打造了文字的淘宝。2011 年 4 月，盛大云中书城店中店平台正式上线，主要面向各出版机构和文学网站。该平台为版权方提供了内容录入、自主定价、营销推广、支付结算等一整套数字版权解决方案，实现了整个数字出版产业链的共赢。这是国内首次将传统的店中店的概念引入到数字出版行业中来。

来自盛大文学的最新销售数据显示，截至 2012 年 4 月，盛大云中书城累计已完成付费订单数近 750 万，被下载电子书种类已超 40 万，而 2011 年末这一数字还是 25 万。目前盛大云中书城保持了每日 1 亿字的新增内容，有百万作者持续写作，并逐步开放了新闻、博客的接入。

电子书的终极竞争是内容上的竞争，而盛大文学在内容整合方面，早已远远走在 Kindle、iPad 的前面。相对于已经取得成功的亚马逊模式，盛大文学的云中书城和“锦书”更加包容与开放。对于用户而言，盛大文学介入电子书市场，不仅拉动阅读终端降低价格，而且大大提升阅读终端在应用方面的多元化，加快了电子书时代的到来。

5. 移动运营战略

网站已经不再是网络文学的唯一渠道，无线阅读将成为网络文学的第二大传播渠道，也将是盛大文学今后的重点发展方向之一。盛大文学早在成立之初便敏锐地发现了这一潜在的未来阅读主流需求。盛大文学拥有想象力非凡的作家，拥有数量巨大的优秀图书库存，借助移动网络的契机，盛大文学有能力让无线阅读领域成为版权运营产业链的重要源头。

据有关机构判断，到 2014 年中国的手机互联网用户将会首次超过传统互联网用户，为适应这个变化，盛大文学无线公司率先获得了网络文学出版和手机文学出版牌照，提前在2009年的第二季度完成了3G战略布局，确定了以内容为王、占领所有可拓展的运营渠道，与知名运营商搭建完美全面的运营体系。

（1）推出手机原创平台 MOGA。基于该平台，无线公司与卓望信息技术公司合办的 3G 手机原创小说大展，以“一字千金”的版权交易金方式挖掘和培养中国第一批手机小说家。

（2）开通新版 WAP 站点 qidian.cn，在不损害起点原有用户基础上，将注册方式、计费形式、个人系统功能进行了优化和添加。

（3）开发并升级了手机客户端软件“盛大书童”，整合了盛大文学公司旗下的网络原创精品。市场上主流的手机均能平稳快速运行“盛大书童”手机客户端软件。随着“盛大书童”互动平台的逐步扩大，手机与手机之间、手机与互联网之间将实现文学互通。

（4）研发了面向全球 500 万 iPhone 华语用户的无线阅读终端产品，通过 iPhone 及 iTunes 将盛大文学公司的版权向海外扩张。与大唐电信达成了芯片内置的战略合作，与华为达成了 AppStore 综合解决方案。

（5）重视与中国知名电信运营商的全面合作，与中国移动集团公司达成共同建立“手机原创孵化器”的战略合作，与中国移动阅读基地战略合作，并与中国电信等运营商签署了战略合作协议。

2011 年，盛大文学已成为三大移动运营商阅读基地最大的内容提供商，同时也是中国移动手机阅读基地最大付费内容供应商。盛大文学 2011 年财报显示，2011 年无线业务收入急剧增长，达到 1.74 亿元，同比大增 188.2%，盛大文学提供的内容自移动阅读基地运营以来截至 2011 年底总访问用户数达 1.15 亿，2011 年年度总访问用户数 6800 万，总付费用户数 2100 万；盛大文学的云中书城应用在苹果、安卓等智能手机市场装机量已经超过 1700 万，牢牢占据阅读类头名。

6. 总结

盛大文学的全版权运营理念在网络文学版权界是革命性的。一方面，作家与盛大文学签约，提供文学作品，获得丰厚收益；另一方面，盛大文学通过协议拥有网络文学作品版权并通过自身手段将其包装运作，使版权价值最大化，这是盛大文学提出的全版权运营的一个重要目标和最终目的。这种理念打破了网络文学只活跃于网络的现象，全方位地、立体地为每一部优秀的网络作品进行后续版权的开发和包装，极大地延伸了网络文学版权运营的产业链，并带来了可观的经济收入。这种全版权的运营理念在推动我国文化产业建设和其他相关网络文学版权开发上有极强的推广性和借鉴意义。

由于盛大文学公司与其背后写手们知名作家们的相关共享性和联系性，整个公司的最大价值也就意味着网络作者们可以得到的利益也可以最大化。在这种捆绑式的产业链下，作家写手的写作激励将被进一步提高，保证了原创文学作品的更新速度以及出产质量，然后反过来又再次提高版权潜在价值，促进盛大文学的全版权运营。

4.3.3　苹果 App Store——封闭式应用平台的商业之道

2008 年 3 月，苹果公司对外发布了针对 iPhone 的应用开发包（SDK），7 月，苹果 App Store 横空出世。“三位一体”终端业务、高质量的精品路线以及严格的审核准入机制塑造出 Apple App Store 的封闭特征，垄断性则确保了开发平台的一致性和用户体验的一致性。App Store 已经成为手机软件业发展史上一座重要的里程碑，其意义早已超越了“ iPhone 的软件应用商店”本身。随着开放式平台的介入，封闭式平台与开放式平台的大讨论旋即展开。面对开放、合作、共赢的时代要求，以及开放式平台带来的冲击，封闭式平台也相应做出了适当调整，但其实质仍离不开封闭性。

1. 苹果公司、iPhone 和 Store 的历史坐标概况

1976 年 4 月 1 日，史蒂夫 · 乔布斯（Steve Jobs）、斯蒂夫 · 沃兹尼亚克（Stephen Wozniak）和罗纳德 · 韦恩（Ron Wayne）创立了苹果电脑公司（Apple Computer Inc.），2007 年更名为苹果公司（Apple Inc.）。虽然仅有两字之差，却

标志着苹果实现从以电脑为核心到以消费电子和移动互联网为中心的战略转移。是年，苹果公司发布了第一代 iPhone，以作为公司进入智能手机和移动互联网市场的标志。到目前为止，第七代的 iPhone5s 和 iPhone5c 已经上市，第八代的 iPhone6 也呼之欲出。2008 年 3 月，苹果公司对外发布了针对 iPhone 的应用开发包（SDK），并提供免费下载，以便第三方应用开发人员开发针对 iPhone 的应用软件。6 天之后，苹果公司宣布 SDK 已获得超过 10 万次的下载量，三个月后，这个数字上升至 25 万次。同年 7 月 11 日，苹果公司首创的第三方软件销售平台 App Store 正式上线。仅三天后，App Store 中可供下载的应用已达 800 个，下载量达到 1000 万次。2013 年 1 月 8 日苹果宣布，App Store 的应用下载量已经突破 400 亿次，其中半数是 2012 年完成的，总活跃账户数也达 5 亿。目前，App Store 可应用于苹果公司的 iPhone、iPod Touch、iPad 以及 Mac 等平台。

APP Store 的推出是苹果公司战略转型的一个重要策略：苹果 APP Store 模式在适应了手机用户们对个性化软件的需求的同时，也为第三方软件的供应者提供了一个方便、高效的软件销售平台，从而使手机软件业开始进入了一个高速、良性发展的轨道。目前，苹果 App Store 已成为全球最大的移动软件平台，苹果公司和软件开发者都从中获取极大利益，这引得诸多移动运营商和手机厂商纷纷开始开发自己的软件应用商店。App Store 不仅成功地推动了苹果公司的战略转型，同时也促进了全球手机软件业发展，建立了“硬件 + 软件”的完美结合。

2. 封闭性：Apple App Store 的苹果基因

众所周知，封闭性是苹果公司的显著特点之一。目前，苹果公司旗下的产品属性都被圈定在一个封闭的 Apple“围城”中：“城里”阡陌交通，“城外”格格不入。在这样的封闭性基础上，苹果公司能够掌控平台上的绝大部分资源，不仅能对产品质量进行统一监管，也能保证开发平台的一致性和用户体验的统一性。App Store 同苹果公司的其他产品一样，也具有鲜明而独特的“Apple 基因”，具体表现在以下几个方面。

技术层面——打造“三位一体”的终端业务

终端业务一体化是苹果 App Store 成功的基础，这种成功具有苹果的一贯属性，是一种独创的成功模式。其具体体现在：渠道唯一性，即 App Store 是 iPhone 应用的唯一下载渠道；认证唯一性，即所有应用必须通过苹果的认证后才可以使用；运行唯一性，即每款下载的应用只能在对应的 iPhone 上运行。

在整个产业链中，由于 iPhone 终端使用的是自己独有的封闭式操作系统，智能手机应用程序内容的实现平台非苹果操作系统不可，导致 iPhone 与 App Store 具有高度的统一性与严格的排外性，也即 iPhone 只能通过 App Store 这唯一的平台下载应用软件。同时，从 App Store 中下载的应用软件也只能在 iPhone 上运行，用户不可随意安装第三方软件，只能运行苹果允许的软件。这种不开放、反越狱的技术投入，极大地增加了用户对 App Store 和苹果产品的依赖性。这种封闭的硬件与软件设计对开发者而言是开放的，但实质上却使用户为苹果所有，苹果公司无须担心用户跨平台、跨网络逃逸，或者程序商店是否赚取利润，而专心售卖硬件。此外，苹果公司尖端的研发团队是产业链各环节运转过程中连续性与专业性的保障。

文化层面——走精品路线，拟制稀缺资源

随着人们生活水平的提高和计算机的普及，电子产品市场的竞争愈加激烈，平民化产品同质化、消费者忠诚度低等缺点日益突出。此时，苹果公司长此以往所秉承的精品战略开始展现出巨大威力。苹果公司独特的操作系统、触摸屏、芯片、软件商店等核心领域全部自主研发，为保证最佳的用户体验，每出一个产品都精益求精，力求最大程度满足顾客的需求。从精心打造的 iPod 到风靡世界的 iPhone 再到推陈出新的 iPad，苹果公司将完善的产品和精致的美观设计相结合，旗下的所有产品都与众不同，以此顺理成章地拟制出苹果公司产品的稀缺性，消费者也愿意花更大的价钱购买苹果产品。

App Store 同样秉承了苹果公司的精品路线，新开发的软件进入苹果 App Store 后，应用的创意、用户体验以及开发速度成为核心竞争力，而且 iOS 系统较其他平台的体验要更佳，所以竞争也更激烈，激烈的竞争进一步推动 App Store 的应用走向精品化，这就增强了消费者对苹果产品的黏性。

机制层面——审核准入制，Apple 一马当先“掌舵者”

App Store 的产业链简单明了，共涉及三个主体：苹果公司、开发者、用户。苹果是 App Store 平台的主要掌控者，把控着开发与管理权。苹果允许个人用户参与开发 App Store 的游戏、软件、主题等应用，这降低了开发者的门槛。但出于保证自身产品的高质量考虑，苹果公司为应用开发者制定了严格的审核准入机制。每周苹果公司的 App Store 高层审核委员会都要召开例会，检讨审核程序政策和讨论“引发复杂或新问题”的应用软件。审核员的主要任务是不让“减损 iPhone 核心经验”的内容、错误的软件、使用未授权的 API、盗版软件和儿童不宜的内容通过严格的审核程序，为优质的用户体验提供保证。

封闭的苹果卖的是手机硬件 + 品牌，因而苹果公司控制了内容本身，它对所有第三方应用享有绝对严格的审批权。而这种绝对审批权本身也渗透着苹果公司的封闭式特性。根据保密协定，应用必须共享用户使用数据，拒绝不能共享用户使用数据的软件；拒绝使用爬虫、机器人、网站搜索以及非法收集用户个人信息等类型软件；拒绝色情、恶意、违反开发者协定的软件。通过严格的审核，基本实现了保护了自有产品的生存空间，充分分享用户数据和保有并进一步扩大 iPhone 用户规模的目的。

以上技术、文化、机制三个层面既独成体系，又相辅相成。独立的技术保障了苹果 App Store 的精品战略，精品战略和严苛的完美主义促使对苹果 App Store 的产品进行严格审核。这种特殊的封闭性，最终保证了苹果 App Store 优质水平，在不断吸引新用户的同时提高了用户依赖度。

3. App Store 的封闭式应用双边市场特征

双边市场理论兴起于 20 世纪 80 年代末。2003 年 Rochet 和 Tirole 首先给出了定义：双边（更一般的说是多边）市场是一个或几个允许最终用户交易的平台，通过适当的从各方收取费用使双边（或多边）保留在平台上。双边市场理论的基本点包括以下几个方面：（1）存在多于两类或者两类的不同类型用户；（2）这些不同类型用户间存在交互作用（Interaction），用户对平台企业的各自不同需求被实现是完成交互作用的前提，同时这种需求存在外部效应，这种外部效应不能被用户内部化；（3）存在这样的平台企业，它能从内部化这种外部效应中获取利润或者至少保持盈亏平衡。

“锵锵三者行”，搭建封闭的社区运营机制

近年来，伴随着互联网技术的发展和服务技术水平的提高，逐渐形成了一种由平台企业与买卖双方共同搭建的经济体，即双边市场。苹果公司基于 iPhone 手机移动终端的 App Store 平台就有着典型的双边市场特征，其结构如下图。

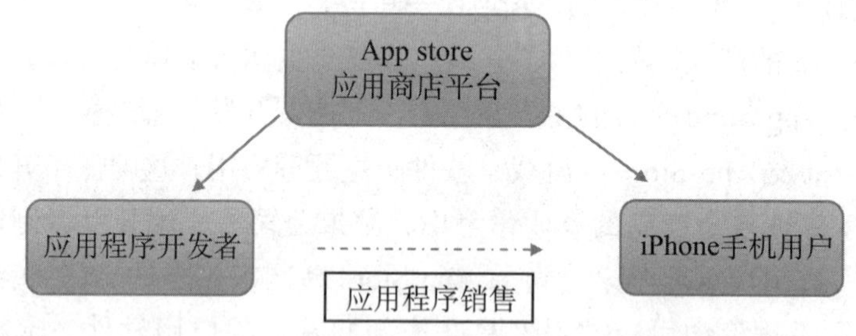

图 4.3.3-1 苹果 App Store 的双边市场结构

（1）苹果与应用程序开发者：

2010 年 9 月，为维护用户和开发者的利益，苹果公司首次发布《App Store 评审政策》，公开公司内部如何审核开发者所提交的应用程序。有数据显示，App Store 每周收到超过 2.6 万次的 iPhone 和 ipad 应用上架的申请，全年约为 130 万次，而其中约 30% 的应用申请因没有遵守苹果公司提出的相应规则被拒绝。以国内一款面向大众需求的视频播放应用——“火花电视剧”

为例。2012 年 5 月，“火花电视剧”通过苹果公司审核，而这款于上架后在 iPad 版上一度冲上 TOP3 的应用，在审核通过前被苹果公司以“不知道火花互动电视与火花电视剧有什么区别”、“App 内提到了抽奖活动，但未声明与 Apple 无关”和“需去掉‘beta’字样”为由拒之门外。原本打算 3 月中旬发布的“火花电视剧”，因为审核被拒，足足延迟了 35 天，结果在 4 月底才上线。可见，苹果公司非常注重应用软件的审核。

在严格把控质量关的同时，苹果公司也在努力提升开发者的程序开发热情。其中，与开发者共享合理比例的收入分配就是一种激励办法。苹果公司在 App Store 的 iAd 和付费应用上与开发者有约定俗成的收入分配法则，这一合适的、不因价格水平变化而变化的分成比例增加了开发商的收入，不仅吸引了众多软件应用开发公司和企业，还成功吸引了大量独立的个人应用开发商（可以看成是草根阶层），从而为 iPhone 终端用户带来了更加丰富的产品应用。[1] 此外，苹果公司还通过排行榜、推荐榜、付费软件总收入等榜单进行应用信息展示，以下载量、成交量及收入等浮动指标为依据给用户推荐应用，以提高应用下载量和收入。而加入 ADC 的会员还可以享受诸如开发指导、技术资料、问题解答等更多技术支持。

可见，这种封闭式模式能为移动应用商店的运营者带来绝对主导权。这种主导权一方面体现在对产品准入机制的把控上，即能够保证应用商品的质量；另一方面由于封闭模式的特殊性，应用商店平台能够使很多应用绕过运营商的高门槛，直接加载到手机上面，这样就降低了第三方软件制造商的门槛和成本，并为其提供直接面向最终用户的销售机会，带动第三方软件的发展。

（2）苹果与用户：

iPhone 在经历数代的创新发展后，已经比其他同类平台积累了更多的创新性应用。同时，iPhone 手机的用户大都是追求时尚潮流，对互联网等娱乐应用有较强需求的客户群体，所以对他们而言，拥有 iPhone 就相当于拥有海量的个性化应用，这样既留住了原有的忠诚用户，同时又吸引了大量的边际用户。

那么，在海量的应用软件中，苹果公司如何辅助用户做出选择呢？苹果公司已经几乎摒弃了仅通过查看关键词描述进行搜索的办法，取而代之的是基于 24 小时的真实下载数据，根据应用的用户评价和内容描述来计算受欢迎程度，按照用户的喜好推出各种排行榜，以此为消费者用户推荐精品。在这一算法中，用户的使用评价体验，对某款软件的打分，将作为苹果排行算法

1　张利斌，张广霞.基于双边市场理论的苹果App Store模式研究[J].计算机工程与科学.2012（4）.

的重要依据之一。

不过，应用测试和优化平台 Appurify 在 2013 年发布过一份研究报告称，如果一个应用要进入排行榜的前 1000，那么拥有 4 星的评价实际上是一个基本的要求。这样的设计有两个好处：首先，相较于下载量和打开率，刷榜者刷评分和评价的成本较高，能够遏制刷榜势头；其次，由于每一次应用升级，都会重新给用户推送评分和评价通知，所以新一轮的评分和评价有助于动态的影响 App 新版本的排名。但是，评分机制获得的用户反馈实际效果欠佳。根据不完全统计，用户收到评分和做出反馈的比例大约为 100 : 1。大量的用户并不会为苹果的对开发者政策买单，对于他们而言，推送“Rate This App”提醒就是一个“骚扰信息”。

（3）开发商与用户：

在 App Store 平台上，不仅用户对平台中应用开发商的产品和服务存在使用需求，开发商对平台中用户的产品和服务也存在价值需求。

App Store 中的应用软件或服务并不都是收费资源，而是适度配有免费资源，同时采用“免费 + 付费”（基础软件免费，个性化服务软件付费）的方式将资源推荐给 iPhone 用户，以满足用户的多样需求。目前，随着众多在线应用商店的冲击，App Store 的用户下载付费与免费的比例已从最初的 1 : 15 下降到 1 : 40。但 Ad Mob 的调查显示，大多数苹果用户使用软件时会选择从免费版升级到收费版本。平均每位 iPhone 用户每月会在 App Store 上花费 9.49 美元，2640 万名 iPhone 用户每月会给 App Store 带来 1.25 亿美元的收入；iPod Touch 用户平均每人每月会在 App Store 上花费 9.79 美元，1860 万名 iPod 用户每月会给 App Store 带来 7300 万美元的收入。所以，苹果公司仍然处于相对较好的盈利时期。

在后向收费模式中，广告也是封闭式应用市场的一大利润来源。Apple 的 iAd 广告平台提供商通过广告平台整合广告主或代理商，并将广告嵌入应用开发者的应用程序中，实现广告主付费、用户免费的运营模式，平台提供商和开发者之间进行广告收入分成。该模式为广大应用开发者提供了应用程序盈利和推广的渠道，极大地促进了应用程序数量的增加和产业生态系统的良性运作。

资本流通模式

通过 App Store 带动 iPhone 的销售量，这是苹果公司推出 App Store 的旨归所在。App Store 的出现能提升 iPhone 的附加值，通过 iPhone 的收入增加带动苹果公司总体收入的增长。而要应对这种压力，就需要有相应的竞争策略推出。iPhone 以“iPod+Phone”的融合性定位，既能帮助苹果公司收入原有的音乐播放器和在线音乐服务市场，又能帮助公司开拓一片新领域，扩大用户覆盖范围。但终端市场竞争激烈，iPhone 需增加新的竞争力，此时作为其终端溢价最好选择的 Store 便应运而生。

产业价值链分析：

由下图可知，App Store 的产业链一目了然。虽然第三方支付公司也担当着重要角色，但它只是收费渠道，并不是产业链的主要参与者。所以，严格意义上其主体只有三部分：苹果公司、应用程序开发者、用户。App Store 的两端分别是应用程序开发者和用户。前者的基本定位是针对苹果的终端用户特征，挖掘用户需求，设计并开发相应的应用服务或内容信息。后者作为应用程序的体验者，只需要注册登录 App Store 并捆绑信用卡即可下载应用程序，并可以根据亲身体验向平台提出意见或建议。而 App Store 平台自身的作用是尽可能地吸引更多的双边用户参与平台的交易活动，并为两边的交易创造条件和提供相应服务，以此提高平台的交易量。

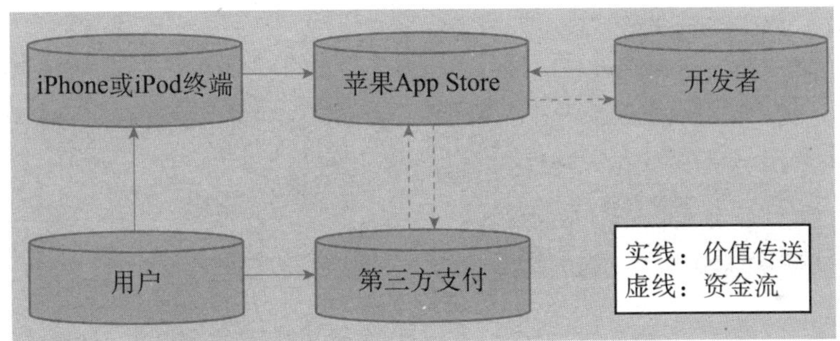

图 4.3.3-2　苹果 App Store 的产业价值链

苹果公司有三项主要职责：第一，提供平台和开发工具包（software development kit，简称 SDK）；第二，负责应用程序的营销工作；第三，对用户进行收费，并每月按比例结算给开发者。此外，苹果公司还要经常公开一些数据分析资料，帮助开发者进行研发，指导开发者进行应用程序定价、调价等。

开发者即应用软件的上传者。其主要的职责包括两点：一是负责应用程序的开发；二是自主运营平台上自有产品或应用，如自由定价或自主调整价格等。Store 移动应用定价是应用开发完成后的一个重要环节。苹果 Store 的定价策略与目前市场上所采取的策略一致，即由开发者定价。其具体操作是由平台运营商规定价格上限，开发者在交纳移动应用托管费（接入费）之后则可根据成本及市场需求对应用自行定价。在苹果 Store 平台上，苹果公司只对付费应用的开发者收取低额的托管费（接入费），降低开发者的进入门槛，而对免费应用的开发者则不会收取这一费用。

用户是应用程序的体验者。用户只需要注册登录 App Store 并捆绑信用卡即可下载应用程序。App Store 为用户提供了更多的实用程序，良好的用户体验及方便的购买流程。

App Store 盈利的影响因素分析：

通常情况下，移动应用平台运营者会将移动应用的销售收入与应用开发者按事先协议进行分成。目前，大多数的移动应用商店都会将大部分的收入分给应用开发者以保证其开发的积极性。苹果公司也不例外。苹果首先对软件开发商收取每年 99 美元的注册费，之后开发商就可以上传无数量限制的应用软件而不用交费；然后公司采用倾斜定价方式，对基础软件进行免费安装，对于那些个性化的软件则收取费用安装，所得的收入由苹果公司统一代收，再由应用商和苹果公司按比例 7∶3 分成，即开发者获得应用销售收入的 70%，且这种比例是固定的，不因应用价格的变动而改变。

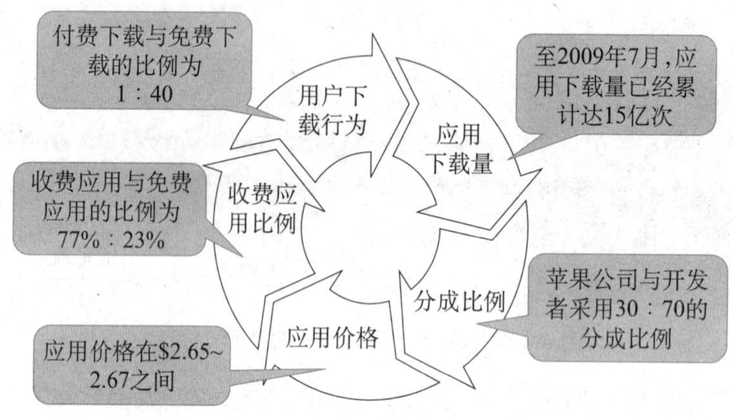

图 4.3.3-3　苹果 App Store 盈利的影响因素[1]

苹果公司的上游价值存在于第三方提供的应用程序，App Store 上大约 75% 应用是收费的，平台根据 iPhone 用户的需求价格弹性等制定不同的价格。目前，苹果公司对 App Store 的应用程序限价最高为 999 美元，绝大部分应用的定价不超过 10 美元，让消费者可以接受。这是决定 App Store 是否盈利的关键因素，用户对付费应用的接受程度将会直接影响 App Store 的收入。

4. 封闭性主导型平台的效果比较

封闭与开放，少而精与大而泛

可以说，在“封闭”与“开放”的较量中，前者是少而精，后者则大而泛。在封闭的环境里，平台运营商自封为王，封闭平台的自主独特性与垄断

1　图片引自易观国际：《在线应用商店系列战略专题报告 2009 苹果 App_Store》：30。

性可以有效地屏蔽市场竞争，并不允许在该平台销售的其他软件冲击平台运营商自有软件的利益，这是封闭式平台一个重要的利益出发点。此外，它还可以确保从自己生态系统里的任何一款软件中获得分成。

再者，从消费者角度出发，封闭式平台把关且锁定销售管道的做法可以确保应用的质量，其独特的封闭特性更有利于提升用户黏度。而开放式平台虽然提高了消费者的选择自由度，但却降低了用户的使用黏度。据一个不完整统计显示，使用 Android 系统的手机终端有将近 250 种之多（不包括各种平板电脑），这和使用 iOS 只有 iPhone 这一脉简直是天壤之别。

相比而言，开放式平台的主要特点在于其免费的优势能带来巨大的用户群，并为用户提供多样化的内容，既包括来自各大媒体公司的内容，也有来自业余开发者的程序，从而消除二者之间的隔阂。开放的做法还能让开发者不用担心平台运营商因自身利益的考虑，而驳回申请。谷歌在 2008 年 10 月为 Android 平台开设了一个应用软件商场——Android Market（2012 年更名为“Google Play”）。Google Play 这种不同于苹果的合作模式为开发者提供了更多选择，各大平台开始对开发者竞相争夺。据美国和欧洲市场调查咨询公司 Open Fisrt 曾公布的一项报告显示，应用开发商非常看重高效、透明、灵活的应用评估流程。开发者对封闭式 App Store 的审核机制使评估流程过于冗长，并且缺乏透明度的现状产生抱怨；而对 Google Play 开放式平台应用评估流程表现得较为满意。

不过，稳定性也是困扰开放式平台的发展的一大短板。比如缺少有效的审核机制，导致任何软件、游戏都可以上传，成为病毒滋生的温床；开源的做法让很多厂商能自行对应用进行修改；版本的升级可能会造成在不同平台上移植应用的成本居高不下等等，这些都让用户在使用平台应用时难以感受到如封闭式平台般的稳定。如此看来，充分竞争的开放市场也容易造就一种混乱的兴盛。

盈利情况：苹果不再一枝独秀

在移动终端的应用商店中，苹果领跑市场占有率，而谷歌则在下载量榜单上一路高歌。随着付费下载的逐渐衰退，应用内广告 (in-app advertising) 成为两大类型平台增加收入的另一主力军。

从 2013 年至 2014 年 Apple App Store 与 Google Play 的市场收入走向（图 4）可以看出，尽管 2 月至 3 月 App Store 和 Google Play 两家应用商店的市场收入几乎为平行发展，但苹果仍然主导了 60% 的市场份额，而 Google Play 目前只占据 40% 的份额。从下载量来看，根据移动应用数据分析公司 App Annie 最新发布的全球移动应用市场 2014 年第一季度分析报告显示，

Google Play 作为官方主流的 Android 平台应用分发渠道，应用下载量比苹果上官方唯一的分发渠道 App Store 下载量要高 45% 左右，而去年第四季度的这个差距是 35%。

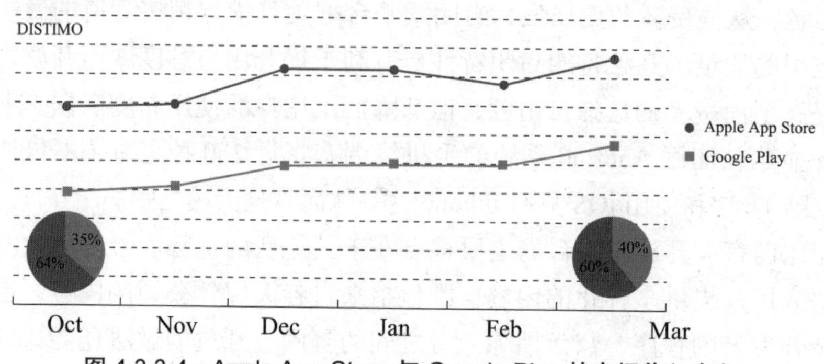

图 4.3.3-4 Apple App Store 与 Google Play 的市场收入走向（2013.10-2014.3）[1]

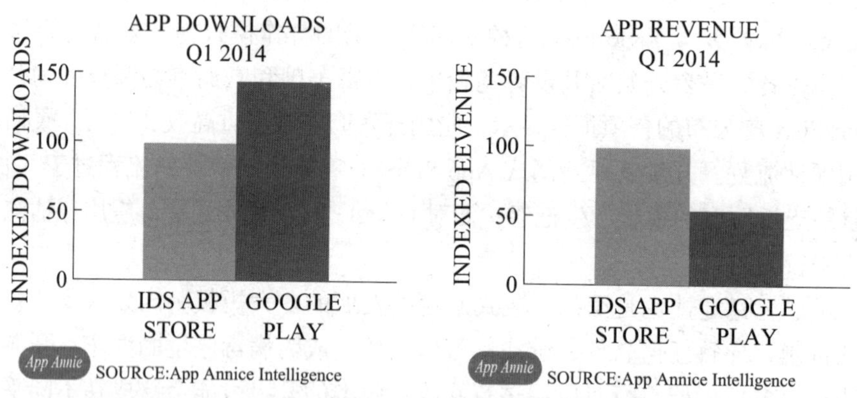

图 4.3.3-5 Apple App Store 与 Google Play 的下载量与收入比较（2014 年第一季度）[2]

封闭式架构的一大特点在于能够在过硬技术的支撑下，通过一系列较为复杂的方案设计牢牢绑定用户，让用户享受一站式服务。而这种优势需借助平台所依托的硬件才能得以体现，同时，优质的硬件匹配也促进了平台良好的用户体验。所以，在 Apple App Store 抢占市场份额的过程中，除了自身优势外，iPhone 等硬件产品也功不可没。

相较于封闭式平台的“圈地”策略，开放式平台则有利于打破高水平技

1 Distimo：2014 年 3 月全球应用排行榜 [EB/OL]. [2014-04-09]. http://www.laohu.com/201404/55935.html.

2 甘源.全球移动应用市场2014年 第一季度：苹果app Store应用下载量比Google Play低 45%，然而收入超过后者 85%，App Store 中国区收入比上季度增长 70%[EB/OL]. [2014-04-18]. http://36kr.com/p/211315.html.

术垄断，发挥外界资源能力，进而达到促进创新的作用。开放结构的兼容性更好，支持更为广泛，不论是对过去系统的兼容还是未来的扩展都不会受到制约。平台的性价比更高，解决方案更加自由，用户可以根据自身需求选择供应商。

由此，不难想象为何 Google Play 的下载量不输 Apple App Store 了。当然，大量的免费应用也是 Google Play 下载量激增的重要原因之一。移动分析公司 App Annie 和 IDC 的一份最新报告称，付费下载已在衰退，免费应用大势所趋。从苹果 iOS 近两年不断上升的免费应用比例中，我们也能嗅出其中的变化。2011 年 iOS 的免费应用比例为 80%，2012 年为 84%，2013 年则涨到 90%。如今，App Store 的用户下载付费与免费的比例已从最初的 1：15 下降到 1：40。随着用户付费意愿的降低，应用内广告 (in-app advertising 逐渐受到平台运营商的青睐。如苹果公司的 iAd 广告平台能为广告商提供分众化的广告推广，以确保广告商能够将广告提供给其目标受众；相较于苹果的 iAd 广告平台，开放的 Google 的 Ad Mob 广告模式服务范围涵盖全球各大洲的移动网络和应用程序，能为广告商提供包括移动网页、移动应用程序在内的多种展示界面的广告。

综合定位，顺应时局

关于封闭式平台与开放式平台的争鸣已久，究竟哪个更好，目前尚无定论。笔者认为，采用封闭结构还是开放结构不是绝对的，选择哪种平台结构需要经过综合分析。

在竞争初期，封闭式结构更有利于发挥平台的垄断性优势，而开放式结构则便于扩大市场规模。如果平台运营商在市场处于垄断环境，并希望在利润方面占据优势，那么封闭式结构是首选。像苹果 App Store、腾讯 QQ，由于在自己专属的领域开创了历史先河，平台的可替代性极低，因而提高了用户最大需求量，呈现出超强垄断性。基于自己的强劲实力和用户规模，这些平台运营商在进入市场时就选择了封闭式结构。而竞争初期，开放式平台结构是平台潜在进入者加入市场采取的一种竞争方式，策略目标应是尽量提高与封闭平台的功能相似度。产品免费、服务收费的商业模式虽然短时期难以撼动垄断性平台的霸主地位，但可以扩大市场份额，获得更高的用户规模，以便分到几勺羹。回顾 Apple App Store 的领军地位与 Google Play 的不断壮大，两者的成功都说明对平台结构的选择需要综合分析与理性判断。

随着竞争的白炽化，面对开放式平台的汹汹来势，封闭式平台运营商似乎也备感压力。他们开始抛出了“开放”因子，这是否意味着封闭式平台正在向开放结构过渡？笔者认为，面对互联网开放合作的要求，封闭式平台的开放性策略转变实质是一种伪开放。

对封闭式平台而言，运营商需要通过创新发展保持平台在基本特性方面的优势和差异化水平，以此降低平台的可替代性，提高产品的最大需求量。iPhone 智能手机的不断更新升级正是苹果公司维持平台优势的重要举措，既能稳固用户忠诚度，也能从硬件上获取收入。但随着硬件厂商的增多，兼容性更好的开放式平台会对封闭式平台的用户规模造成分流，如果双方的用户规模不再相差甚远，前者将对后者造成巨大冲击，毕竟互联网时代的人们更倾向于自由、便捷与免费。

面对互联网的开放趋势，傲慢的封闭大佬们开始谨慎探风。已拥有 7.21 亿活跃账户的封闭式即时聊天工具腾讯 QQ 实行“Q+”开放策略，正是提高最大需求量的表现。不过，以开放为名的“QQ 开放平台 Q+”从本质来说仍是一个封闭的平台，只不过是在封闭结构的基础上，做出了一定程度的改良，使平台较之过去增加了一些开放性，但这仅仅是对第三方开发者有限度的开放。在“Q+”开放平台上，腾讯并不打算开放即时通信软件、农场等核心应用。这种伪开放不过是顺应了互联网合作共赢的要求，借第三方开发者之力获取更多利益。软件开发商的产品如果与腾讯的利益相抵触，就会有随时下架的危险。所以，腾讯打造的开放具有蒙蔽性，并没有改变其封闭的性质。难怪原腾讯联席首席技术官熊明华称：“QQ 的开放像苹果的 App Store。”

5. 结论

垄断的封闭式平台能确保开发平台的一致性更好地维护平台自身利益。高质量的应用产品可以保证良好的用户体验度，独特的封闭特性则有利于提升用户黏度。尽管封闭式平台在市场份额上有较大优势，但随着免费应用下载的方兴未艾，开放式平台在下载量榜单上一路唱红。因此，综合平台质量、规模、盈利等各方情况来看，封闭式平台与开放式平台各有千秋，整体而言哪种平台更好不是绝对的。一个准备入市的平台企业需要综合评估自身的发展阶段、战略目标以及资源和优势。对于已经选择了某一结构的平台而言，在不同的竞争环境下也需要有不同的侧重。单就封闭平台的特性来说，应努力降低平台的可替代性，提高最大需求量。具体而言，可以通过对平台进行一系列的创新发展，保持在基本特性方面的优势和差异化水平。但面对开放共赢、合作发展的互联网，以及开放式平台带来的冲击，封闭式平台也不得不做出妥协，以谋求更长远的发展。但这种妥协具有欺骗性，封闭式平台不可能全面、真正开放，就算开放也只能是封闭式的开放，当触及自身利益时，其封闭的特性便会展露无遗。

4.3.4　豆瓣——社交化阅读平台

1. 豆瓣简介

豆瓣网被视为中国 Web 2.0 应用的示范网站，在多个行业评选和第三方排名中皆处于前列。豆瓣网由杨勃于 2005 年 3 月创办，以独到的书评、影评、乐评主题社区著称，因开创了国内 Web 2.0 新模式而闻名。从构想到技术实现均由杨勃一人完成，业内对此有“一个人的豆瓣”的评价。豆瓣的得名来自于杨勃曾经居住的胡同，目前“豆瓣”已经成为一个“文化符号”。

豆瓣网站相关数据

根据 Alexa 的数据，豆瓣在 2013 年 3 月注册用户达到 68,000,000 人，每月有超过 150,000,000 的访问游客。根据 2011 年的豆瓣网志，豆瓣已覆盖 607 个城市，5384 万居民，25 万个兴趣小组，29,504 个小站，13,691 个独立音乐人，1466 个作者译者，1080 家电影院。

数据显示，豆瓣目前的蹦失率（bounce rate）为 37.7%，比之前上升了 10%；每日每人浏览的页面大约为 10 页，并未有显著增长；用户平均每日花在豆瓣上的时间为 6 分 50 秒，只上升了 2%。

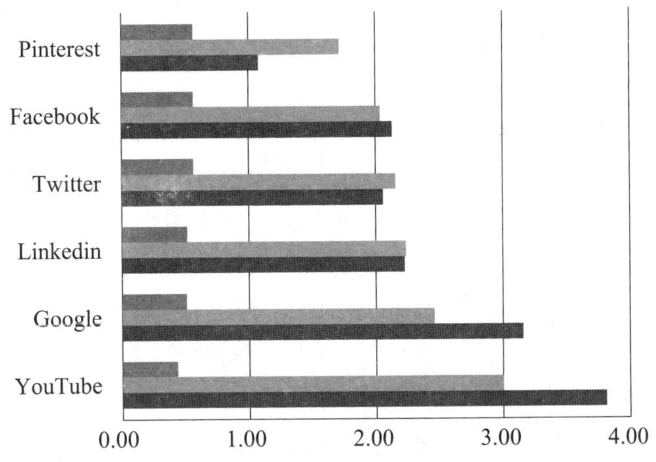

	YouTube	Google	Linkedin	Twitter	Facebook	Pinterest
■ 平均蹦失率	43.19%	50.63%	51.28%	56.35%	56.35%	56.35%
■ 平均浏览页面数	2.99	2.45	2.23	2.15	2.03	1.71
■ 平均停留时间	3.80	3.14	2.22	2.05	2.12	1.08

图 4.3.4-1　Shareaholic 部分网站平均浏览时间、页数、蹦失率数据（2013.9-2014.2）

点入率和跳出率的比值是衡量媒介产品黏性的重要指标。如上图[1]，YouTube网站平均蹦失率最低，但也达到四成以上，其他网站蹦失率基本上都超过了50%，有一半多的网站用户在访问第一个页面的时候就流失了，而豆瓣的蹦失率尚不足40%。社交网站平均用户浏览时间为2～3分钟，大致浏览2～3个页面，这样纵向比较，虽然数据统计口径有所差别，但可以从趋势上说明豆瓣目前的用户黏性以及网站用户体验都很不错。

豆瓣网站版块结构

目前，豆瓣开创了豆瓣读书、豆瓣电影、豆瓣音乐、豆瓣小组、豆瓣同城、豆瓣FM、豆瓣东西等几个子网站（如图4.3.4-2），网站之间采取同构（homology）设计，豆瓣每个版块都是其他版块的同构，保持整体风格的一致性。

读书 电影 音乐 小组 同城 豆瓣FM 東西

图4.3.4-2 豆瓣各版块名称

记录分享、发现推荐、会友交流，这是豆瓣在用户网站使用指南中的对用户站内路径的指引，分别也可对应豆瓣导航的三大组成块：品味系统（读书、电影、音乐）、表达系统（我读、我看、我听）和交流系统（同城、小组、友邻）。

豆瓣是100%的动态网站。呈现给每个注册用户的主页都是各不相同的，而同一个用户在不同时间上豆瓣，也会看到不同的首页。在用户路线上，豆瓣采用分散集中的原则，产品线上的是分散，功能键都设置到相应的产品页面上，是过程的体现；用户管理是集中，集中用户在站内的行为，是结果的体现。这种类似购物网站的设置给用户的体验就是方便，而且路线清晰。动态、个性，这都是豆瓣所呈现的Web2.0体验。

豆瓣网站用户特征

在人口统计学上，与全网的用户数据相比，豆瓣的用户中，男女比例失衡。（如图4.3.4-3所示）男性未被充分代表（under-represented），而女性代表程度过高（over-represented），而且两者的显著性都很强。这或许可以解释当下豆瓣呈现出的“小清新”特质。

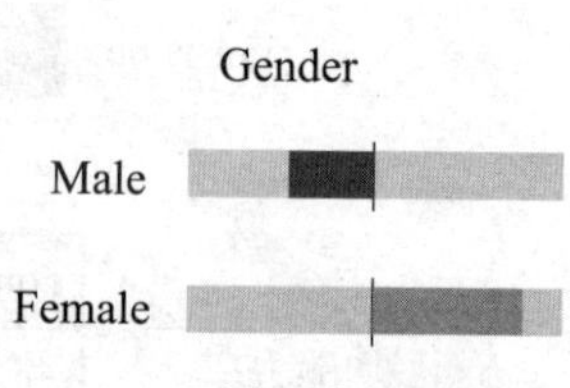

Gender
Male
Female

图4.3.4-3 豆瓣用户性别特征统计

学历方面，正在接受大学教育的人群与总体网站样本的人群比例类似，

---

1 社交媒体用户跳出率[EB/OL]. [2014-04-02]. http://www.weibo.com/dmonsns?is_search=1&key_word=shareaholie&noscale_head=1#_0.

未接受过大学教育的群体与大学学历者群体都被过高代表了。这也反映了豆瓣的用户开始呈现一定的低龄化趋势。有趣的是，研究生学历群体未被充分代表，也就是说，相比网站总体，豆瓣上研究生的数量是偏少的，因此，或许豆瓣并非人们想象中的那么“精英”（如图 4.3.4-4）。

用户浏览豆瓣的地点，在家中上网的人数被过低代表了（greatly under-represented），而在学校、工作地点浏览网站的人数被过高代表了（greatly over-represented），而且两者的显著度都非常强。这说明，豆瓣的用户群呈现一定程度的极化特点，大部分集中于高等院校、工作地点等（如图 4.3.4-5）。

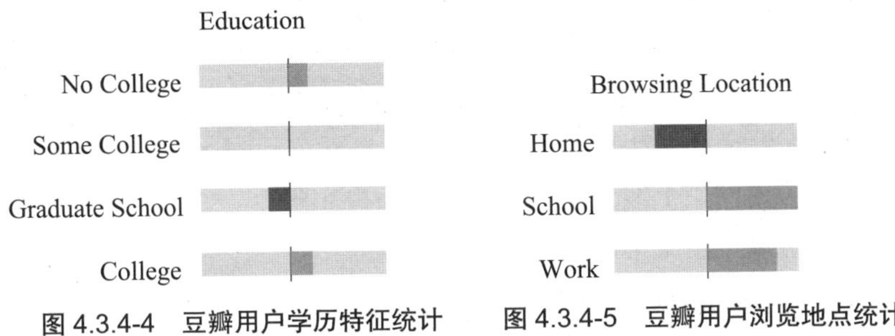

图 4.3.4-4　豆瓣用户学历特征统计　　图 4.3.4-5　豆瓣用户浏览地点统计

豆瓣网站搜索数据

Alexa 数据显示，豆瓣网站的搜索量排行大部分时间在 200 到 600 之间波动，如图 4.3.4-6。

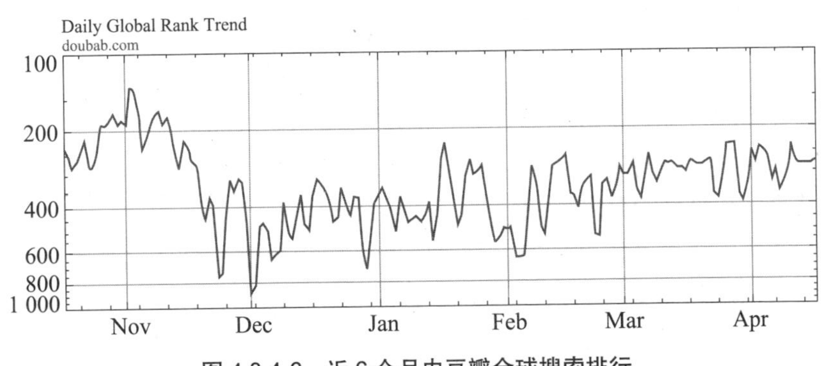

图 4.3.4-6　近 6 个月内豆瓣全球搜索排行

数据显示，平均有 21.6% 的豆瓣用户的流量是来自搜索引擎，到 2014 年，这个趋势似乎有所上升。在搜索的关键词中，5.31% 的用户直接搜索网站名称“豆瓣”，1.26% 的用户搜索“douban”，排在第三位的是“豆瓣电影”，占搜索用户的 0.61%。搜索引擎的排行中，21% 的用户由百度搜索跳转过来，占比例最大，其后新浪微博、谷歌中国、腾讯各占月 5% 的比例，如图 4.3.4-7 所示。前五位中，后两个都是电影名称，用户在搜索电影的过程中直接被导流到了豆瓣，这也说明豆瓣电影依然是豆瓣搜索流量的主力。

Keyword	Percent of Search Traffic
1. 豆瓣	5.31%
2. douban	1.26%
3. 豆瓣电影	0.61%
4. 无人区	0.38%
5. 地心引力	0.36%

图 4.3.4-7 跳转到豆瓣的用户在搜索引擎上使用的关键词

2. 豆瓣发展大事记

2004.9 创始人杨勃为自己的旅行网站“驴宗”制作了商业计划书，在论证时这个计划被放弃了，杨勃的眼光转向“书”这个更宽广也更私人的领域

2004.10 豆瓣网站研发正式开始

2005.3.6 豆瓣网站上线，第一天就迎来用户注册

2005.4.9 豆瓣小组藏书功能开通

2005.4.12 增加小组发言修改功能，将书评与小组讨论分离；对关键词的搜索结果确定以站内收藏人数排序

2005.4.19 增加推介功能，如“和你口味最像的人”“豆瓣成员认为类似的书”

2005.4.20 针对用户和小组推出个性化域名服务

2005.4.22 推出针对站内评论的 RSS Feed

2005.5.2 小组“爱看电影”迅猛发展，“豆瓣电影”单列开通

2005.5.23 开通“Wish list”，开始测试对个人的推测清单

2005.6.14 增加了代码生成器，用户看过、在看、想看的书或者电影都可以自动显示在自己的日志里

2005.7.6 开通繁体字版本，网站针对港台用户增加个性化服务；增加数万种港台出版的图书名目，以及台湾第二、第三大网上书店金石堂和诚品书店的购买链接

2005.7.18“豆瓣音乐”单列开通

2005.8.23 豆瓣推出“豆瓣同城”

2006.3 豆瓣周年庆，联创策源资本注资 200 万美元，豆瓣获得第一次融资

2008.4 豆瓣推出日记功能，开始显露 SNS 网站的特征

2009 联创策源以及挚信资本投入共计近 1000 万美元，豆瓣获得第二轮融资

2010 豆瓣主页一拆为四，在豆瓣主页下包括读书、电影、音乐、社区四

个子网站

2011.9 挚信资本、红杉资本和贝塔思曼亚洲投资基金注资5000万美元，豆瓣获得第三轮融资

2012.1 豆瓣推出“豆瓣阅读器”和免费作品，支持Web、iPad、Kindle

2012.5 豆瓣电影推出“在线选座”购票功能

2013.1 豆瓣FM推出专业版，付费定价10元/月，称用户可享受高音质和去广告

2013.9 豆瓣东西上线，可以与豆瓣中购物相关的小组自然对接

2013.12 豆瓣电影推出“豆瓣问答beta”

2014.8 豆瓣App Android、App ios版本先后上线

3. 功能分析：豆瓣属性的四重变奏

McQuail等人（1972）[1] 建构了一套媒介——个人相互作用的类型学（typology），媒介的功能在于对如下需求的满足：a）消遣娱乐（diversion），逃避例行公事，使人们获得情感的宣泄，并从种种其他限制中获得解脱，即使是暂时的；b）人际关系（personal relationship），满足人们结伴与结群的需求；c）个人认同（personal identification），媒介内容被象征性地用于探究、挑战、调整或确认个体的认同感与自我感，媒介提供了对自我进行评估、定位的途径，使自己在处理个人认同问题上做出相应的反应；d）监视（surveillance），媒介提供的材料可满足有关身边社会或远方世界的信息需求，直接间接地影响个人生活。

图4.3.4-8是本文运用Netdraw2.084软件，选取百度搜索的“豆瓣”为关键字的文本，进行语义网络共现分析，整体语义网络明显分化为四个子网络，分别为：a）以社交为核心，包括交友、兴趣、社区、系统等关键词；b）以文化为核心，包括功能、书籍、图书等关键词；c）以商业为核心，包括商业、广告、模式、盈利等关键词；d）以信息为核心，包括服务、电影、音乐、小组、功能等关键词。

下文将参考麦奎尔的使用与满足模式，结合语义群特点，归纳出豆瓣的四重属性。

社交属性：兴趣互动的圈子

SNS在人际关系方面满足了人们结伴与结群的需求。一方面来说，在于独处之际给自己找个伙伴；另一方面，对媒介产品的消费成为与他人互动的一个焦点。豆瓣在兴趣社交方面有得天独厚的优势。拥有最大的兴趣图谱，

1　约翰·费斯克等编撰.关键概念：传播与文化研究辞典[M].李彬，译注.北京：新华出版社，2004.

保持对兴趣社交的专注。

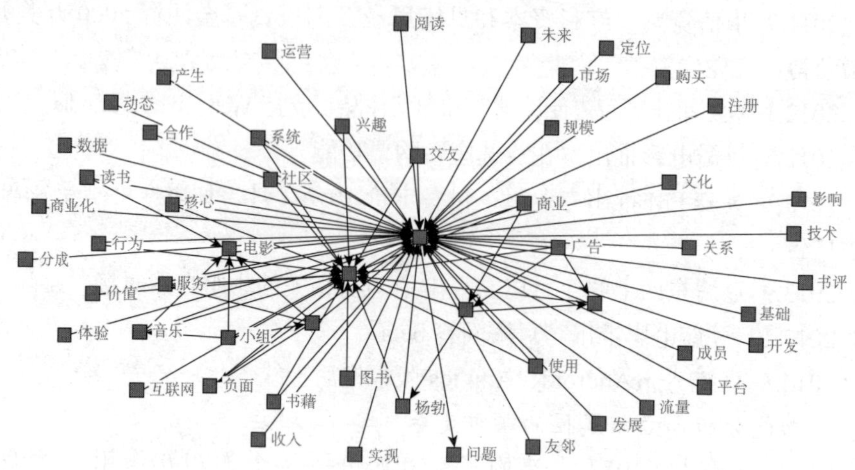

图 4.3.4-8　围绕豆瓣展开的文本语义网络共现分析

社会互动是指处在社会语境下的两个或多个参与者彼此进行的意义交换与协商。社会互动的主要焦点，在于符码与规则的制定者、使用者与建构者之间的传播与交换（reciprocation）。对于信息时代的人来说，知识的自我更新与扩展越来越成为生活中的一个重要内容。与通过专业型网站或搜索引擎进行的知识学习不同，豆瓣提供了一种新的知识扩展链。它既有内在的逻辑关联，又使知识的扩展不是过分封闭在某一个领域内，因为这种扩展不是以专业分类为基础的，而是以“人”之间的互动为基础的。

豆瓣是一个典型的“满足兴趣需求”的业务模式。在电影和音乐上，人们比较容易找到喜好相近的同伴，但对于书，特别是一本比较冷门的书，找到共同爱好者的机率就比较小。而书又有“圈子阅读”的特性，一本共同喜好的书往往连结的就是两个志趣相投的人，而这批有共同书籍爱好的人基本都有交流的需求，这对“圈子”（小组）的形成是天然的催化剂。“圈子”聚拢的高质用户群，促成一个人文豆瓣的自然形成。

文化属性：身份认同的构建

认同（Identification），是指个体将自我身份与另外某些身份相融合的过程。认同可被视为一种防御机制。Rrycroft（1968）认为，身份认同包括：a）将自我延伸到某些他人；b）从某些他人借得自我；c）将自我与某些他人融合。媒介内容被象征性地用于探究、挑战、调整或确认个体的认同感与自我感，包括对自我、自我的情景意识、同媒介情景相连的种种价值与看法以及种种事态（scenarios）所做的比较。媒介提供了对自我进行评估、定位的途径，使自己在处理个人认同问题上做出相应的反应。

因为热爱读书，杨勃转而开发更具有可操作性的读书交流web2.0平台。早在2005年，杨勃为豆瓣敲下第一行代码，根据他个人对读书、看电影和听音乐的兴趣搭建起豆瓣的最初模型，用推荐算法来“猜”用户喜好。这是一次基于理想的创业，杨勃的理想主义情怀是他那一代大学生独有气质与经历的延续。据早期的报道，豆瓣网用户大规模围绕着《查令十字街84号》展开的书评最令杨勃激动。他说：“这本书讲的是纽约女作家和伦敦旧书店之间的书缘，被称作‘爱书人的圣经’，就像是为豆瓣网量身定做的一样。”因此，豆瓣一直被看作中国互联网行业中一个具有独特气质的网站，是用户寻求身份认同的一种途径。

豆瓣用户也有不少是为了豆瓣的收藏功能而来的。他们不热衷交友，评论是多看少写，购买参考是零星行为，豆瓣对于他们只是一个整理自己图书、电影、唱片的架子。不少网站也有类似作用的自设列表功能，但豆瓣的内涵更丰富（涵盖了产品的所有信息），操作却更简单（一个标识动作），服务也更贴心（可循三种方式排序、可以标签整理），于是成了有此需求用户的首选，其他的网站反倒沦为豆瓣推广的途径。

商业属性：商业模式的探索

豆瓣社区化的小众气质，虽然让它聚集了一批忠实的粉丝，也使得它商业化的速度不敢过快。豆瓣一直被称作一个慢公司，慢公司是指相对于现在互联网社会的追求发展速度的快公司而言的，慢公司有自己的特立独行的特点，兢兢业业做自己的分内事，在风起云涌的互联网界显得不温不火，但也发展得有滋有味，似乎赚钱并不是一件多么着急的事情。但是就目前来说，豆瓣已经显露出了探索盈利的趋势，豆瓣在阅读比较、电影票务、FM、同城的垂直发展中都扮演平台的角色，它希望借多元化经营发挥长尾效应。

在2004年，杨勃写了商业计划书，构想了豆瓣的商业模式：在短期和中期，帮助用户发现一些新的、自己喜欢的东西，然后通过与电子商务网站分账获得收入；远期和中远期，以精准广告为盈利点——用户提供自己兴趣点后，在得到豆瓣推荐的文艺产品的同时，也为豆瓣完成广告精准投放提供了必要条件。正如长尾理论强调对利基市场的重视，认为无数不起眼的小生意的价值总和足以超过个别大市场。目前，进驻豆瓣平台的品牌已超过100家，基本上都是国内外知名品牌，合作模式主要为硬广告投放和专门以主页形式呈现的品牌小站。在一份2011年的广告报价单上，品牌小站一年的费用为20万元，硬广告为每千次点击收费60—120元不等。“社会化媒体因为用户互相关注，用户参与品牌互动的行为会受到其友邻的关注，因此更多的人因为口碑效应而关注品牌，产生了社交媒体中常见的传播几何级效应。”

对于豆瓣来说，盈利模式问题的关键在于如何找到一个用户易于接受和商业化盈利之间的平衡点。而基于数据分析的个性化推荐将会是一个突破点。参与第三轮投资的贝塔斯曼亚洲基金的合伙人熊伟铭说："能够足够黏住用户的，到最后肯定会有商业模式。商业模式其实等用户产生之后会发生的。从一开始想怎么赚钱，这些公司一定会是小公司。"

信息属性：UGC 的引爆点

"思想、行为、信息以及产品常常会像传染病爆发一样，迅速传播蔓延"，这就是"流行引爆点"。这个观点也深刻影响了 2.0 的一代人，豆瓣引爆的就是一种草根文化。与传统网站由编辑来决定逻辑结构的内容网络不同的是，网民在豆瓣所感受到的内容网络更多的是由他们自己的兴趣来决定的。网民成为内容关系的主宰者，而不是奴隶。

豆瓣的内容生产机制，一方面是内容指向明确，就是某一特定的书、电影或音乐，因此可以激发那些主动型的网民参与内容生产的积极性，另一方面，又可以使那些被动型的网民很容易实现个性化的满足，而且他们也可以用轻松的方式对内容的关系（例如在首页上推荐的内容）产生贡献。更重要的是，它提供了一种新的关系架构。由于每一个个体在内容之间起着穿针引线的作用，内容与内容的关系变得更为多样化。人与内容的关系也变得更为自由、灵活。

豆瓣是一个完全由用户来生产内容的网站，因此它具有典型的社区性质。但是，这个社区的形成机制与过去的论坛式的社区是不同的。有研究者认为，豆瓣没有硬分类的"狭隘的刚性"，也没有 tag 的"无法讨论的发散"，豆瓣在硬分类和 tag 之间寻找到了一个平衡点——书目数据库。因为一本书你再怎么给它标签，它的书名也是固定的。而围绕着书目数据库而展开讨论，就是豆瓣从另外一个角度组织了信息。[1]

例如一个传统的书评版块，信息组织的维度是"时间"（帖子发表时间）和"主题"（帖子内容），但其实这是一个主体性的概念，"时间"和"主题"都是围绕着"人"而展开，但是一般而言，一个版块活跃的用户是有限的，而豆瓣围绕"物"来展开，其本质就是突破了这个"人"的聚合瓶颈。

4. 产业链分析

本文在编码时采用了 Nvivo8 软件作为协助，笔者依据上述对于产业链分析的文献，提炼了如下图 4.3.4-9 中的关键词，作为搜索的节点和依据。

豆瓣创始人杨勃曾说，"移动互联网应用对我个人来说是一个巨大的解放，我们可以做新的事情，完全不依赖之前的产品逻辑。" 但是分析豆瓣的产业

1 麦田. 豆瓣的力量 [EB/OL].[2006-04-24]. http://maitian.blog.techweb.com.cn/archives/37.

链，我们发现还是有径可循的。

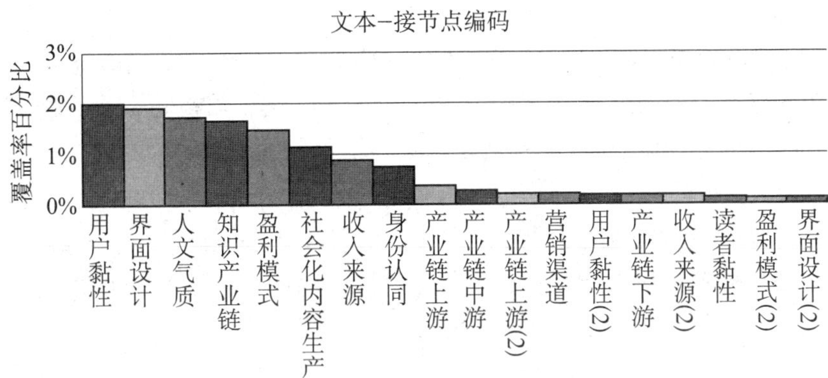

图 4.3.4-9 产业链相关节点的覆盖率

产品：核心产品、形式产品、延伸产品

杨勃在创新工场进行的一次演讲中说，豆瓣刚开始的时候想成为 Google 那样的纯技术公司，做推荐引擎。但逐渐发现大多数人想要的是轿车，而不是发动机。"既然豆瓣想让用户发现感兴趣的内容，所以做 car 也许是更好的选择，豆瓣从那个时候开始逐渐转变为一个产品驱动的公司。"

豆瓣的核心产品在于其社交网络中 UGC 生产的内容，而形式产品则是杨勃最看重的推荐机制和算法，延伸产品则是用于盈利的阅读器、比价系统、票务等。

在 2013 年极客公园创新大会上，杨勃公开表达了其产品观："我一直觉得用户价值可以带来商业价值，我们仍然在做从第一时间起步的新的创新产品，三四年之后，它们或许会变成大家常用的产品。我也认为一个产品的生命周期不能强求，不能在生命周期还处于早期的时候强求转化商业价值，商业价值的转换要跟外界环境相关，而不是被迫做一些勉强的事情。"

结构渠道

①节点：兴趣为节点

兴趣造就了很高的读者黏性。UGC 的价值在于交互，享受多对多的双向交流，其黏性来源于分享。在杨勃看来，对大部分人来说，书籍、音乐、电影的选择特别多，这就带来一个方向，也就是需要发现和分享。每个人的口味都不一样，大家共享之后就会产生口碑传递。"一开始做豆瓣不是为了做一个网站，而是满足人们的需求，如果对用户没用，只是新鲜是远远不够的。"

在用户引导上，豆瓣强调用户参与原则，用户参与的越多，收获也就越多。如用户只有加入一个小组后才有创建小组的权利，需要用户有 9 个以上的收藏并且给出了评价之后，豆瓣才会向其推荐成员，让其拥有二手交换发布和推荐豆列的权利。这是豆瓣基于计算模型需要做出的约定，但同时却令用户有不断发现的惊喜。

②知识产业链：以人为经，以物为纬

如果说门户类网站还是以“物”为第一要素，一些社会类网站则把“人”提到了第一要素，那么豆瓣则是第一个把“人”和“物”放在同等重要地位的网站。豆瓣友邻中显示的是其他用户对“读、看、听“的状态，对“人”设置了一重对“物”的状态显示，实质就是在人和人关系间再多加了一个纬度的表述。

豆瓣表面上看去是一个评论（书评、影评、乐评）网站，但实际上它却提供了书目推荐和以共同兴趣交友等多种服务功能，它更像一个集交友、小组、收藏于一体的新型社区网络，是一个放大了的读书会。用户不再独自打保龄，而是在对“物”的兴趣的支点上，找到了志同道合的“人”的圈子。

例如在个人展现部分，收藏（列表）是豆瓣的核心体现，好比个人的网上书架。在豆瓣，个人展现应用方面的“收藏”还不单指“物”，还包括“人”，因网站交友功能上的薄弱，“友邻”的作用更多地表现在“友邻”对“物”的收藏上，所以用户对外展现的是自己和友邻的收藏，通过物和物、人和物的关系表达。

杨勃将豆瓣的核心思想总结为，“可以发现不同的东西，并且适合自己”。他认为的真正用户就是爱好阅读、习惯文字表达、熟练使用网络的一群人，朋友的推荐往往对购买某种产品非常关键，现在豆瓣扩大了推荐的群体，你会相信特定陌生人的推荐。在豆瓣，形成了一种以人为媒介的书库，以及以书为媒介的人脉，这也可以理解为一种“以书等具体物体为媒介的用户互联关系网”。

③界面：友好的设计

界面设计的友好降低了获取信息、发布内容的费力程度。中国用户第一次看豆瓣，都有一种登录外国网站的感觉。而事实上，豆瓣简约素雅的界面风格，灵感确实来自于著名的图片网站 Flickr，学习的还包括它的分享概念。使用这种设计风格，与豆瓣网的产品思维相关，也与豆瓣建站宗旨服务的读书人群的审美喜好吻合。豆瓣的网站设计具体做法如下：

页面技术：采用 div+css 的页面技术，可以说是 Web 2.0 必备。

页面长度：每个页面非常短，一般两屏，不超过三屏。太长的页面会使用户失去耐心，用户注意力到达率偏低。

用户路径：只做页面跳转，不使用弹出窗口。这也与网站的用户导引相关，希望用户是每一步都发现新的东西，找到新的兴趣点继续在站内纵横“行走”，但目前在各版块之间，也采用了弹出窗口的形式。

收入来源

目前来看，豆瓣的收入来源主要有两点，网上零售商分成以及网络广告，如图 4.3.4-10。

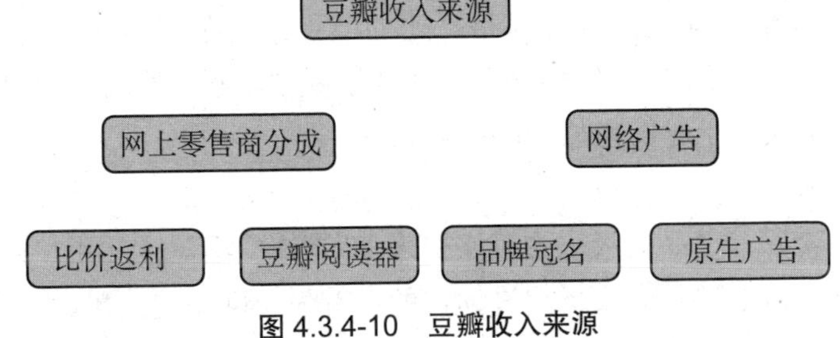

图 4.3.4-10　豆瓣收入来源

CPS 与网上零售商进行分成

CPS 全名即 Cost Per Sale，意为以实际销售产品数量来换算广告刊登金额，在豆瓣这主要体现在电影票价返利和读书返利。

在读书方面，豆瓣的盈利模式也分两种，第一种为传统的 CPS 模式，即通过与卓越、当当合作，为用户提供新书购买渠道，然后收取一定的比例返利；第二种即通过与久久、北发等电子图书合作，开发自己的专用阅读器，向读者提供电子图书。很显然，第一种是比例返利，第二种则是全额销售，明显第二种能给豆瓣带来更多的利润。

豆瓣想到的办法是提供比价系统。这个系统实际上是一个搜索引擎，用户可以利用这个搜索引擎找到同一本书在卓越或当当的价格。豆瓣页面目前已经有十几家网站的“比价”，每次有用户通过豆瓣网上的链接进入当当、卓越这样的大型网上商城购物，双方就会按照事先约定的比例进行利润分成。这是目前豆瓣网最重要的收入来源。

杨勃认为已经找到了一条解决途径。他认为未来豆瓣会大部分靠精准的广告投放来盈利。他透露，图书比价功能对用户来说很方便，它的收入只是水到渠成的收入，未来将不是主要的收入来源。

网络广告

目前并不多，看得出，这是网站为了保持本身风格做的刻意安排。豆瓣目前的品牌广告主要表现在页面展示类广告，品牌小站和豆瓣 FM 中的音频广告。

广告的方式也分两种，一种为品牌广告，一种为植入广告。品牌广告的方式比较独特，目前主要有在线活动和冠名小站等方式。豆瓣通常会举行各种邀请用户来参加的线上活动，而这种活动有个巨大的特点就是参与简单，人数众多，有时只要一句话或者上传一张图片即可，而这也导致了大量的流量。

而植入广告，则是豆瓣会不时在自己的界面或应用程序插入一些广告，但豆瓣似乎很重视用户对广告的态度，采取的大多数是原生广告的形式，即内容风格与页面一致、设计形式镶嵌在页面之中，同时符合用户使用原页面的行为习惯的广告。例如豆瓣的图片广告，其语言风格、图片色调、整体设计都融入了豆瓣小众化的界面风格。比如“我把真芯献给你”的暖心图片，事实上是英特尔的广告；而“妈妈我们去海岛洗肺吧”的图片跟风某四格漫画的调侃，但实际上是海南旅游的广告。

营销渠道

虽然豆瓣以其产品的吸引力确实引来 IT 界的广泛关注和用户群的自发传播，但在其运营上还是有市场促进动作的：首先，网站建站伊始就在《读书》和《万象》这两本国内相对高端的读书类杂志投放过广告，此后也保持着一定的投放频率，这是在目标用户群明确基础上的针对性市场导入行为。

其次，网站在功能设置上很注意与用户个人站外 BLOG 的关联导引，鼓励并教导用户把豆瓣的图、文通过 URL 的形式作为个性内容补充到个人的站外 BLOG 中，这是一种与市场领先产品主动结合的开放性市场推广思维。

再次，豆瓣在运营中注意掌握类别用户，如在《查令十字街 84 号》在国内上市前后，该书的中文版译者在豆瓣网上和读者们频繁互动，还把自己其他译作的读后感拿出来和网友们分享。而在此之后，有很多中文译者慕名加入了豆瓣的用户群，由此而来是更广范围的用户辐射作用。而在香港用户表现活跃之际，豆瓣网就顺势推出了针对港台用户的系列个性化服务，令该地区用户此后增长明显。

5. 未来进路：豆瓣由 Web2.0 向 Web3.0 的进阶

Tim Berners-Lee 认为 Web3.0 是一种基于语义网技术，对于 Web2.0 时代既存的用户数据资源的整合。所谓语义网，是指在现有互联网网页顶部设计的一层意义，使其更有利于信息的半自动化或自动化整合与关联。云计算、大数据都是 Web3.0 时代的重要特征。用户可以将信息存储入网络服务端（云），并进行个性化的定制、提取和关联；运营商可以通过云计算的用户基础与行为数据积累，把握用户行为轨迹，挖掘关联因子，并对未来机遇进行预测。

目前来看，Web2.0 时代豆瓣网的收入模式主要有两种，网上零售商分成以及网络广告。网上零售商分成则包括电影票返利与购书网站返利两个主要方面，网络广告主要由品牌推广和置入式广告两种。进入 Web3.0 时代，环境有所不同，笔者认为豆瓣可以在以下三个方面进行探索：

基于个性化的 Web 服务

曾有学者在一个研讨会上借用尼尔·波兹曼的思路提出了如下的四个问题：“一种媒介在多大程度上有助于理性思维的应用和发展？媒介在多大程度上有助于民主进程的发展？新媒体在多大程度上能够使人获得更多有意义的

信息？新媒体在多大程度上提高或减弱了人类的道义感，提高或减弱了我们向善的能力？”其中波兹曼对于第三个问题的回答是，在过去的一百多年里，人类执着地追求快速提供信息的机器，结果，我们被淹没在信息的汪洋大海里，新媒体让我们的国家成为信息垃圾堆放场。[1]

Web2.0 时代的去中心化，使得过载的信息推送，导致了信息壅塞和信息冗余的发生。而 Web3.0 时代，用户的需求开始发生变化，由一再需求大量的信息，变为寻求精确的个性化的信息。基于用户生成数据以及用户行为轨迹的二度挖掘，可以挖掘出以趣味为中心的用户行为路线图，在建模预测与决策分析的基础上，找到潜在的用户兴趣点，完善个性化的用户推送和呈现界面，实现兴趣挖掘与商业着眼点的无缝对接。

线上线下的交互

目前豆瓣的缺陷在于商业化线下版块的缺失。例如豆瓣读书中的比价系统，只是单纯将信息流导入其他商业网站，豆瓣电影中的在线购票系统也面临引入其他购票供应商网站分流的趋势。这和豆瓣一直标榜的非商业气息有着一定的关系，但也陷入了所谓“微笑曲线”的怪圈。

以豆瓣电影为例，微笑曲线是指，用户生成排序的口碑评价与电影票房的走势有着强关联的效果，盈利主体在于电影的制作方；购票系统的链接，将用户信息流、资金流导入购票网站，盈利主体在于下游的购票网站。这样来看，豆瓣恰好处于“U”字的低端，聚合了优质的用户资源，但商业利润反而微薄。

移动终端的发力

移动传播既可以由人们身上携带的各种便携终端来满足，也可能由人们在时空转换中所遇到的一切终端来提供。人们在一切情境下，都可能处于媒介与终端的包围之中。[2]

Web3.0 时代，移动终端的兴起深刻改变着人们的媒介接触时间和空间的分布。继电脑侵占了传统媒体的使用时间之后，移动终端媒介目前已经逐渐蚕食了包括电脑在内的传统媒体的使用时间，并使之碎片化。端坐在电脑桌前刷豆瓣网的情景，慢慢被发生在移动空间内的、用智能手机、平板电脑或者可穿戴设备的媒介使用情境所替代。

虽然目前豆瓣开设了矩阵式的 App 群落，包括豆瓣电影、豆瓣音乐、豆瓣同城等，但在移动社交型平台如微信等如火如荼发展的趋势面前，专注做网站，而忽略终端使用体验的豆瓣网明显落后了，包括微信的公共账号推送也并未保持住网站一样的用户黏性。这也许和传统思维下的，认为移动终端

1　孙玮.超越技术与传媒业：媒体融合与新闻传播学学术创新[J].国际新闻界，2010(12).

2　彭兰.社会化媒体、移动终端、大数据：影响新闻生产的新技术因素[J].新闻界，2012(16).

注重浅而速食的内容汲取有关，但微内容并非等同于微价值，移动终端用户同样有使用精致推送内容、简介界面体验的需求，甚至比网站更加强烈。另外，子版块分离出的客户端体验也存在被后进入者取代的危险，比如虾米音乐之于豆瓣音乐。因此，在移动终端大量占领媒介使用时间和空间的当下，发力移动终端，才能真正将内容、渠道转化为价值。

6. 豆瓣未来盈利前景分析

当前的状态

本书用波特五力模型对豆瓣的盈利模式进行分析。五力分析模型是迈克尔·波特于 80 年代初提出，用于企业战略制定竞争战略的分析，可以有效分析客户的竞争环境。五种力量模型将大量不同的因素汇集在一个简便的模型中，以此分析其基本竞争态势。五种力量模型确定了竞争的五种主要来源，即供应商的议价能力，购买者的议价能力，潜在竞争者进入的能力，替代品的替代能力，行业内竞争者现在的竞争能力。

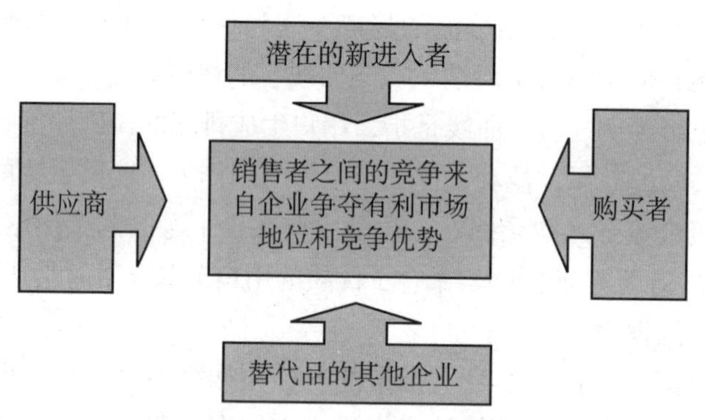

图 4.3.4-11　波特五力模型

供应链上下游

豆瓣宣称它要做永远的 BETA 版，这不仅表现在它不断的产品更新上，也可以体现在对它日后盈利模式的预测分析上。现在的豆瓣，被认为处于产业链的中间位置，重点服务人消费物（书、电影、唱片）"之前"的阶段，提供用户直达"之后"的渠道，欠缺"之中"的过程。

①上游——服务其他生产商，自身也可以是生产商

行业标准：通过高质评论和喜好人群的大量汇聚树立品牌，成为中国版的《伦敦书评》、蓝屋书榜、《米其林指南》，主导并出版相应的榜单、指引、评选。

营销合作：与生产商合作推广，甚至策划推出直接满足某类群体需求的产品。

如有很多不是为了畅销而出版的图书，用门户网站铺天盖地的推广方式不但成本高，而且很难达到满意的效果。但与站内人与人自发口碑传播、信

任度高的豆瓣合作则很有事半功倍的效果。当豆瓣用户达到一定基数的规模后，豆瓣对产品的销售就可以产生决定性的影响力。而且由于豆瓣对人群意见的即时征集和反馈能力，这个影响不仅可到达产品生产后的销售，还可以延伸作用到产品诞生之前的策划，直接促进产品的产生。

网络广告：分众人群的广告投放。

②下游——电子商务网站

直销平台：是对现在渠道作用的延伸。在有资源配合的前提下，豆瓣甚至可以类似携程开设如家那样，开设自己的线下渠道，承担起整条产业链从策划、生产、销售到配送的全过程。

二手交易收费平台：现在站内的二手交换是因应用户需求的一个功能，当豆瓣有资源投入，有完善的用户信用、支付系统和相互认证保障后，升级服务后对用户收费也是一个途径。

豆瓣阅读器是豆瓣网2012年一月上线的服务，个人作者可以在豆瓣上直接发布优秀作品，然后从自己的作品销售中获得分成。读者需要付费购买优秀作品，这就为豆瓣网提供了一笔不菲的收入。豆瓣阅读是今年第一种直接向用户提供的付费产品，也是豆瓣网进军现在火热的电子书市场重要的一步。豆瓣阅读是豆瓣面向用户设置的一种付费服务，因为只有付费才能真正使创作者及权利人获益，“真正有价值的东西都应选择面向用户收费”。

竞争者与潜在进入者

2008年3月，号称国内最大的SNS社区、有2000万用户的校内网上线了电影频道。频道主推的电影海报、剧情简介、影评、打星等，恰恰都是豆瓣引以为豪的功能。据校内网称这个频道在短短时间内创下了日访问人数最高增幅30%的佳绩。测试中的海内网、一起网等SNS网站，也一夜之间整合了文艺评论和类似“豆瓣九点”的热文功能。面对市场新进入者，以及潜在的替代产品，杨勃觉得豆瓣网有两个杀手锏，可以应对别人对豆瓣模式的复制。其一在于豆瓣用户的匿名性。豆瓣是定位于一个“发现”的网站，豆瓣网要做的是帮助大家发现生活中的东西，而并非通过豆瓣去认识更多的朋友。虽然大家通过书、电影、音乐结识，甚至组织了线下活动，但豆瓣网作为一个SNS网站，一直都没有强调用户的真实性。匿名是一把双刃剑，虽然减少了用户的参与程度以及用户之间的互动，但是也给豆瓣网带来了自由的话语权，使得豆瓣的评论相对客观，也保证了评论的高质量

其二在于3年来数据库的积累和核心用户。豆瓣是一个文化产品资料库，不同于图书馆电子版一对多的开放分享，豆瓣由于开放给所有用户参与建设，因此是一个动态变化趋向完整的文化产品资料库，形成的是多对多的分享交

流。正因为有交流元素的介入，所以豆瓣强调了参与建设信息的有用与否（评价和讨论），令贡献信息的私人性（BLOG 元素）变得公众化（BBS 和贴吧）。而与论坛交流的公众性相比，由于豆瓣加入了计算模型这个技术核心应用，用户完善这个资料库的同时，它也把最符合用户爱好的产品推荐到用户面前。

购买者

互联网手机厂商的崛起，从两个方面推动着个人代理市场的发展：个人力量突出，大 V、自媒体的崛起，他们掌握了一定的话语权，成为个人品牌；圈子文化显性化，尤其是基于微信的朋友圈、微信群，增进彼此信任感。但这些都似乎无法取代豆瓣作为 SNS 网站的独特存在。

有研究者认为，用相同兴趣作为媒介，把人和人的社会关系真实地搬到网上，也使得豆瓣相对于一般交友网站或者 QQ 更有针对性，加入“友邻”的往往是不认识但趣味相投的朋友，这比陌生人随意添加要有效和可靠得多。实际上，豆瓣的豆友们已经在现实生活中组织了各种各样的聚会、活动，豆瓣的 SNS 已经远远把传统阅读社区抛在了后面。阅读 + 评论—交友 + 社区，豆瓣真正抓住了 Web 2.0 的核心特征。

未来的前景

数据库的积累可以成为未来豆瓣在大数据时代的优势所在，豆瓣的结构化数据与非结构化数据并存，这就使豆瓣拥有了几大能力：包括聚合用户习惯进行比较分析的能力，聚合用户 SNS 中相关评论的能力，根据推荐内容分析聚合相关微内容的能力，与地面渠道实时结合交互的能力，与线上渠道结合交互的能力等。在拥有这些能力的基础上，即便不向下游用户收费也可以真正提高豆瓣的议价能力，而且这种模式不容易被复制 ——用户的消费习惯、阅读习惯不是靠填写几张调查表或者分析几张订单就能搞定的，豆瓣有着比较忠诚的用户群，也有着相对容易的分析条件，建立这样一个 CRM 系统不应该是件难事，假以时日，在这个系统上进行营销、无论是线上还是线下，都将是别人无法复制的豆瓣。

当用户点击该推荐中的商品介绍时，不仅能在某种程度上实现豆瓣网对商家产品的推销，还能让豆瓣网根据用户的实际点击完成对用户群的进一步细分，以使豆瓣网能够掌握到更为细致有效的用户数据信息，并在此基础上建立起一套完整的用户数据资源库。而对于急需根据用户反应来调整自身营销策略的商家（如书商、出版商）来说，这样的用户数据库显然是非常必要并很可能花钱购买的。在此基础上，可以实现；a）长尾理论、小众化——广告精确投放；b）需求理论、圈子化——阅读器、签约作者出书；c）激励体系——整合 UGC 中的精华，反向定制（C2B）模式；d）趋势预测——豆瓣可以预测电影票房、图书销量以及东西的销量等。因此，或许这才是豆瓣网未来“造血能力”的最主要体现。

4.3.5 谷歌数字图书馆——生态圈、渠道、版权、终端革命

1. 谷歌数字图书馆的成长日志

1999 年，谷歌公司刚刚起步之时，其联合创始人之一拉里·佩奇（Larry Page）就提出了将所有书籍数字化的想法，鉴于该庞大计划所需的大量财力和物力支持，此想法对于羽翼未丰的谷歌公司来说无疑是天方夜谭。5 年之后，2004 年 7 月，发展初具规模的谷歌开始着手对图书进行大规模数字化制作，推出了“谷歌图书”（Google Print）服务，并于当年 12 月宣布筹建全球最大的数字图书馆。2010 年 12 月，谷歌电子书店（Google eBook Store）正式运营。2013 年 1 月，因为并未达到谷歌所期望的市场效果，谷歌关闭了独立电子书店 Google eBook Store，将所有的数字书电子转移到旗下统一的电子商务平台 Google Play Store 中。（见图 4.3.5-1）

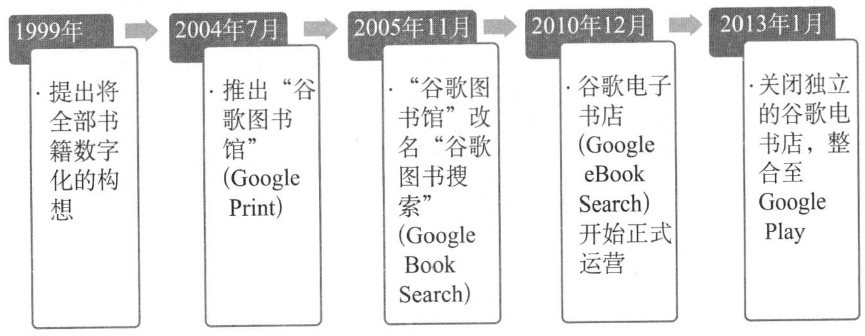

图 4.3.5-1　谷歌数字图书馆的发展历程

时至今日，谷歌建立“一座永远的图书馆”的梦想仍然在构筑的道路上，虽然期间经历了不少坎坷，但是相对 2005 年 10 月 Yahoo 与 Adobe 公司、欧洲档案馆以及加利福尼亚大学等共同组成的开放内容联盟（Open Content Alliance, OCA）、微软于 2006 年开发的 Live Search Books 计划以及 2008 年 11 月在布鲁塞尔开馆的欧洲数字图书馆计划等竞争对手，谷歌数字图书馆还是呈现出不可比拟的优势。另外，相对于苹果和亚马逊等其他电子书提供商，谷歌数字图书馆也有自己独特的竞争优势。因此，有必要对谷歌数字图书馆的商业模式进行梳理和分析，以供我国的数字出版业思考和借鉴。

2. 谷歌的盈利情况分析

庞大帝国的发动机：搜索广告

早在 2012 年，Google 公司便已超越微软公司，成为仅次于苹果的全球第二大科技企业。Google 作为全球最大的并且最受欢迎的搜索引擎，主要的盈利点来自于搜索广告。Google 作为企业，需要面对两种重要的客户：一种是普通的 Google 用户，即使用 Google 进行信息检索的一般网民；另一种是与 Google 进行直接经济交易的商业客户。对于前者，Google 向其提供免费的信息检索服务，赚取网络点击率；而对于后者，Google 向其提供技术或广告宣传，并取得实质性的经济收入。

表 4.3.5-1 是谷歌从 2011 年第一季度到 2013 年第四季度的收益明细趋势图。其中绿色的 Google websites 和蓝色的 Google Network Member’s websites 两部分相加，即代表谷歌的广告总收入。由表 1 我们可以很明显地看出，这两块收入在谷歌的总收入中稳居大头。

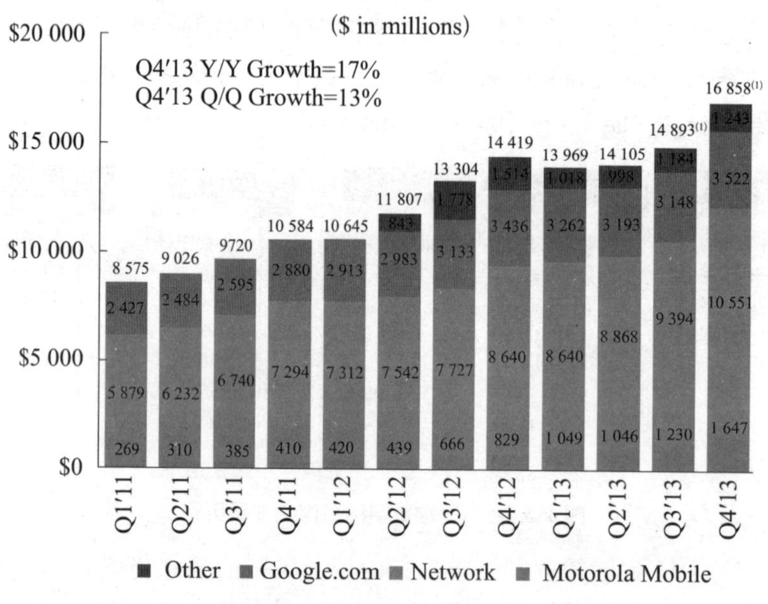

表 4.3.5-1　谷歌各项收入趋势图（2011Q1—2013Q4）[1]

谷歌的搜索广告模式：AdSense

表 4.3.5-2 是根据表 1 的数据所计算出的谷歌的各项收入在总收入中所占的比重图，所取数据的时间是从 2012 年第 2 季度到 2013 年第 4 季度，选取此时间段主要是考虑到有 MOTO 移动业务的加入。从表中我们可以看出，谷歌的广告收入，即蓝色部分和红色部分的总和达到了 85%。值得一提的是，相比于国内百度所采取的恶性竞价排名广告模式，谷歌主要采取 AdSense

1　该图选自谷歌2013年第4季度财务报表《Google Q4 2013 Quarterly Earnings Summary》

广告模式，这是谷歌于2004年10月推出的新型广告模式，相比之前的AdWords模式更为先进、技术也更加复杂。AdSense通过采取会员的形式来吸引更多的网站加盟Google广告发布平台，它实际上相当于一个广告联盟，可以在加盟者网站的内容页面上展示相关性较高的Google广告，并且这些广告通常不会采取过分夸张醒目的形式。由于所展示的广告同用户在加盟者网站上查找的内容有一定相关性，只要链接的广告被有效点击，加盟者还可以借此从Google处分得一部分的广告收入。

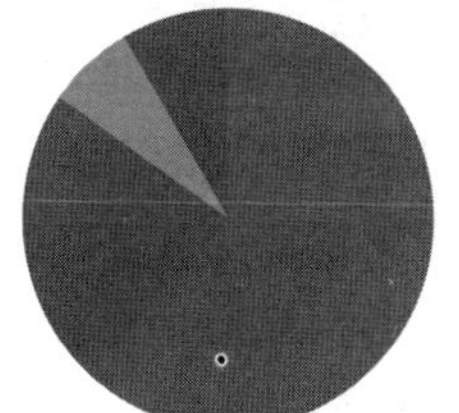

表 4.3.5-2　谷歌各项收入比重图

回顾2011年8月，谷歌为获得MOTO手握的1.7万项专利，斥资125亿美元收购了摩托罗拉移动，125亿美元的价格看似并不是太贵，但是在连续的近三年亏损之后，2014年1月30日，谷歌以29亿美元的价格将摩托罗拉移动拱手让于联想集团。除去摩托罗拉移动这一块业务的收入，广告收入在谷歌总收入中所占的比重将会重新扩大至90%以上。

拉动谷歌数字图书馆的三驾马车：广告、内容销售、售书分成

（1）广告收入：

谷歌数字图书馆的主要盈利方式与整个谷歌的盈利方式一脉相承，也是主要依靠广告收入。谷歌数字图书馆提供图书搜索功能，依托自己庞大的数字化资源库，让用户找寻数据时能更快捷方便地找寻到自己所想要的数据资源。这样通过提供大量免费的数字化内容聚集起大量的用户，获取巨大的注意力资源。然后将这些注意力资源以商品的形式卖给广告主，从而获得丰厚的经济利润。

（2）谷歌电子书店内容销售收入：

谷歌公司工程师James Crawford指出，谷歌电子书的价格基本上与亚马逊、巴诺、苹果等书店近似，用户可以在Google Play直接购买电子书，这部分利润可以称为直接收入。[1]

1　安小兰.谷歌开放性电子书商业模式及其创新性分析[J].山东师范大学学报：人文社会科学版.2012（2）.

（3）与其他合作伙伴分成：

谷歌于 2013 年 1 月撤销了独立的谷歌电子书店，即废止了曾给很多独立书店带来希望的电子书中间商计划。但是谷歌依然保持着与其他包括亚马逊、兰登书屋以及企鹅等在内的大型合作伙伴合作，例如，用户在搜索书籍时，谷歌会提供该书籍在亚马逊的相关购买链接，如果用户通过此渠道购买了书籍，谷歌将与亚马逊进行销售分成。

3. 分析工具：Alexander Osterwalder 的商业模式

亚历山大·奥斯特瓦德（Alexander Osterwalder）和伊夫·皮尼厄（Yves Pigneur）两位学者在 2011 年出版的《商业模式新生代》中将商业模式定义为"描述了企业如何创造价值传递价值获取价值的基本原理。"[1] 并进一步提出了构成商业模式的 9 个基本构造块，即 Customer Segments（客户细分）；Value Propositions（价值主张）；Channels（渠道通路）；Customer Relationships（客户关系）；Revenue Streams（收入来源）；Key Resources（ 核心资源）；Key Activities（关键业务）；Key Partnerships（重要合作）；Cost Structure（成本结构）。（见图 4.3.5-2）

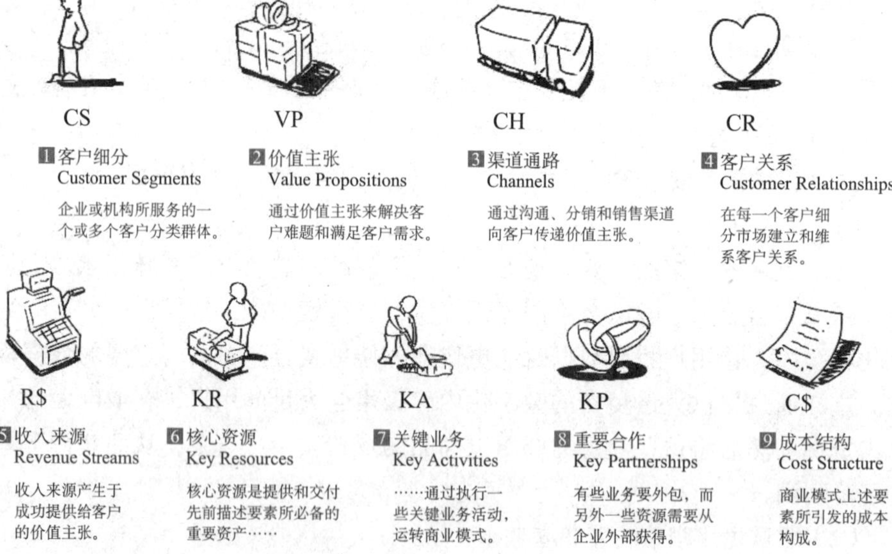

图 4.3.5-2　Alexander Osterwalder 商业模式的 9 个基本构造块[2]

两位作者认为这 9 个构造块覆盖了商业的 4 个主要方面，即客户、产品 /

1　亚历山大·奥斯特瓦德，伊夫·皮尼厄.商业模式新生代[M].王帅，毛心宇，严威译.北京：机械工业出版社，2011.

2　亚历山大·奥斯特瓦德，伊夫·皮尼厄.商业模式新生代[M].王帅，毛心宇，严威译.北京：机械工业出版社，2011.

服务、基础设施和财务生存能力。它们可以展示企业创造收入的逻辑。接下来，我们就结合谷歌图书馆的业务板块来进行具体分析。

4. 谷歌数字图书馆商业模式一览及分析

我们可以利用 Alexander Osterwalder 商业模型的 9 个基本构造块来分析谷歌数字图书馆的商业模式。这个商业模式可以概括为 4 大支柱（对应于上文提到的四个主要方面），包括产品或服务（product/service）、客户界面（customer interface）、资产管理（infrastructure management）以及财务方面（finance aspects），每个基本构造块所具体代表的含义可以参见表 4.3.5-3。

表 4.3.5-3　谷歌数字图书馆商业模式一览表

四大支柱	构成要素	含义
产品或服务（product/service）	价值主张（value proposition）	对读者：海量数字内容； 内容商：以平台和分红换版权； 对广告主：庞大消费者基数
客户界面（customer interface）	客户细分（customer segments）	读者和商业客户（内容商和广告主）
	渠道通路（channels）	搜索引擎；谷歌网上书店；购书网站链接；图书馆馆藏；关键词广告平台
	客户关系（customer relationships）	读者和商业客户双边市场的维系
资产管理（infrastructure management）	关键业务（Key Activities）	书籍内容数字化；电子书或印刷图书售卖；广告售卖
	核心资源（Key Resources）	第一搜索的地位； 独特而高超的扫描技术； 雄厚资金支持
	重要合作（key partnerships）	图书馆，出版商，版权人
财务方面（finance aspects）	成本结构（cost structure）	1.25 亿版权费；10 美元扫描一本；：销售收入 37% 的分成（价值驱动型）
	收入来源（revenue streams）	“免费午餐”形成“倒钩刺”，获得广告利润；网上书店销售；与其他书商分成

谷歌数字图书馆的商业模式分析

从“平台提供者”到“规则制定者”，谷歌数字图书馆创造多赢的谷歌数字图书内外生态圈。

谷歌数字图书馆外生态圈的构建——谷歌构建一座数字图书馆所需要处理的外部关系包括其与竞争对手的关系、与内容来源（合作书商，版权人）的关系，与读者（用户）的关系以及与广告主的关系。谷歌希望在电子书领域建立一种开放模式，谷歌称之为“开放生态系统”，这么一种产业生态环境不仅代表着用户有着极大的自主权，也意味着电子书价值链上的各方力量也能够参与其中，获取收益。

与用户和广告主的关系：双边市场的维系——谷歌利用自己作为世界上最大的搜索引擎的优势，以海量的免费数字化内容作为诱饵聚集起庞大数量的用户群，然后形成“倒钩刺”吸引商业广告用户投放广告。这样，谷歌就作为一个交易平台搭建了用户和广告主双方所组成的双边市场，并且同时提供给了双方最看重的资源。

与内容提供商的关系：版权分红及共享——自2004年谷歌开始建立数字图书馆开始，与谷歌合作的传统图书馆已从最初的5家（哈佛大学图书馆、斯坦福大学图书馆、牛津大学图书馆、密歇根大学图书馆和纽约公共图书馆）变成几十家。同时，为了解决版权问题，谷歌积极寻求与出版商和版权人的合作，与谷歌合作的大大小小出版商已有3万多家。根据谷歌与美国作家协会和美国出版商协会的和解协议，谷歌愿意为其扫描的书籍支付高达1.25亿美元的版权费，同时成立“图书版权登记处”（Book Rights Registry）负责管理图书版权及收入分成，其董事会成员包括作者和出版商。谷歌通过该机构将售书收入的63%交付于出版商和版权所有人。关于版权的这一部分将在下文详细展开。

与竞争对手的关系：开放终端，协同合作——相比苹果的ibook和亚马逊Kindle的“平台+终端”的封闭模式，谷歌的数字图书馆是一个更加开放的体验，用户可以在任何时间、任何地点下载或者花钱买书，只要有一台联网的终端设备。云技术和云服务是支持这一愿景的主要技术手段。在此优势的基础上，谷歌积极寻求与竞争对手的合作，例如谷歌图书搜索也可以链接到亚马逊等网上书店，若用户通过谷歌图书搜索的链接进入亚马逊网上书店购买书籍，则谷歌和亚马逊一起参与分成，它们与出版商是按照55/45的比例进行分成的。

谷歌数字图书馆内生态圈的构建——无缝切换式阅读：随时随地读任何书

谷歌在进入电子书产业时，就提出了“在任何设备上，任何地点读任何书”（any device you own to read any book,anywhere）的口号。由于谷歌同时支持PDF和Epub两种格式的图书，谷歌图书能够支持web网页浏览，能在几乎包括Android手机或平板、iPhone、iPad以及所有支持Adobe电子书平台的阅读器等终端上进行阅读。谷歌用户在商店下载或购买的电子图书是运用云计算技术来储存的，电子图书直接存放在Google分配给每一个注册用户的一个“在线图书馆”中，消费者用户可以再把电子图书放到其他阅读终端随时随地阅读。[1]

1　姚柏年．数字出版商业模式研究[D]．上海：华东师范大学，2012.

从应用平台到内容平台的转换

谷歌通过打造 Jelly Bean 操作系统、Google Play、Nexus 7、the Q 组合以及 Gmail 账户等，想要构建一个完整的谷歌生态系统与苹果抗衡。自 2013 年谷歌的电子书店、音乐等服务整合至 Google Play 后，电子书服务成了谷歌生态系统更为嵌入式的一部分，跟应用、音乐、视频等一起为用户提供了更为一体化的体验，这体现出谷歌想要将自身从 Android 应用市场升级成为用户的全面信息管家的雄心壮志。

（1）核心竞争力：做大渠道方，以免费内容为“诱饵”，形成“倒钩刺”

内容、终端和渠道是未来数字出版行业的三大重头戏。苹果公司向来注重终端设备的研发，亚马逊作为传统书商的影响力不容小觑。而谷歌相比于苹果和 Kindle 的最核心的竞争优势在于其作为世界上最大、最受欢迎的搜索引擎的地位，也包括其 Android 操作系统的广泛覆盖性，亦即作为渠道的强大竞争力。尽管如此，谷歌的野心远远不止于此。谷歌将电子书店整合至 Google Play Store 中，一方面是出于盈利的考虑，另一方面是想竭力打造一个完整的内容平台，跟苹果的 AppStore 抗衡。

饮水思源，内容无论对传统出版业还是数字出版业都是至关重要的，但是在这个信息爆炸、全民创作的网络时代，相比于过往的内容稀缺的年代，尤其是对于数字出版业来说，内容作为稀缺资源的重要性有一定程度的消减。相比内容，渠道反而显得愈加重要。作为数字内容提供者或者渠道方，如何在众多的竞争对手中脱颖而出？谷歌显然给出了一个颇为有效的解决方法，即首先通过搜索引擎和操作系统聚集起庞大的用户群，形成用户黏性，然后形成大规模的数字内容的下载和网上书店销售的市场。这种渠道相比于传统的图书出版渠道来说，省去了发行商甚至是出版商的环节，可以直接在内容与读者之间或是读者与出版商之间搭建起沟通的渠道，形成一种更加扁平化的出版结构。同时，随着网络 UGC 内容的不断发力，谷歌在将来还可以利用自己的现有平台，鼓励用户自行创作，应用自助出版模式作为出版商一方直接出版数字化的内容。

另一方面，谷歌同时扮演着将大量用户推送至广告主面前的渠道的推送商角色。作为搭建在用户和广告主所组成的双边市场中的交易平台，谷歌利用大量免费内容吸引用户，然后将用户卖给广告主。这有些类似于传媒经济学中的二次售卖，只不过谷歌提供给用户的内容主要是以免费的形式呈现的，其主要收入靠的是广告费用。因此，庞大的用户群也给谷歌带来了丰厚可观的广告收入。

（2）独特的版权处理方式：先扫描后补偿，以分红换版权

谷歌数字图书馆在全球扫描图书总量预计将超过 2000 万册，面对如此庞大的扫描数量，遵循市场上通行的“先授权后扫描”策略恐怕进度会相当迟缓。谷歌数字图书馆的模式的成功之处一部分就在于其采用了“先扫描后补偿”的采集模式。谷歌在这个项目初期已经意识到可能将会存在版权纠纷问题，为了最大限度地避免版权问题所带来的纠纷，谷歌将在线图书分成三部分，即仍处于版权保护期的在版图书、处于版权保护期的绝版图书（也有称“孤儿作品”）和过了版权保护期的图书。对于已过版权保护期的图书，谷歌将其免费提供给用户观看或下载。而对于处于版权保护期的在版图书，谷歌采取摘录视图的方式展现给读者，如显示三段有关搜索的段落，及显示该书的出版时间、页数、书号、目录以及摘要等内容。

而对于仍处于版权保护期内且版权归属不明晰的绝版图书（即“孤儿作品”），由于难以确定其版权人，谷歌采取“先扫描后授权”的方式处理，用户可以在线预览和购买每本数字化的绝版图书，除非图书的作者或出版商选择结束该图书，这一部分也是谷歌对于书籍版权处理争议最大的一部分。反对方认为孤儿作品的版权同样受到法律保护。谷歌在修订版的和解协议规定，将向已经扫描的数百万本图书支付费用，每一本完整的图书扫描要向版权所有人支付 60 美元的扫描费，图书产生的任何销售订阅和广告收入都将在版权所有人和 Google 之间分配，分配的比例是 63% 和 37%。版权所有人可选择让其继续使用或者要求其删除图书，对不愿意自己的作品被扫描的版权所有人采用了“Opt-Out”条款，即让各版权所有人向 Google 提供其不愿被纳入计划的版权作品列表。

历时 8 年，2013 年 11 月，谷歌与美国作家协会和美国出版商协会之间旷日持久的版权诉讼终于告一段落：曼哈顿联邦地区华裔法官程卓光做出判决，判定谷歌的图书扫描计划是“公平使用”（Fair Use），并未对原创著作市场造成损失。不仅如此，他在判决书中对谷歌进行了高度评价，认为“谷歌图书提供了重大的公共利益”，是“一种必不可少的研究工具”。这对于谷歌数字图书馆计划来说无疑是一剂强心剂，谷歌的数字图书馆计划使这些大量的绝版书籍也因为数字化扫描再一次“重见天日”，对读者和世界文化的进步来说不可不谓之为一件好事，可以说对这一部分图书的扫描是谷歌建立数字图书馆的最大意义所在。

（3）阅读工具的革命性变革：谷歌眼镜等可穿戴设备或可解放双手进行阅读

科技给了我们无限的想象力，手机、平板等移动终端大大方便了我们的阅读，随时随地的阅读解放了我们的双腿。但是，试想一下将来的阅读工具

是否可以解放我们的双手？谷歌眼镜让我们看到了希望。

谷歌于2012年4月4日在其社交网络Google+上公布了命名为“Project Glass”的电子眼镜产品计划，次日正式发布一个叫“Project Glass”的未来眼镜概念设计。2014年4月15日，谷歌开始在其网站上接受任何美国成年公民订购“谷歌眼镜”，单价1500美元(约合9200元人民币)，这也是谷歌眼镜首次面向公众开放销售。这款“拓展现实”眼镜具有和智能手机一样的功能，可以通过声音控制拍照、视频通话和辨明方向，以及上网冲浪、处理文字信息和电子邮件等，我们可以乐观地认为，通过谷歌眼镜来进行阅读也只是时间的问题而已。2014年，谷歌在移动终端方面频频发力，有消息指出，谷歌在不久的将来将推出首款Chrome OS平板电脑，该平板电脑将支持触屏功能，且价格亲民。在谷歌高级副总裁桑达尔・皮查伊看来，在多屏世界中，Chrome将对Android起到补充作用，Chrome OS是网络技术的支持者，在多屏世界中将起到关键的作用，可使多种设备有效地和谐运行。

随着移动互联网市场的加速发展，谷歌正全力利用自己的技术优势抢先一步抢占流量入口，谋求在硬件领域的一席之地，像谷歌眼镜之类的可穿戴设备便是一种成功的尝试。

5. 谷歌数字图书馆商业模式的再思考

尽管取得了不俗的成绩，但是毋庸置疑，谷歌的数字图书馆计划仍然存在一些值得商榷的地方。例如有人质疑谷歌此究竟是全世界用户的文化福音还是美国话语霸权的一种体现？谷歌虽然声称自己站在公共利益的一方，但是对于版权人的版权侵害却是不争的事实，应该如何在两者之间做出平衡？仅仅从商业的角度来看谷歌数字图书馆的商业模式，笔者认为该计划还存在以下几点不足或是挑战。

渠道与终端的拉锯战：主流终端的匹配性

随着互联网、数字化以及移动终端技术的发展，我们不难预测在可以预见的未来，移动阅读将越来越成为主流阅读方式，手机和平板电脑将成为主流阅读工具。目前，苹果作为移动通信终端设备领域领先者的地位仍然难以撼动，谷歌的平板电脑所占的市场份额仍显捉襟见肘，其研发的谷歌眼镜要在移动阅读的领域大展拳脚仍需时日，而谷歌自主研发的操作系统与iPhone和iPad等终端的不可兼容将导致谷歌数字图书馆计划推广道路上或多或少的障碍。

亚马逊和苹果不断拓展电子书领域带来的挑战

谷歌、亚马逊和苹果三者有着不同的电子书商业模式，尽管谷歌相比两者具有模式更加开放、数字化内容更为丰富的优势，但是亚马逊和苹果还是占据了大量的数字阅读用户，很难保证将来亚马逊不会开发类似 Google Play 的 Amazon Play 与其进行竞争。最主要的竞争对手恐怕还是苹果，苹果的一体化优质体验确实吸引了一大批忠实的果粉，其 ibook 还有广阔的发展空间。另外也不能排除苹果和亚马逊等其他电子书提供商合作的可能。

盈利方式尚待优化

2013 年 1 月，谷歌关闭独立电子书店 Google eBook Store，谷歌官方给出的解释是未达到预期的市场效果，同时，将所有的数字书转移到旗下统一的电子商务平台 Google Play Store 中。这说明谷歌电子书市场的盈利仍然是个问题。盈利方式是企业商业模式中至关重要的一环，虽然谷歌数字图书馆计划采取的是价值驱动型的商业模式，即以高度个性化的服务和用户的体验为主，但是作为一个企业，如何使得电子书业务盈利是谷歌非常有必要解决的一个问题。

6. 结语

在数字化浪潮的推动下，电子书市场急剧扩张已成了不争的事实，在电子书市场发展较为成熟的美国和英国地区，电子书市场在图书市场中所占的比例逐年攀升，2013 年两国的该比重已经分别高达 30% 和 20%。德国和西班牙的电子书市场份额则分别到达了 5% 和 3%。中国、印度、巴西、俄罗斯等国家的电子书市场也在迅速崛起。与传统的图书产业相比，无疑这个领域充满了商机与前景。[1]

面对数字出版浪潮的逼近，纸质书籍的危机已经迫在眉睫，无纸化，数字化，网络化，移动化，自主化的阅读是大势所趋，或许在未来世界，我们只需一张可以放进口袋的电子纸便可以随时随地尽情享受阅读。科技了改变生活，给予我们无限的想象力，凡是人类能够享用的便利，资金和技术便会相随而至。从 PC 到手机、平板到谷歌眼镜等可穿戴设备，这种对人性化的追求和资本的逐利趋向成为两股交叉前行的互推力量，将继续大大地改变我们的生活，也会成为数字内容和数字出版技术不断推陈出新的原动力。

4.3.6　培生集团——建构全新数字教育出版产业生态链

成立于 1724 年的培生集团是全世界最大的教育集团，国际著名出版巨子。旗下包括全球最大的教育出版集团（Pearson Education）、企鹅出版集团（Penguin Group）和金融时报集团（FT Group）。培生集团旗下云集众多世界知名企业，在中国出版了著名的《朗文英语词典》及《新概念英语》等众多

1　张新华 . 2013 年全球电子书产业新趋势 [N]. 中国艺术报，2014-01-13.

英语教学及培训书籍和字典产品，是家喻户晓的国际品牌。

1. 培生集团发展概述

作为目前全球最大的图书出版集团，培生集团以最丰富的知识产权拥有量和高品质的出版物而享誉世界。

培生的发展史就是一部并购史。1957 年，培生收购《金融时报》，1970 年，企鹅品牌加入培生集团，2000 年，培生收购著名图书出版商 Dorling Kingdersley，将其与企鹅品牌合并成立企鹅集团。1972 年，朗文加入培生集团。1998 年，培生并购西蒙舒斯特出版公司（Simon & Schuster）教育出版部，后与艾迪逊·维斯利·朗文集团合并，形成了销售额超过 20 亿美元的培生教育出版集团，使培生集团的教育业务范围更加完整、广泛，其全球性集团的形象也大大提升，在美国教育出版市场占有率排名第一。同年，培生重组了教育业务领域，以 24 亿美元购买“国家计算机系统（NCS）”，并归入培生教育出版集团。国家计算机系统是美国教学测试和数据管理的旗舰公司，这为培生“联系家庭和学校，个性化教学，连接课程、评估和测试”的发展远景奠定了重要基础。总之，通过一系列资本运作，培生集团实现了差异化经营与特色化发展，逐渐形成了今天教育出版、大众出版和商业信息服务的战略布局。

培生的发展伴随着有效的资源整合和结构调整。1996 年前，培生集团除了拥有朗文集团、金融时报集团和企鹅集团外，还同时经营着包括伦敦蜡像馆在内的许多非出版业务。1997 年，玛乔丽·斯卡迪诺（Marjorie Scardino）女士任首席执行官后，对集团业务进行了大规模的战略重组，推出了集团向“一体化”方向发展的战略目标，明确集团的核心业务为立足于教育、信息和大众出版。根据这一战略，集团出售了与核心业务无关的业务，并购了相关业务，进行了系统的结构调整，形成了以终身教育为主的全球最大的教育出版集团、以提供世界顶级商业信息服务为主的金融时报集团和以提供一流大众读物和参考书为主的企鹅集团。

近年来，培生始终保持着高于平均水平的市场发展速度，培生教育出版集团在全球的高等教育、英语教育、专业出版和中小学教育领域位于全球之首。培生集团与中国的合作历史久远，具有相当的深度和广度。早在 20 世纪 60 年代，为开展对中国的业务，培生下设的朗文就在香港设立办事处，20 世纪七八十年代，朗文集团出版的《实用基础英语》《新概念英语》《朗文英语辞典》等大量英语教材被引入国内，成为几代人学习英语的经典教材。1999 年，培生成立培生教育中国有限公司，负责北亚地区（包括日本、韩国、中国大陆、中国台湾、中国香港等）的业务。目前，培生教育出版集团在香港设有地区总部，在北京、上海设有联络处。同时，培生教育出版集团与高等教育出版社、清华大学出版社、北京大学出版社、人民大学出版社、科学出版社、商务印书馆、外文出版社、人民教育出版社、外语教学与研究出版社、上海外语教育出版社等国内一流出版社有着广泛的合作关系，在高等教育方面，培生根据国内教育部的改革政策和发展需要，与国内出版社合作出版了大量适合于大学使用的教材。同时，为解决教材本土化问题，培生成立了由中国专家及原作者组成的小组，专门负责为中国进行量身定做。在英语教育和中小学教育方面，与人民教育出版社合作出版的《灵通少儿英语》等，有着较强的影响力。

2. 出售与并购，抢占教育出版数字产业布局

今天，随着数字技术的发展，出版产业日新月异，数字化战略是每一个出版集团的应有之举。并购是重组产业战略资源的重要方式，是企业提高资源禀赋的重要手段。培生集团依托丰厚的内容资源，通过出售与并购获得技术和技术平台，整合了战略内容资源，推动了产业结构的有效调整，并积极实施数字化战略，力图打造出一个数字教育生态系统，为出版创造新的商业模式。

回顾培生近年来的并购路线图，我们可以看到，培生数字化战略的实施集中在教育出版领域。在这一领域，培生基于线上和未来布局业务单元的思想，不断扩展线上服务能力，深度提高教育产品从内容到服务的技术暨商业门槛，以推进教育出版的数字化建设入手，进行资源整合，抢占了教育出版数字产业布局的先机，引领着教育出版的数字化趋势。

1999 年，培生技术集团成立，它是世界上最大的技术出版商，拥有 Macmillan Software, Brady GAMES, Macmillan Reference, Addison-Wesley Professional, New Riders, Cisco 和 Adobe Press 等品牌，集团的成立标志着培生立足于数字技术，对公司未来的发展进行了新的战略定位和构想。从此，培生在教育数字出版领域步步为营，突飞猛进。

进入二十一世纪，培生在教育出版数字产业布局上不断进行探索，2000 年，培生并购美国领先教育测试和数据管理公司国家计算机系统公司，将家庭和学校、个人课程和拓展课程、评价和测试融为一体；2003 年，培生并购英国最大的考试评价实体 Edexcel；2005 年，培生并购 AGS，并强化了它在专门教育需求领域的学生测试和出版优势；2007 年，培生集团注资 4.77 亿美元收购了在线学习软件公司 ecollege，极大提高了其在线产品实力和服务的水平。

在这一系列的并购与开发之后，培生利用得来的有利条件，并购大量技术平台并将它们与其内容资源整合在一起创造数字出版平台，将并购所得的优势放在这个整体平台上运作。并购战略的实施优化和完善了培生的教育出版产业流程，使其纵向的产业流程效应增加，横向的资源聚合效应显著。培

生通过数字科技将服务融入教育出版产品内容，先后推出了有声读物和网上学习平台。

培生从1994年就开始了数字化学习平台 my course compass 的建设。他们以网络教学平台技术为核心，结合自己的数字化资源与网络课程，为高等学校提供教学支持服务。教师和学生可以直接登录到 my course compass 开展教学活动。这种服务模式被称为“应用服务提供商”。作为这一模式的开拓者，培生拥有 My PHLIP 和 My Course Compass 等五种支持工具、资源库和网络教学支持。培生利用自主开发的朗文互动英语学习平台来进行远程教育，每年惠及十几万人。2009年9月8日，培生集团推出新一代基于计算机的英语水平考试—— PTE 学术英语考试（PTE Academic）。这是基于培生完备的自动评分系统而推出的一种可以准确测量非英语本族语考生的英语听、说、读、写能力的测评系统。在整个学习过程中，培生集团的各项产品整合在一起，完全达到了教师在学生学习中所起的重要作用。

通过这些数字产品和服务，培生集团逐步完善了教育出版的数字产业布局，并获得了更大市场和发展空间。目前，在高等教育领域，至少有450万名美国大学生在使用培生集团的某一个在线学习项目，230万左右的人注册使用培生的网上家庭作业 My Lab 进行在线学习。在美国高等教育出版最大的三个学科领域中的心理学和经济学领域，培生为首次出版即畅销的教材——西克雷利（Cicarrelli）的《心理学》和哈伯德（Hubbard）的《经济学》，开发了配套的“我的心理学实验课”网上学习项目，及“我的经济学实验课”在线课程，此举不仅提高了学生学习效率，同时也起到了促进纸质教材销售的作用。

作为全球领先的教育集团，培生集团始终致力于为教育工作者和各年龄层的学生提供优质的教育内容、教育信息技术，使教育成为人们不断提升自我、贡献社会的原动力。随着信息新技术逐步被引入传统的学校教育，小学生在触屏电脑屏幕上解答数学题，教师通过 MOOC（大规模开放在线课程）观摩课程……这些正在成为课堂上司空见惯的现象。

近年来，培生集团明确了其全力打造全球领先的数字教育出版服务商的战略方向，利用整合并购成果，构筑公司的整体平台，在教育出版的数字化方面培养核心竞争力。2012年10月，英国培生集团宣布放弃企鹅出版社的控股转而与德国贝塔斯曼集团合并，成立兰登书屋与企鹅出版社。2012年5月，培生以1.4亿美元现金收购基于绩效认证模拟考试解决方案供应商思递波（certiport）；同月，以9000万美元现金收购商业英语学习软件公司环球西文（GlobalEnglish）；9月，以6.5亿美元收购美国在线教育服务商（EmbanetCompass）。这些措施的实施有力配合了培生快速进入数字化服务市场和新兴市场的发展战略，通过突出中、小学教育，英语学习和业务教育全球四大业务板块，培生逐步建立起直接面向消费者，面向中小学校和大学机构服务的业务模式，评估以及学习系统等四个成熟的商业模式。

内容资源是基础，技术是引擎，培生集团的数字化战略是内容和技术并重的战略。在大量数字技术并购的作用下，和长期内容资源并购所奠定的基础背后，我们看到了培生所做到的华丽的数字化转身。伴随着培生成功的教育出版数字化建设，2007 年，培生集团数字产品的收入占集团总销售额的 30%，2012 年，培生电子及服务收入数字化收入已经占到培生销售总额的 50%，应当说，在国际出版巨头里，培生的数字出版增长是最稳健的。

培生支持信息技术与教育实践相融合，不但拥有数字出版平台，出版了丰富的数字教育内容，而且在亚洲地区支持校内信息技术应用，培生以“Always Learning”为公司业务的重要理念，通过有效的教育出版的数字产业布局，积极开发资源，将所有服务高度整合成为一种能让人们高效完成学习和教学的解决方式，提供各类教育资料、技术、评价和相关的服务给教师和学生，高度契合了这个整合营销传播的时代，为包括中国在内的亚洲各国传统教学模式的升级转型带来很大的启发。

3. 整体化数字出版发展战略

目前，教育教学内容产业和信息技术的融合已经超越了媒介形式，并改变着知识的生产传播和运营管理的方式。数字化是培生集团一直追求的目标，培生数字化战略的实质是寻找新的商业模式，以技术和内容为条件，并基于成功应用获得最终的盈利。培生的整体化数字出版发展战略主要包括以下方面内容：

数字产品的收益模式——以付费思想为前提，发展数字化学习平台

培生集团把自己定义为一家学习公司，除学校教育以外，培生立足于帮助离开学校的人们学习基本的知识和一些工作技术，并通过把媒介技术运用到产品开发中，管理整个学习过程，为学习提供支持。网络技术刚开始发展的时候，对于超链接的虚拟世界中的东西应该免费的思想充斥着世界，对版权缺乏有力的保护，使得依托于网络的服务缺乏健康的盈利模式。但培生一直坚信网络收费模式的合理性以及可实施性，认为出版是一种商品，应该找到方法让自己的商品能够达到更广泛的地方，同时能够让更多的受众更轻易地得到，网络正是最合适的载体。在有价值的信息值得付费这一经营理念的指导下，培生集团致力于开发基于网络教育出版的数字化平台与数字化出版物。

在培生数字化学习平台 my course compass 中，第一、第二代 my course compass 是建立在购买培生教材基础上的免费服务，从第三代开始，平台开始进行部分收费，到第四代产品之时，平台开始集成一些第三方产品，以增加服务内容。这一平台上的更高层次收费服务，主要是针对数学、经管等有旺盛需求的特定学科。随着电子读者时代的到来，消费者对高质量数字阅读的市场需求越来越大。2010 年，随着终端的兼容性提高和对高质量的数码阅读材料需求受众的出现，培生集团的数字化教材得到迅速发展。在培生教育公司的业务中，电子书（eBook）和现有的数码学习平台 eCollege、Mylab 的需求出现爆炸性增长，数字出版已经成为培生的主营业务。2010 年，培生集团在数字业务方面取得了骄人业绩，企鹅出版集团电子书销售额成倍增长，目前培生全球销售额的 5% 来自电子书。

目前，培生已经摆脱了对传统教材的依赖，利用现代技术建立起一套数字化的学习系统，用户可以通过各种方式按照自身特定的需求完成自己的学习和教学任务，培生的数字教育也已经形成了有效的盈利模式，走上了良性发展道路。

优质教育系统化——提高教育产品的附加值

在教育出版数字化转型之后，教育产品的价值不单单包括出版物本身的价值，还包括相配套的使用系统和服务的价值，对于数字出版而言，这部分内容增值是传统纸质出版所无法比拟。在整个学习和教学过程中，人们所需要的一切内容、服务、支持都可以被做成数字服务包提供给用户，如学习能力的测评、学习计划的制定、学习实例和学习结果的评估等。

为实现从教材出版商转化为教育技术和服务提供商的目的，培生以学习的全过程为主线，将教材的数字化出版置于学习、教学、课程体系之中，融合了核心的教学目的、跨学科的主体、必要的技能、教学方法，整合了现代的教育学、技术、资源和实际工作环境。在学习过程中，培生的产品既是教材，也是教师，它灵活地参与到变化的学习过程中，为学与教的双方提供有力的决策参考和支持。

培生在数字出版中的重点是内容优化，除了把纸质图书的内容做成电子版外，它还增加了许多附加元素，内容涉及教学效果统计与反馈、为教育教学管理提供数据和软件等教学辅助内容，其服务对象包括学生、家长、老师、学校。在附加内容中，最重要的一点就是增加了评估的内容，可以对学生的学习效果进行跟踪。同时，培生还向教学管理者提供技术，来协助掌握学生的出勤率、成绩分布及个性化管理需求等，使培生在数字化转型中逐渐发展为数字化教育教学解决方案的内容提供商。

个性化的学习提供——注重交互型学习平台建设

信息技术的发展使个人学习者的认知模式和行为方式发生了根本的变化，

运用信息技术改变课程设计，创新教学策略激发学习兴趣诊断认知水平，改进教学效果等一系列数字环境下的教学应用成为教育信息化能否带动教育现代化的关键。

培生认为，21 世纪的教育理念，应当是每个地区、学校、教室、学习者都是独一无二的。数字出版不是简单地把传统图书数字化，而是将数字出版产品赋予互动的功能，要能根据学生的进展情况，分辨出他所在的学习阶段和所在学科的学习状态，分析问题，以此来制定解决办法。

为此，培生集团提出要放弃“一个版本适应所有”的方式，要让学生实现用自己的节奏学习。一方面，培生通过在线辅导服务，帮助学生赶上学习进度。辅导服务包括：实时的一对一辅导环节；即时的家庭作业辅导和试卷讲解；提供数学和科学课程等。这样即时的服务通过任何电脑都能够获得，并且学生能够得到一周 7 天的全程辅导，同时学习会话将被保存，能够随时反复回放观看。培生的辅导环节由白板和聊天（white board&chat）工具实现，利用虚拟白板工作空间，辅导人员和学生都能够通过写、画来分享问题、方法和解释，并还可以通过模拟和动画增强学习效果。另一方面，学生还能够通过系统综合了解同学们的学习状况，并实现互动交流，学校也可以方便地进行家校联系。

培生的个性化服务还包括国际优质数字化资源、数字化学习环境的构建，教育培训及教师专业发展、考试与测评等方面。如基于 Fronter 可以有效延伸课堂时间，把课前、课中、课后有机结合起来，实现创新的学习方式和教学方式，满足学生个性化的需求。在培生优质数字化资源中，英语是其重要的特色资源，具有很强的交互性，培生以游戏来展开互动练习，通过让学生欣赏动画故事、歌曲等，提供英式环境，学习纯正的英式发音。另外，培生针对学生的个体学习能力和教授的不同要求，定制教科书和在线教学服务。并在物理、化学、医学等领域推出模拟实验课程，将书本上二维的实验步骤编辑为在虚拟环境中可操作的内容。这种个性化服务最终有助于实现学习者个性化学习，提高分析和解决问题的能力，助人终身进步。

在世界范围内，培生教育在数字化学习材料的提供，学生信息系统，网上测试等领域都保持着领先地位。目前，培生已经在全球多个区域建立了培生教育出版门户网站，其数字出版的内容主要分为高等教育、专业教育、基础教育和英语教育四大板块。未来，培生将把更多的出版领域放到数字出版及交互型的学习平台上，利用虚拟环境来实现学习能力的提高。

开放的云端平台——教育信息化中的首次尝试

近期，培生集团正在尝试利用云技术调整公司运行和管理活动，培生对公司运行方式进行了大幅度调整，使用户可以利用安卓、苹果、黑莓或Windows等设备进行工作，并将插件安装到基于云端的微软Office或谷歌Docs。这是大型出版商在该领域的首次尝试。

2014年2月，贵阳高新区与培生教育集团达成智慧教育云平台建设，培生教育集团将投资5亿元，整合其全球语言、专业认证等在线培训、测试平台的数据资源和教育方面的优势资源，在高新区建设专业数据中心及智慧教育云平台，开展教育信息化软件及终端产品研发、生产，建设未来教育城，实现从学前教育、基础教育、高等教育及职业教育等各教育阶段全覆盖，向社会提供全国乃至全球领先的终身教育资源。

目前，教育要素和教学环境正在被不断发展的信息技术所重构，此时正是出版企业利用云技术来管理核心应用程序，同时转向软件服务模式的合适时机。虽然有许多应用程序是专门为出版商定制，比如内容和编辑系统，放到云端并不容易，但另外有不少工作流程可以向云端迁移。应当说，Adobe的创意云可以改变目前的工作方式，用户能够在云端获取软件服务工具，并将其与现有的工作流程进行集成。

应当说，利用云技术的真正目的是将业务模式转为全新的IT模式，员工、客户和供应商可以在任何时间、任何地点在任何设备上进行操作。IT本身也会发生改变，重心将不仅仅是维护服务，而是促进高效灵活的商务活动。贵阳高新区与培生集团的大数据教学探索，是培生在全球的首个“教育云”项目，这是一个具有全国乃至全球创新性的发展方向，能够为教学带来难以想象的高效率，这一步对出版业来说具有极其重要的意义。

在快速发展的教育出版市场中，只有不断的改革创新与科学的战略管理，才能跟上时代的发展和科技的脚步。培生通过探索建立以网络平台为核心的数字教育服务模式，改变着知识的生产传播和运营管理方式，并最终为这个时代探索着新的人才培养模式与教育的数字化提升。

4.3.7　汤森路透——从传统信息提供商到专业知识服务商的范式演进

1. 汤森路透：知识管理创新者与公共责任推行者

传统出版巨头与国际通讯社的天作之合

汤森路透集团（Thomson Reuters Corporation）是由加拿大的汤姆森传媒集团（The Thomson Corporation）和英国的路透社（Reuters Group PLC）于2008年合并成立。汤姆森集团来自加拿大，为信息服务和出版业的传媒巨头；

路透社是世界三大新闻通讯社之一，综合新闻和金融资讯提供商。汤姆森集团收购路透社后，成为全球最大的企业及专业情报信息服务提供商，通过对信息进行标准化的数据库管理，将各领域的专门知识与创新技术相结合，向金融、法律、知识产权与科技、税务与会计、医疗卫生等领域的用户提供专业知识服务和个性问题解决方案。汤森路透的全球用户来自130多个国家，总数大约有二千多万，2012年总收入达到124亿美金。

在合并之前，汤姆森集团已经开始逐步从传统出版巨头向专业信息提供商过渡。通过不断收购法律、税务、科技与教育等方面的出版公司，并对旗下产业进行重组和数据库建设，积极运用信息技术，扩大电子信息产品和服务的范围。在收购路透社后，依托路透社强大的新闻与金融资讯供应商的背景，对旗下的业务重新进行整合，形成了金融市场与风险管理、法律、税务与会计、知识产权与科技、媒体这五大板块，其中金融风险方面的信息服务占据收入来源的龙头位置，合并后的汤森路透在全球金融信息市场的份额占到34%，以1%的微弱优势超过了彭博（Bloomberg）社的33%，成为全球第一的金融资讯和专业信息供应商。（如图4.3.7-1）

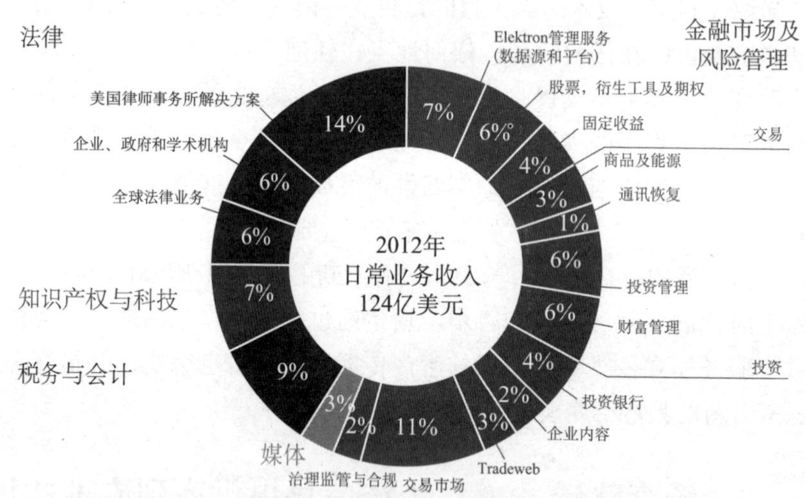

图4.3.7-1　汤森路透五大服务板块及收入比例分配[1]

企业发展与公共责任并进

在企业的发展理念上，汤森路透除了在商业上获得巨大成功外，始终秉持履行企业公共责任（Corporation Responsibility，CR）的理念，并制定了专门政策（CR Policy）来保证企业责任的实现。此外还出资成立了汤森路透基

1　图片来自汤森路透中国官方网站，网址链接：http://thomsonreuters.cn/%e5%85%b3%e4%ba%8e%e6%88%91%e4%bb%ac。

金会（Thomson Reuters Foundation），用以在法律方面为贫穷地区和弱势群体提供人道主义援助，并向发展中国家缺乏资质的新闻机构提供新闻和新媒体方面的培训业务等。

① Trustlaw Connect 的免费法律援助

Trustlaw Connect 由汤森路透基金会运营，是一个在全球范围内面向 NGO 和社会企业的免费法律服务平台。为需要法律援助的弱势群体提供法律咨询和帮助，此外还提供免费新闻资讯。

②提供新闻业务培训，资助媒体研发

汤森路透基金会定期向全球发展中国家提供新闻业务培训、资助媒体项目研发。比如 2013 年 9 月 23—27 日，在格鲁吉亚 Tbilisi 提供了一个为期 5 天的培训课程，培训网络新闻的制作等技能。向来自较贫穷的发展中国家的记者提供全额奖学金。此外，在基金支持下，牛津大学路透新闻研究院的访问学者项目每年都资助一定数量的资深记者去完成研究计划。

③ AlertNet.org：全球人道主义新闻网站

AlertNet (www.alertnet.org) 致力于提供人道主义、气候、腐败和妇女权益四大方面的新闻报道，比如最近发布的关于《叙利亚人道主义危机》《南苏丹的难民危机》《针对女性的暴力 - 欲望》等等。AlertNet for Journalists 是帮助全球新闻工作者报道重大危机的一系列工具和资源，包括详细的危机简报、救助机构联系方式、人道主义统计数据以及灾难预警。（如图 4.3.7-2、图 4.3.7-3 所示）

图 4.3.7-2　路透社对叙利亚人道主义危机的报道

图 4.3.7-3　路透社对中国空气污染的报道

2. 数据挖掘与知识创新管理：汤森路透的核心竞争力

大数据时代，数据就是竞争力，数据化信息资源已经成为推动社会进步和经济增长的战略性资源[1]。传统的信息服务是基于大众化数据库的信息检索

1　胡正荣，万丽萍 . 汤森路透创新经营 迎接大数据的挑战 [J]. 中国报业，2013(8).

和传递服务，所提供的都是描述性的、浅层的显性知识或物理文献，价值密度较低，不能满足用户的个性化服务需求；而知识服务是在经过专业细化的数据库的基础上，结合智能搜索和分析工具，挖掘蕴含的大量隐性知识，通过内容加工、价值提炼，对知识进行精确化的运营和管理，以支持用户决策。如表 4.3.7-1[1] 所示：

表 4.3.7-1　基于互联网的国外知识服务研究领域与热点一览

研究领域	基于关键词词频分析的研究热点
组织创新	创新管理、创新系统、创新模式、创新活动、创新流程等
知识管理	知识产品、知识流、知识传播、知识吸收、技术接受等
知识产业	高科技产业、知识服务业、信息服务机构、专业化服务机构等

汤森路透是知识创新管理服务的先行者，综合了组织创新、知识管理和知识产业三个方面。汤森路透依托已有的五大业务板块，专注于信息内容聚合以及知识的二次加工，精心打造专业知识服务平台，提供价值密度高、品质卓越的知识储存与创新管理服务。以用户目标为驱动力，结合标准的数据分析和辅助工具，为用户提供一对一的个性化问题解决方案，帮助用户做出客观决策。体现了从传统信息服务到专业知识服务范式的逐步演进。如下图[2] 所示：

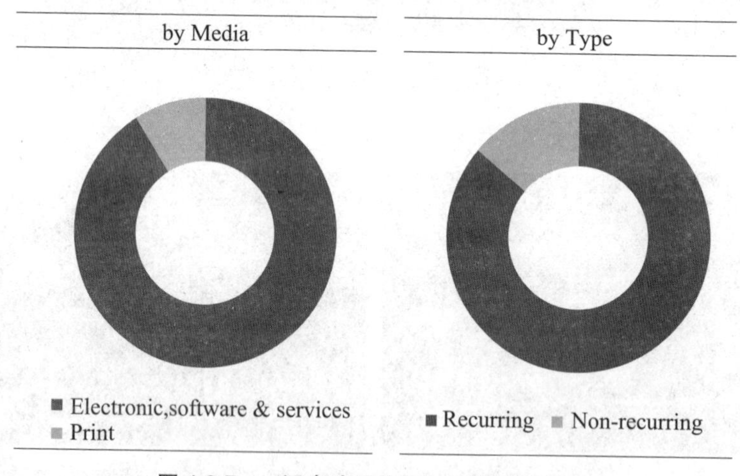

图 4.3.7-4　汤森路透的收入类型比例分配

如上面两图所显示的，汤森路透 91% 的业务收入都集中在专业数据库、电子信息产品以及配套软件和服务（Electronic，software & service）方

1　李晓鹏，颜端武，陈祖香.国内外知识服务研究现状、趋势与主要学术观点 [J]. 图书情报工作，2010(6).

2　图表引自汤森路透 2012 年度报告之一《智能信息推动科技创新》。

面，只有 9% 是来自于印刷媒体 (print) 收入；这与汤森路透的绿色生产环保理念有关，但更重要的原因在于对未来信息服务趋势的精准把握；在收入源中，86% 的服务来自订阅服务 (Recurring)，只有 14% 是来自非订阅服务 (non-recurring)。可见在专业知识数据化、信息服务精细化方面，已经获得了用户的高度认可。

接下来我们将重点从金融与风险业务、知识产权与科技业务、法律业务三个方面，来看汤森路透如何对知识产品及服务进行创新管理。

金融和风险管理板块

金融风险业务，金融风险业务是汤森路透收入中比例最大的一块。在全球拥有 50 多万专业用户；十几种金融信息服务软件和终端，主要提供重要新闻信息和分析数据，促成金融交易，提出多样化解决方案。共分为交易、投资、市场及风险管理四部分。2012 年，汤森路透的金融信息服务的收入约为 72 亿美元。占全部收入的 55.6%。总结起来，汤森路透在金融服务业方面的商业模式特点可以归结为以下几点。

（1）标准数据库管理：建库模式和图表式信息

比如 Thomson Reuters QA Direct，采用 Microsoft SQL Server 或 Oracle 软件，可以为用户提供包含完整的建库模式和图表文档在内的一站式的数据库建设解决方案，并对数据库进行标准化管理。

（2）交易数据深度分析工具：DataScope、RET-AD 等

通过 DataStream Advance、Elektron Real Time、RET-AD、Thomson Reuters DataScope 等数十种金融信息桌面产品，为用户提供数据交易及管理服务，并做深度数据分析，在此基础上提出从经济策略研究、跨资产分析功能、评估定价、外汇和货币市场解决方案等在内的综合信息服务。

（3）多样化问题解决方案的金融信息终端：Thomson Reuters Eikon

汤森路透旗下的旗舰型金融信息终端产品 Eikon，全面覆盖股票、大宗商品、固定收益、外汇等金融市场，为用户提供风险及合规管理、投资管理、财富管理的全面解决方案。产品的内容包括全面的报价数据、金融市场的分析与研究、全球金融市场的即时新闻和评论、金融产品估值、基础信息分析、以及深度图表分析等。

（4）免费的新闻产品和增值内容：为客户创造知识服务的附加值

基于路透社的强大的综合新闻和专业金融资讯平台，汤森路透在推出各种金融分析应用工具和服务的同时，也向用户提供免费的新闻产品和服务。其中，既有手机应用终端如路透掌上通 App，用丰富、及时、准确的全球财经资讯及市场动态数据，来满足商务人士移动资讯需求。也有路透新闻电子

期刊和指导投资者入门的电子书，由路透一线分析师撰写。此外，还有基于即时通信工具的在线金融社区——路透金融圈，涉及外汇、固定收益及大宗商品领域，在线论坛由资深路透社记者随时在线主持，方便用户实时链接金融市场。这些免费的金融信息产品和在线社区服务，从各个媒体平台为用户提供实时更新的综合新闻资讯。其他诸如路透 RSS，新闻插件等就不一一列举。

法律板块

汤森路透的法律业务主要面向律师事务所、公司法务、政府及法律学院这三个领域，产品及服务主要包括法律业务解决方案，法律信息，法律知识，法律服务及法律出版物等众多专业产品等等。2012 年，汤森路透在法律业务方面的收入为 32 亿美元，占总收入比例的 24.80%，是继金融风险业务之后的第二大收入源。

法律产品及服务的商业模式特点为以下几点。

（1）财务和律所法律事务管理工具：系统化工作流程，提供解决方案

汤森路透的法律业务平台有一系列的工具，可以协助企业、公司的法务部和律所管理法律工作流程，提供法律信息整合方案，有效简化日常工作。比如 Elite 3E 和 Firm Central，Elite 的财务及业务管理集成解决方案可以自动处理前台和后台业务，以协助客户优化资产管理方案。通过统一的基于网络的用户体验提供完整的功能套件，向用户提供财务管理、绩效管理、执业管理和 3E 移动接入的精细化服务。而 Firm Central 则是针对中小型律所，支持移动接入。它将文档、联系人、日历、计时账单管理，法律检索和其他工具全部整合在一个平台上，简化了日常工作程序。

（2）针对不同地区的在线检索数据库和解决方案

为全球客户量身打造的万律（Westlaw）系列地区数据库服务：每日抓取各地最新的法律信息，利用完善的分类系统，帮助用户完成个性化的搜索，是一站式法律信息资源平台。如（Westlaw China）中国法律信息双语数据库、Westlaw UK、Westlaw New Zealand、Westlaw India 等，对各国的法律资源进行整合，并提供在线检索和其他增值服务。

（3）金融、商业、法律实务及综合信息数据库平台：Westlaw Business

Westlaw Business 是首个收录了报备文档、法律、指引及在线资源的金融、商业、法律实务及综合信息的数据库，它能把综合类数据库与路透新闻结合；把与收购对象行业相关的所有新闻和法规进行整合；每天进行更新；每季度将发生在该季度最典型的案例进行整理；为客户提供参考。

知识产权与科技板块

汤森路透主要业务范围包括三大块：学术研究分析与出版；企业研发与

知识产权；生命科学与制药。无不是建立在对海量信息和专业知识的二次编辑和深加工的基础之上。2012 年，知识产权与科技业务板块的收入为 8.94 亿美元，占总收入比例的 6.94%。总体来看，汤森路透的知识产权与科技业务的商业模式体现出以下特点。

（1）标准的制定者与受益者：从 SCI 目录到 ESI 分析数据库的演变

1963 年，汤森路透的美国科技信息研究所（Institute of Science Information，ISI）出版科学引文索引目录（Science Citation Index®，SCI），收录论文所引用的参考文献，并逐渐成为权威的科技文献检索和分析评估工具。1997 年，大型综合性、多学科、核心期刊引文索引数据库 Web of Science® 发布，该数据库集成了科学引文索引（SCI），社会科学引文索引（SSCI）和人文科学引文索引（A&HCI）三大引文数据库，在线提供全球近 9000 种高质量学术期刊的引文索引信息。再到 2001 年，ISI Web of Knowledge SM 整合的学术研究平台发布，提供 22,000 余种学术期刊，100 年的科技文献与引文，3100 万项专利发明及上百万的化合物和基因测序领域信息。是基于 Web of Science 权威数据建立的分析型数据库，随着的数据库和分析技术不断更新，汤森路透在科技文献检索与知识库的建设方面，一直走在世界的最前沿，既是标准的制定者，同时也因为对促进知识服务的巨大贡献，成为受益者。

图 4.3.7-5　汤森路透科学引文数据库的历时性变迁

（2）知识产权管理为企业创造新的商业价值

基于庞大的知识产权数据库和分析工具，汤森路透在维持并管理知识产权资产、帮助企业商业化知识产权方面具有权威地位。比如利用 Aureka 数据库，利用同族专利去重、文本聚类分析等先进技术，进行在线知识产权管理和智能分析，提供检索资源的同时，提出创新资产管理解决方案，帮助用户发现竞争情报和技术情报，洞察发展趋势，寻找合作伙伴，为用户确定战略和发展方向提供有价值的依据。利用 Themescape 地图追踪竞争对手活动并发现许可、兼并与收购机会等，从各个方面实现从知识产权到经济效益的转化。

“所谓知识管理是指针对特定用户的需求和问题，在信息分析的基础上提供的解决方案。所谓知识运营是指利用知识资产创造价值，包括利用知识产权创造价值，塑造和经营品牌，利用商标和技术许可证和经销网络实现产业扩展。”[1]汤森路透基于专业的知识库，了解发展态势，识别潜在机会，进行探索研究，做出技术预测，与各个领域协同创新，管理信息资产，实现了知识产权的创新管理与商业化利益的双赢。

3. 汤森路透、彭博社、同方知网三者比较

彭博社（Bloomberg L.P.），财经资讯公司，跨国传媒集团。2012 年收入 79 亿美元，汤森路透在金融资讯产品和服务方面的主要竞争对手。彭博社通过遍及全球的跨媒体平台为新闻机构、金融和法律领域的专业人士提供股市实时行情、金融市场历史数据、交易信息、新闻和通信工具等等。两者近年来在金融信息终端和法律市场方面的争夺十分激烈，汤森路透研发出旗舰型金融信息终端 Eikon 来与彭博社的“Bloomberg Professional”竞争，彭博社也在法律方面推出免费内容来与汤森路透抗衡。

清华同方知网技术产业集团主要从事数字出版、数字图书馆和以文献索引为核心的知识网络平台建设，是中国数字出版与信息服务业的领头羊。总体上来说，汤森路透、彭博社和中国知网在信息服务领域的商业模式各有特点，接下来我们就结合语义网络分析的方法，从市场定位、服务内容、商业模式、业务板块、核心产品五个方面对这三者的发展特点进行比较。在下图中，在每个分支语义网中用彩色圆点突出标注的是各自的市场定位和服务内容，用方框标出的是商业模式，用菱形标注的是主要业务板块，用三角标注的是核心产品和服务，方便进行对比分析。

（1）市场定位和服务内容比较：

汤森路透的市场定位为金融资讯提供商和专业知识服务商；彭博社的定位为金融资讯服务商和财经跨媒体集团，两者在新闻与金融资讯的信息内容方面有所重合，并且两者都走在大数据分析的前沿；比如汤森路透的金融舆情分析应用，彭博社的《今日图表》（Chart of the Day），都是在对数据和内容进行深度挖掘基础上进行的深度报道。除此外，汤森路透还有基于法律、知识产权等领域的知识产品和服务，整体更加偏向于全面的企业情报和智能信息服务提供者，比彭博社的市场疆土和服务领域要更加广阔。

相比之下，同方知网虽然也给自身定位为知识服务的提供者，但是更加侧重于知识网络平台、学术资源供应商的性质，提供的是比较浅层的信息检索服务和信息整合服务，缺少对内容的二次加工和商业价值的再生产，更遑论大数据分析这样的深度内容挖掘手段和工具，这些差异，我们在下面的比

1　呼唤独立的知识管理/运营服务提供商[EB/OL]. [2003-01-07]. http://www.people.com.cn/GB/it/49/4695/20030107/903167.html.

较中会一一看到。

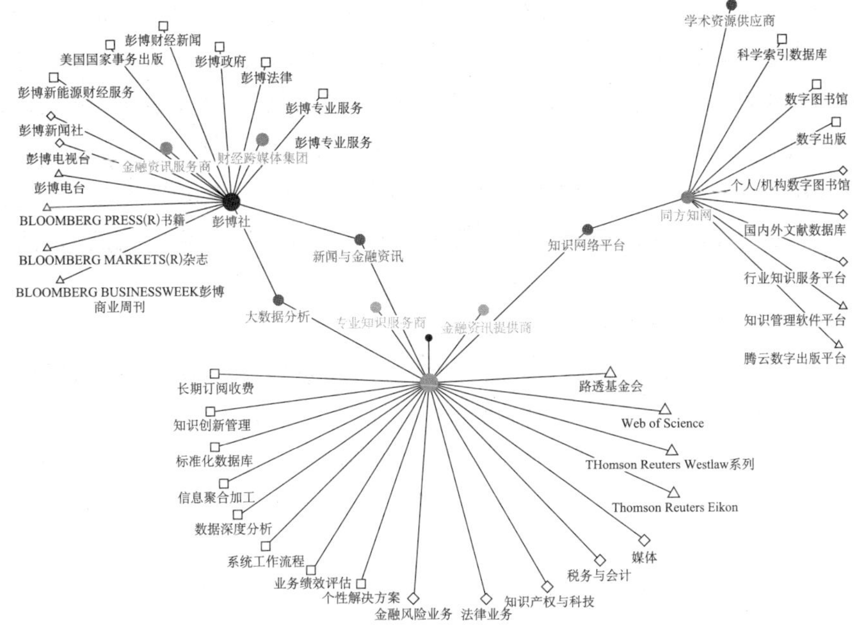

图 4.3.7-6　汤森路透、彭博社、同方知网三者特点比较

（2）商业模式比较：

汤森路透的商业模式特点可以概括为六点：对产品和服务长期订阅收费；对知识实现创新管理；进行标准化数据库建设；对信息进行聚合和再加工，挖掘隐性知识；在此基础上，对数据进行深度分析，帮助用户系统化工作流程；同步进行业务绩效评估，并针对用户需求提出个性化问题解决方案。

相比之下，彭博社的优势在于通过创新技术来快速、精准地传递数据、资讯和分析工具，更看重通过公司独有的“彭博专业 TM 服务”金融信息终端和跨媒体平台来为用户提供服务。特别是基于彭博新闻社、彭博财经电视、彭博电台、彭博杂志——《彭博商业周刊》和《彭博市场》，搭建了一个全球化跨媒体平台，依托这一平台传播用户需要的资讯。这一跨媒体平台的优势是汤森路透所不具备的。

同方知网的商业模式特点则偏重于科学索引数据库、数字图书馆的建设和数字出版业的扩展。相比前两者，同方知网商业模式较为单一，既缺乏对隐性知识的深度挖掘，信息内容的再加工也不够，媒体平台较单一，缺乏信息扩散的渠道。

（3）业务板块比较：

汤森路透的业务板块即金融、法律、知识产权、税务和媒体五大块，涵盖了从经济到法律再到传媒的广泛领域；而彭博社的业务范围包括彭博法律 (Bloomberg Law)、彭博政府 (Bloomberg Government)、美国国家事务出版 (BNA) 和彭博新能源财经 (Bloomberg New Energy Finance) 等内容，依托彭博社的国际化跨媒体平台，为金融业以外其他行业的决策制定者提供数据、资讯和分析工具。虽然对法律、政府事务和能源领域有所涉及，但核心业务仍然是金融领域。同方知网的业务范围则锁定在个人 / 机构数字图书馆、国内外文献数据库和行业知识服务平台领域。是一个扁平化和浅层化的信息服务平台。

（4）核心产品和服务比较：

汤森路透的核心产品和服务是 Eikon 金融信息终端、Westlaw 万律系列桌面产品、Web of Science 科学索引数据库和以公益事业为目的的路透基金会。彭博社的核心产品是“彭博专业 TM 服务 (Bloomberg Professional)”，一个集新闻、数据、分析工具、多媒体报告于一身的“直通式”的金融信息处理系统，利用技术来帮助客户更高效地访问、整合、发送并管理整个组织的数据和信息，辅助用户决策。经历了问世之初的低迷后，汤森路透 Eikon 的销量在 2012 年大幅上升，所以 Thomson Reuters Eikon 和 Bloomberg Professional 的较量，也是汤森路透和彭博社在核心业务方面的较量，并且这种较量还将长期持续。

同方知网的核心产品服务平台有两个：知识管理软件平台和腾云数字出版平台，跟前两者相比，在信息聚合、数据库建设和数据分析、协助工具和传播渠道上，皆处于初级水平，仍然需要进一步提高。

总体来说，彭博社是专业金融信息服务商，汤森路透是专业金融信息服务商加专业知识服务商，而同方知网是初级信息提供商。彭博社的强项在金融信息服务；汤森路透的强项不仅有金融，还有法律、税务与会计、知识产权与科技。而同方知网在信息服务方面尚处于起步阶段。从价值密度来讲，汤森路透、彭博社提供的是价值密度高的专业知识服务；同方知网提供的是价值密度低的信息搜索服务。从数据库的水平来讲，汤森路透是专业知识服务商，基于高价值密度的专业知识库，提供知识创新管理和个性化问题解决方案。同方知网的信息服务是基于专业数据库而非专业知识库，提供的是描述性的、框架性的信息服务和文献检索，没有对知识的重组、管理、挖掘、创新，因此在向知识服务迈进的途中还有很长的路要走。

4. 走在大数据分析的前端：汤森路透数据挖掘和趋势预测的最新实践

“传统行业最终都会转变为大数据行业，无论是金融服务业、医药行业还是制造业。”[1]如今，谁掌握了数据，谁就可以将这些数据转化为价值，就可以

1 胡正荣，万丽萍．汤森路透创新经营 迎接大数据的挑战 [J]. 中国报业，2013(8).

在全球竞争中占据优势。知识服务与信息服务的根本区别就在于对隐性知识的挖掘，即深度信息的挖掘，以及对信息的精确度把握等。现有的大数据分析大部分都是基于散乱的、无结构化的海量信息和数据，因此得出的分析价值密度较低。但是汤森路透的优势就在于其高价值密度的专业数据库，加上与时俱进的分析技术与工具，能够做到信息聚合与分析软件深度融合，因此早已走在大数据分析的前端，甚至做了一些超前的研究，特别是在知识产权的创新管理方面。下面，我们通过几个案例来看其在大数据分析方面的实践：

舆情分析领域的大数据实践：汤森路透 Eikon 新增金融新闻舆情分析应用

2014 年 2 月 10 日，汤森路透今日宣布其金融信息服务终端——汤森路透 Eikon 中英文版将新增金融新闻的舆情分析数据。通过多种强大的图表化应用处理海量非结构化数据，使金融市场专业人士快速直观地辨别市场趋势和潜在信号，从而获取独到见解与竞争优势，这项金融新闻舆情分析应用采用了公司屡获殊荣的“汤森路透新闻分析”技术，这也是业内最先进的新闻自动处理与系统分析技术。它运用专有舆情评分系统分析新闻与信息，为 3 万多家上市公司提供更直观的动态平均分。这个数据以可视化的格式与公司股票价格在同一图表上显示，凸显出市场舆情是如何随着时间变化而影响公司股票价格，从而使金融界专业人士更容易掌握关键趋势。

披头士乐队影响全球学术研究，科学引文与披头士乐队之间的联系：

2014 年 4 月，在披头士乐队成名 50 周年之际，汤森路透以一种特殊的方式进行了纪念：通过挖掘科学引文与披头士乐队之间的联系。研究者从 Web of Science 社会科学和人文艺术领域的索引库中，检索到数百篇与披头士乐队相关的论文，“例如，一项心理学研究使用披头士的歌名和歌词，对记忆和回忆的若干方面进行了研究……其他有的研究乐队的创造力和合作，有的评估披头士乐队的价值及其在政治格局中的地位……”[1]这些论文证明了在 1964 年“披头士热”风行世界之时以及这之后的几十年中，他们始终受到学术界关注，并对各学科的学术研究产生了深远影响。

通过引文数据预测诺贝尔奖得主：

从 2002 年开始，汤森路透都会结合科学引文库 Web of Knowledge ™中的数据，根据诺贝尔奖的分类，使用定量数据和预测指标来分析和找出最有影响力的研究人员。根据其发表的研究成果的总被引频次来判断论文的影响力，然后具有高影响力的论文作者会被冠以“汤森路透引文桂冠得主（Citation Laureates）”的称号，这些研究人员也被视为较有希望获得年度诺贝尔奖的获

1　引文分析揭示披头士乐队热对全球学术研究有显著影响 [EB/OL]. [2014-04-08]. http://ip-science.thomsonreuters.com.cn/press/press20140408/.

得者。汤森路透是唯一采用定量数据预测年度诺贝尔奖得主的机构，自 2002 年起到 2014 年，汤森路透已成功预测 29 位诺贝尔奖得主。

5. 对国内数字出版及信息服务业的启示

综上所述，依托标准化的数据库，利用先进的数据分析工具，对知识进行创新管理，并提出个性化的解决方案，汤森路透经过了从信息服务商到专业知识服务商的服务范式的演进。这些都是我国的数字出版和信息服务业需要借鉴和学习的地方。要在数字经济时代激烈的信息服务竞争中脱颖而出，立于不败之地，首先需要拥有高品质、细分化的专业知识库。“知识库的建立需要大量的二次编辑和内容条目的深度加工工作，例如知识单元的切分、知识条目的标引、知识关联的建立、知识主题的聚合、内容篇章的重组等。”[1]由此，下一步需要的就是数据深度分析和内容挖掘能力的提高，这能为信息和知识产权商业利益的转化打下良好的基础。最后，还要以用户目标为驱动力，针对用户的特点和需求，为用户定制专业知识库，或者为用户提供问题解决方案。专业的知识服务商可以通过和持续的与用户进行交流和互动，挖掘隐性知识，为用户提供高价值密度的知识创新管理服务。深度信息、专业数据库和个性化的问题解决方案，都是高品质的知识服务商不可或缺的良好素质，也是我们要努力的方向。

4.3.8 新浪微博——用户、服务与关系的聚合机制

作为 web2.0 时代最具代表性的产品，微博在互联网微力量的吸纳、聚合以及社会化开发、商业应用方面给新媒体生态带来了结构性的影响，成为政治传播和商业传播的重要平台，对中国社会的舆情集散、品牌塑造、口碑营销等产生了较大影响。从公众角度来看，微博被视为表达灵活、使用便捷的自媒体，拥有较大的自组织功能；从机构角度来看，则需要将分散、自为的自媒体呈现为有社会化开发价值的媒介产品体系。这一具有挑战性的运营课题是 web2.0 时代网络内容生产及开发的关键问题，其核心机制就在于对自媒体的原生态活力进行有机聚合，基于这种有机聚合效应来推送服务和铸造关系。

本文将以中国最成功的新浪微博为例，从用户拓展、服务创新、关系聚合三个方面进行发展模式分析。新浪微博从 2009 年正式开放公众注册到 2014 筹备在纳斯达克上市，其运营与盈利情况备受关注。2012 年 6 月，新浪网宣

---

1 王晓光. 专业知识库是专业出版商向服务提供商转型的发力点 [EB/OL]. [2014-01-06]. http://www.cdpi.cn/xzx/toutiaoyaowen/20140106/9425.html.

布以微博作为入口的网民首次超过门户，新浪集团于2013年末调整公司组织架构，正式确立以微博和门户为两大核心业务。微博被赋予了与门户同等重要的地位，在微信、网络金融等新的2.0产品不断推出的背景下，确立此种战略转型对于互联网产业格局而言无疑具有重要意义。

1. 微博传播平台的结构性特征

微博作为自媒体时代的产物，以“碎片化”的信息传播方式改变了人们获取信息与发表言论的方式，影响着人们的现实生活与社会交往。微博因其简单快捷的操作方式，较低的信息发布门槛以及随时随地发布信息的互动形式，使其区别于其他社会化媒体。笔者将从构成微博平台的三个结构要素——用户关系、内容提供以及营销环境——对其传播特性进行分析。

嵌套性与圈子化

微博与其他网络产品的根本差异在于其嵌套式的发展逻辑。微博产品之于互联网平台是一种植入式嵌套，“以每个用户为中心的人际关系网络在关注他人或被他人关注时，会嵌套到另外一个用户的圈子里，扩展自己的社会网络”。[1]

微博用户的信息传播行为影响其社会关系网络的建构与扩大。喻国明教授认为“通常情况下，每一个微博用户都有一个以自我为中心的社交网络圈子，以直接链接或者通过其他节点用户的桥梁作用进行间接链接的方式不断拓展着圈子的范围。”[2]也就是说，用户都会因为搜索其他信息而交错地嵌入到另外的圈子里。圈子的不断扩大对用户而言意味着其社交网络的不断扩大。

微博运营不断基于用户的需求进行优化与升级，基数庞大的复杂人群通过各种各样的圈子形成新的细分市场。新浪微博在这一分类上不断革新，如在微博名人堂中将所有名人按行业、地区和字母进行初级索引分类，又将娱乐明星按网络红人、娱乐产业、娱乐高管、影视明星等身份标签进行次级分类，方便粉丝选择自己喜欢的圈层关注。同时，用户之间的“互粉”功能也使兴趣、行为趋同的用户聚合。对企业而言，不同于传统大众传播模式，在微博平台上其与消费者之间是双向平等的互动传播关系。基于此，企业可以通过圈子实现分众营销传播，精准定位目标受众，在互动中更加了解目标人群的需求。

内容聚合与自媒体聚合

“微博影响力的动力机制内生于微博作为信息服务平台所激发的内容协同生产及基于用户社会关系网络打通的信息通路，其本质是对信息资源的凝聚

1　张佰明．嵌套性：网络微博发展的根本逻辑 [J]. 国际新闻界，2010 (6).

2　张佰明．嵌套性：网络微博发展的根本逻辑 [J]. 国际新闻界，2010 (6).

力和整合力。”[1]微博不仅提供信息浏览和沟通，同时也成为内容和自媒体聚合的平台。

微博在信息传播中最主要的特点就是推动了信息的自由流通与实时更新，使公众话语权提升，凸显自媒体与社交属性。每条微博不超过140个字，内容上的简化促成了受众发布行为的随意性和不确定性，每个人都可以随时随地成为信息的发出者。这改变了传统信息传播的角色设置，受众不再是传统意义上被动的信息接受者，而是积极加入到用户制造和信息分享的过程。

不同于web1.0时代强调门户的力量，以微博为代表的web2.0时代则更重视个体的力量，强调每个微博用户的个体价值。用户发布的每一条微博构成了整个互联网时代的长尾，所有微博内容聚合在一起就会产生巨大的影响和价值。web2.0时代关键问题是找到聚合内容的力量。微博通过“标签”帮助用户找到他们感兴趣的内容，同时使具有相同属性和共同兴趣爱好的用户取得联系实现“聚合”，方便用户对信息的集体分类和管理。

隐蔽性与半强制性的营销环境

微博的营销环境具有很强的“隐蔽性”，广告以及促销信息通常很巧妙地隐藏在微博ID的环境中，使得受众在接收微博信息时并没有直接感觉被广告打扰。在此过程中，广告信息通常是在受众自愿选择中不知不觉被接受，甚至很多人都未意识到微博广告的存在，广告产生的影响也潜移默化地作用于消费者的日常生活中。不难发现，微博上能引起网友最大反应与互动的往往是对于热点话题的讨论。其信息传播具有话题性消费强的特点。用户在接受以话题信息为基础的传播过程中，通常带有半强制性接受的特点。

根据CNNIC《第36次中国互联网发展状况统计报告》截至2015年6月，我国微博用户规模为2.0432亿。用户的数量庞大性决定其特点的复杂性，这也给企业广告投放带来巨大挑战。微博帮助企业实现精准化营销，主要通过大众分类标签，复杂的用户群通过爱好、身份形成分众市场，微博作为平台服务商根据不同标签聚合内容，并通过RSS技术实时同步推送给主动订阅的用户。此外，微博用户自主分众化形成的圈子，也为企业实现分众精准营销提供可能。微博用户的圈层分布对于广告主投放广告具有重要意义，通过产品定位寻找到与产品相契合的目标消费者，再到相匹配的植入环境，企业在节省开支的情况下借助微博实现更精准的广告投放行为。

2. 基于增值功能进行用户拓展

微博不仅是一种信息传播平台，借助社交媒体的互动性微博也可以作为

1　喻国明，欧亚，张佰明，王斌. 微博：从嵌套性机制到盈利模式——兼谈Twitter最受欢迎的十大应用 [J]. 青年记者, 2010 (21).

客户发掘平台和客户管理平台，这对于信息时代的机构用户具有增值意义。因此微博运营商在不断丰富个人微博用户服务的基础上，将目光投向机构用户，推出媒体版微博和企业版微博，通过提供传统网络平台不具有的多元功能聚合新的用户群体。

新闻深耕与媒体微博

媒体版微博是专门针对媒体蓝V用户推出的专业版微博。它在提供媒体内容阅读的同时，也成为媒体获取新闻线索与用户互动的平台。新浪为媒体版微博用户提供功能强大的媒体内容平台。在媒体版微博主页，除了原有用于显示信息流的“主页”外，新增加了“文章”“话题”“媒体简介”以及“粉丝服务平台”等按钮标签。“文章列表”使媒体内容更全面呈现，用户点击RSS订阅，即可将媒体网站上的文章呈现在微博“文章”标签页面中。媒体版微博还提供“文章”页面的编辑功能，受众可以直接在页面上编辑修改文章，实现多样化定制。

在“媒体简介”板块，除了关于媒体的简单介绍外，还将媒体关系矩阵呈现给受众。以南方报业为例，搜索南方报业进入其微博主页后，用户还会看到《南方日报》《南方都市报》《南方周末》等南方报业集团相关报纸的官方微博。在媒体版微博的右侧，还新增加了“趋势阅读”功能，根据不同用户的兴趣标签、媒体矩阵、用户关系等不同属性推荐相关媒体人及文章信息，并显示最多5篇当前综合热度最高的媒体用户文章。

新浪微博通过后台数据中心专业的粉丝分析系统以及高效的客服系统，帮助媒体更了解受众内容偏好，将相关内容更精准地推送到用户，提高媒体内容的传播力，同时能更好提升媒体品牌的影响力。增值版媒体微博新增“在线爆料”和“在线投稿”两个功能，可以有效提高媒体微博账号的活跃度，与粉丝建立更紧密的关系，同时也可以让媒体第一时间找到最具有新闻价值的草根内容，为其新闻报提供素材。

品牌互动与企业微博

对于企业用户而言，企业版微博是新浪为企业、机构用户量身打造的服务平台。它是一个基于客户关系的信息分享、获取以及传播平台。目前，企业版微博主要包括四大功能与应用，即信息设置、舆情监控、数据服务和营销工具。[1]

“信息设置”为企业提供个性化的品牌展示平台。根据不同的展示需求，企业用户可以设置不同模块，利用图片、视频、友情链接、企业简介等实现

1　新浪微博企业版 [EB/OL]. http://a.weibo.com/proc/productintro.php.

更具商业价值的展现。企业版微博还可以关联微博聚合，帮助企业实现多账号整合传播。例如搜索@华谊兄弟，进入华谊兄弟传媒集团官方微博后，用户还可发现其企业矩阵@华谊兄弟电影、@华谊兄弟时尚、@华谊兄弟电视剧以及其领导人@王中磊的微博。企业将不同的关联微博集中添加到一个模块中，当受众到达其官方微博时，能同时看到与之相关的子品牌、分支机构，甚至企业员工、高管、客服的微博头像，并选择关注，展开更深入高效的沟通。

新浪微博通过"舆情监控"功能，帮助企业即时洞察消费者对品牌的态度。企业版微博用户通过设置相关话题关键字，便可查看不同的受众群体（包括所有微博用户、粉丝和名人用户）对企业相关话题的讨论，即时发现用户的负面投诉或者恶意诋毁，及时响应，避免负面口碑扩散。

"数据服务"功能则借助新浪微博后台精准的数据分析，帮助企业有效检测品牌传播效果。具体来看，数据服务包括粉丝属性分析，对企业粉丝的基础属性（年龄、性别和地域分布）做出数据统计与分析；粉丝行为分析，通过分析粉丝对企业微博的关注、评论、转发等行为数据，帮助企业了解自身微博的运营状况，也为后续营销策略提供数据参考；页面流量统计，企业用户可以随时查看微博页面流量变化，了解受众对其关注情况以及品牌推广效果；短链点击统计，通过此服务企业用户可以检测官方微博账号创建的短链点击状况，并作为微博传播效果的重要指标。

企业还可利用微博"营销工具"功能实现个性化的传播和互动需求。具体来看，企业版微博用户可以发起各类线上或者落地活动，并且邀请用户参加。例如通过投票工具创建投票主题，进行受众的信息和意见收集，之后还可以追踪每一个参加投票受众的微博，查看更多信息，展开更具价值的沟通。例如，当用户进入@东来顺西直门店官方微博主页，在简介和地图模块，展示了店面地址、电话和对网友的承诺，在最显著的位置标明地址和电话方便消费者快速找到店面。同时在东来顺西直门店利用微博定制功能，将阶段性促销打折优惠活动重点展示，激发消费者的消费欲望。

企业版微博用户可以通过微博实现即时商业分享，同时与受众进行更直接的互动与沟通体验，即时洞察消费者的态度，找到企业的目标客户。

3. 基于社交传播进行营销服务创新

在尝试多样化拓展用户的同时，微博运营商也着力于建构一个更加完整和规范的微博营销生态系统，为其用户群体提供更具社交特质的营销服务。基于社交媒体特征进行的营销创新体现在社会化电商、舆情口碑监测、社交精准广告三个方面。

营销闭环与微博社会化电商

社会化电商又称社会化电子商务，是电子商务的一种衍生模式。它借助于社交网站、SNS、微博、社交媒体、网络媒介为传播途径，通过社交互动、用户自主生产内容等手段来辅助商品的购买和销售行为。[1] 在社交网络中，用户以相互之间基于真实身份、兴趣爱好等多种关系为纽带进行的信息传播的可信度较高，对于商家与消费者之间建立信任关系至关重要。除了消费者在购买前可以与企业充分沟通、了解品牌口碑外，微博的社会化电商服务最大优势在于电商用户、购买用户以及参与活动的用户又会成为企业新的粉丝，粉丝的积累为企业下一步营销推广带来更大空间。

随着微信等社交应用兴起，微博用户在一定程度上被分流。同时，微信率先推出“微信支付”功能，“微信 + 电商”的模式对于微博来说是个强劲对手。2013 年 8 月，新浪微博与阿里巴巴建立战略合作关系，携手推出新产品“微博淘宝版”。新浪与支付宝于 2014 年 1 月宣布全面打通微博与支付宝账号，联手推出微博支付，微博平台上的在线交易、线下商家的日常消费均可用微博客户端直接付款。至此，新浪微博作平台将消费者预约、下单、购买到支付的消费行为聚合成销售闭环，在帮助企业迅速获得高销售额，提高营销效率的同时，作为社会化媒体的微博还可以形成口碑传播，实现品牌忠实消费者的积累，为其二次消费打下基础。

2013 年夏天借势新产品“昵称瓶”的推出，可口可乐与新浪微博强强联手，以新浪微博为平台展开“定制版昵称瓶限量抢购”的整合营销推广。从预约、抢购、下单到最后的支付都在新浪微博平台完成。整个营销活动中，新浪帮助企业在微博平台上打通从消费者互动、广告投放、粉丝沉淀到客户管理、购买、分享的营销流程，形成一个完整的营销闭环。第一位消费者购买完成后会在新浪微博上分享购买心得，越来越多的消费者被不断吸引过来并参与到接下来的“闪购”中。这也解释了在活动期间销售时间越来越短的原因，新浪微博依靠口碑带动品牌影响力和销量的几何级递增，最终达到双赢的局面。

微博的社会化电商道路有一个重要前置条件：依赖于多个平台数据的打通。也即门户与微博平台的打通、微博与阿里平台账户打通、微博与支付宝支付平台账户打通。与电商平台数据互通之后对于数据的挖掘，将是微博电商化道路成功的关键。我们需要意识到大多数用户都是利用碎片化的时间使用微博，因此无论社交媒体做电商还是电商平台做社交都需要寻找到能够在极

1　王婷婷 . 浅析社交电子商务经营模式——以奔驰 Smart 微博售车为例 [J]. 新闻知识，2013 (10).

短时间内吸引其用户关注的广告创意、表现形式等，注意把握创意的互动性。

情感强势与舆情口碑监测

微博内容及时更新、嵌套式传播，进一步推进了网络舆情的发展，微博舆论也成了网络舆论中最具影响力的一种。无论是明星名人，还是草根民众都可以在微博上自由表达意见、分享信息。基于此，微博舆情与口碑监测对企业而言至关重要。值得注意的是，微博中对事件、人物、企业的意见和评价虽然多种多样，但是基于“关注 - 粉丝”建立起来的传播关系更多体现为同声相求，这就使得企业在有效争取到核心公众的同时，这部分网络节点可以发挥情感认同把有关的态度和意见转化为更大范围的情感强势。相较之于传统的公关措施，微博更能快速聚合优势意见。

微博已经形成一整套对于舆情的监测、应对、处理方案，从口碑来源、口碑声量、口碑质量等多个维度来帮助企业审视品牌口碑的状况和健康度。为广告主提供全方位的口碑整合营销服务，包括品牌舆情监测、舆情数据分析、舆情引导管理等。加多宝在“对不起”社会化营销过程中，抛弃了过去“内容 + 渠道”的传统传播策略，采用“口碑营销”全程在其新浪官方微博上发布内容、与消费者互动，而未采用任何媒介代理渠道，成为借助于微博的社会化营销经典案例。

2013 年 2 月 4 日，在与广药的商标争夺战中败北后，加多宝在其官方微博上连续发出四条主题为“对不起”的自嘲文案，分别是“对不起，是我们太笨，用了 17 年的时间才把中国的凉茶做成唯一可以比肩可口可乐的品牌”、“对不起，是我们太自私，连续 6 年全国销量领先，没有帮助竞争队友修建工厂、完善渠道、快速成长”、“对不起，是我们无能，卖凉茶可以，打官司不行”、“对不起，是我们出身草根，彻彻底底是民企的基因”，并配以婴儿哭泣的图片，引发了上万微博网友转发，使得加多宝重新赢得了消费者的理解与信赖。

加多宝“对不起”系列 4 条官方微博引发网友超过 4 万次转发，平均单条评论 3597 次，转发层级最高达到 18 层，覆盖人数遍及 28 个省市自治区，总计超过一亿用户。根据拓尔思社会化媒体研究提供的数据报告，以 2013 年 2 月 4 日为时间节点，加多宝在微博上的品牌美誉度在前后一个月之间，由 29.62% 上升至 50%，增长 20%。同时，有 87.73% 的网友力挺加多宝，76.56% 的网友认为加多宝的营销很出色。从媒体和网民的反应来看，加多宝“对不起”社会化营销以新浪微博为平台，抓住人们同情弱者的心理，与消费者互动占据其内心，可谓“输了关司，赢了人心”。

圈子社区与社交精准广告

以微博为代表的社交广告，以投放目标的精确性而备受广告主的青睐。营销活动从企业粉丝开始，借助于微博广告的互动分享性，最终形成大范围的社会化传播，提高了目标用户的忠诚度，增强了品牌黏性。目前微博广告大概有按钮广告、网幅广告、关键字广告、话题植入式、内容植入式等广告形式。根据新浪日前发布的2015年第四季度财报，新浪广告营收达到1.763亿美元，微博广告收入为7920万美元，同比增长53%，增长显著。微博广告在新浪整体广告收入占比已达44.9%，微博广告成为新浪广告业务增长的强劲动力。

新浪微博实现精准营销主要表现在通过粉丝的聚合而进行精准传播。一方面，通过RSS将信息推送到订阅者，满足用户对信息的即时性和个性化需求，另一方面，用户通过自主分化所聚合形成的圈子社区，为企业实现精准传播提供可能性。

知名汽车品牌凯迪拉克联手新浪微博，通过社交精准广告与内容营销，结合明星话题与品牌历史，成功打造了一场“这就是风范”的营销活动。凯迪拉克发挥强大的内容创造能力，预先设定与品牌相关的10个关键词，如时尚、赛车、艺术等，借由新浪微博社交广告，根据用户标签与兴趣图谱，将10个维度100个品牌故事以及营销信息准确推送给感兴趣的用户。微博热门话题将关于“这就是风范”相关微博话题聚合，引发网友的二次创作与传播，通过与粉丝的交流，让粉丝带动粉丝，达到精准投放的目的。与此同时，借助于知名媒体人、明星等“意见领袖”的参与，总共产生34万条“这就是风范”微博话题，转发超过10万人次，成功向新浪微博5亿用户展示了凯迪拉克的品牌精神与风范。

基于用户关系信息传播的微博社交广告将会对整个广告行业产生重要影响，它将会成为纽带连接整个广告业的各个环节如广告公司、策划公司、运营公司、应用公司、数据公司、咨询公司的纽带。借助于自主广告系统，社交广告模式正在逐渐成熟。

4. 基于粉丝信息圈进行关系聚合

企业从单纯将微博作为信息传播工具到利用微博进行营销的转变，关键是与目标受众建立联系、发生关系，倾听并与之有效互动。区别于传统的媒体用户与企业的不平等关系，微博平台上的用户与企业的交互关系基本平等，传播方式也由大众传播向人际传播转变。微博信息传播呈现出用户自我组织和去中心化的人际传播特征，使得微博内容碎片化。

社交媒体时代，“粉丝”的概念已经不同于之前的追星族，置于互联网中的粉丝用户呈现出分散、自发的状态。借助新浪微博的粉丝聚合机制可以将松散的用户和用户关系、用户和品牌关系、用户和企业关系，有效地转化为成规模的、可利用的商业资源。企业利用新浪微博发掘并覆盖潜在消费者、与消费者构建关系，同时激发品牌受众表达与主动传播企业信息。微博的粉丝聚合机制主要通过以下三种微博产品实现。

基于竞价广告的粉丝通

“粉丝通”是新浪推出的基于微博平台的社会化精准营销产品，它具有普通微博的全部功能，如赞、转发、评论、收藏等。基于新浪微博的海量用户，“粉丝通”可以将企业信息广泛且有针对性地覆盖粉丝及潜在消费者。当用户刷新微博时，“粉丝通”推广微博会出现在首页并置顶显示。同一条推广微博只会对用户展现一次，新浪微博的精准广告推荐引擎会控制用户每天所看到的推广微博数量，避免引起用户对品牌的反感。“粉丝通”的优势在于海量触达、精准投放和多维传播。它会根据受众的个人信息（年龄、性别、地域等）、兴趣行为和社交关系将品牌信息精准地投放给目标人群，同时充分发掘并覆盖潜在消费者。

凡客诚品与《中国好声音》于去年 8 月达成了战略合作，启动了“我要怒放的生命”品牌营销活动。凡客诚品粉丝量较多，但粉丝活跃度有待提高。因此需要借助账号粉丝之外的粉丝进行品牌与活动信息的传播与推广。凡客诚品利用“粉丝通”对整个微博平台粉丝进行条件筛选，将广告精确投放。同时，凡客诚品原有的粉丝、《中国好声音》节目粉丝、中国好声音明星学员的粉丝之间相互影响、渗透，形成二次传播。此过程中凡客诚品的品牌知名度得到了最大限度的曝光与传播。

基于信息流的粉丝头条

一般情况下，用户每天收到海量的微博信息，而且微博信息具有较强的时效性，企业在精准投放广告上面临挑战。新浪微博推出“粉丝头条”为企业提供精准广告投放服务。企业通过“粉丝头条”发布广告微博时，该账号的粉丝在 24 小时内首次刷新微博时，企业微博都会出现在微博信息流的第一条。“粉丝头条”可以在 PC 端、移动终端等多平台投放，只有企业粉丝可见，其最长时效是 24 小时，一个自然日内只能设置一条头条微博，且不会对用户使用微博的体验过程产生过多干扰。

2013 年天猫商城精心打造“双十一”购物狂欢节以破纪录的 350 亿元的成交额成功收官。除了国际、国内知名大品牌，本土的中小淘宝店也使劲浑身解数企图在这场购物狂欢盛宴中分一杯羹。女包品牌伊米妮就利用粉丝头条发布了“我是购物狂”的晒单赢返现活动，用户只需要加入微博话题 # 我是购物狂 #，并 @ 伊米妮女包，晒截图，就有机会赢得现金反馈。活动引起女性微博用户的巨大反响，最终也成就了伊米妮进入天猫“双十一“购物狂欢节女包销售量前十名。

基于 feed 流的粉丝服务平台

“新浪微博 feed 流是一个基于关注关系的信息流，是一种关注即看连续消息的高效获取信息方式。”[1]基于微博信息流平台，新浪推出了名为粉丝服务平台的产品，强化其关系聚合的平台价值。粉丝服务平台是认证用户为主动订阅其微博的粉丝提供精彩内容和互动服务的平台。[2]粉丝服务平台的关键在于“服务”，一切行为源自与用户的“主动订阅”行为。举例来说，携程旅行网开通粉丝服务平台，为订阅粉丝提供最新的旅游攻略、机票打折优惠、活动互动、在线下单等服务。粉丝也可以通过订阅和关键字自定义等方式，获取自己想要的特定国家的旅游攻略等个性化信息。

新浪微博推动了业界称为“Page 化”的改革，加大平台“关系服务”的延伸。除了个人用户外，在微博平台上增加了专业版（媒体、企业）与兴趣点（电影、音乐、图书、位置、物品）两种应用，重新梳理出任意两个节点之间“赞”“关注”“订阅”的关系，将微博打造成为个人公众形象展示平台，而非仅仅是可以看历史微博的平台。

目前，新浪微博率先整合图书与音乐类用户，为其提供音乐 page 与图书 page。比如打开歌手孙燕姿的微博主页，用户首先看到的是她最新的音乐作品，并且可以在线播放。进入“音乐作品”页面，还可以看到孙燕姿所发行的所有音乐歌曲，同时还有根据网友对歌曲的喜爱程度排序的歌曲最赞排行；而打开畅销书作家郭敬明的微博，最先呈现的是他的小说，用户可以在线阅读或者直接下单购买。更进一步，新浪微博还会与更多第三方合作，为其提供 page 页服务，将其微博主页升级成为业务中心，包含业务咨询、业务介绍、产品展示、在线购买等丰富内容。

微博通过粉丝服务平台实现关系聚合，借助于 Page 页为用户提供更为完善的信息展示平台，同时集成专业版微博等一系列产品相互配合，最大程度上集合受众的注意力资源，与用户建立关系，强化其平台服务价值。

微博作为拥有广泛用户基础的产品来说，目前已不仅仅定位于社交网络，同时也是用户使用其他应用服务的网络入口。微博已由信息分享平台转变成为“营销与服务”平台，为用户提供从信息获取到网上购物、为企业提供从信息发布、舆情口碑监测到社会化营销、电商平台的一站式服务。微博运营商在重新构建一个以“用户 + 服务 + 关系”为核心的互联网生态系统。

1　新浪微博产品经理解读 Page[EB/OL]. [2013-10-16]. http://it.sohu.com/20131016/n388284604.shtml.

2　新浪微博粉丝服务平台 [EB/OL]. http://e.weibo.com/v1/public/aggregation/home.

结 语

本书为社科基金项目成果，最初申报题目是“数字出版盈利模式研究”，因数字出版是一种新兴出版业态，我们对其发展速度预判不足，以国外的经验来看，数字出版的盈利需要较长一段时间的市场培育，象亚马逊书店、巴诺网上书店、谷歌数字图书馆等企业在数字出版领域也都历经了多年的探索，才刚刚摸索出其盈利模式的雏形。我国数字出版由于起步较晚，至 2012 年，无论是传统出版领域还是新兴技术企业，可供总结的数字出版盈利模式还非常少，因此，课题组申报了一年的延期，并将研究课题由“数字出版盈利模式研究”延伸为“数字出版商业模式研究”。

课题研究经前期的问卷调查、中期的市场和企业调研、后期的资料研究与课题撰写，最终按预定时间顺利完成，并将研究成果形成一个研究报告和一部研究专著。

在三年多的研究中，课题组成员收集了国内数字出版商业模式的研究资料，进行了详细调研工作，从传统出版与数字出版的概念解析到两者之间商业模式差异比较，再到国内外典型案例详细剖析，对中外数字出版的商业模式进行了系统梳理与总结，以期为正处在转型中的传统出版单位提供一些有参考价值的指导建议，从而更加明确自身在数字化浪潮中的定位，更理性地把握数字出版商业模式的发展方向。

由于这是国内第一部数字出版商业模式研究的专著，在研究过程中，课题组力求起到抛砖引玉的作用，对数字出版商业模式的进一步研究提供一些研究基础，并为后来者提供些许借鉴与引导。数字出版是一新兴学科，在研究中，我们有大量独创性提法，观点是否准确，概念内涵与外延是否完备，还有待时间的检验。

数字出版本身发展非常快，其商业模式本身也在不断探索与创新，今后，课题组还将在现有研究的基础上，持续关注中外数字出版新的商业模式，为我国数字出版企业探索商业模式提供智力支持，为我国数字出版事业尽一份微薄之力。

参考文献

[1] 陈超英 . 传统出版社向数字出版跨越的三条路径 [J]. 出版发行研究 , 2010 (7): 58-60.

[2] 陈楚 . 基于价值链理论的创意产业赢利模式探析 [J]. 科技进步与对策 , 2007 (3): 13-15.

[3] 程维红 , 任胜利 , 路文如 , 严谨 , 王应宽 , 方梅 . 我国科技期刊由传统出版向数字出版转型的对策建议 [J]. 中国科技期刊研究 , 2011 (4): 467-474.

[4] 傅强 . 数字出版 : 新的革命 [J]. 浙江大学学报 , 2008 (4): 15-16.

[5] 高建华 .2.0 时代的赢利模式——从过剩经济到丰饶经济 [M]. 北京：京华出版社 , 2007.

[6] 葛存山 , 张志林 , 黄孝章 . 数字出版的概念和运作模式分析 [J]. 北京印刷学院学报 , 2008 (5): 1-4.

[7] 郭全中 . 微博及其盈利模式研究 [J]. 新闻与写作 , 2010 (3): 47-49.

[8] 黄华 . 中国社交网站（SNS）商业模式发展研究 [D]. 上海 : 上海师范大学 , 2010: 1-5.

[9] 黄孝章 , 张志林 , 陈丹 . 数字出版产业发展研究 [M]. 北京：知识产权出版社 , 2011.

[10] 李苏园 . 谈谈网络时代的按需印刷 [J]. 图书情报知识 , 2002 (6): 90.

[11] 李振勇 . 商道逻辑成功商业模式设计指南 [M]. 北京：水利水电出版社 , 2009.

[12] 李振勇 . 商业模式：企业竞争的最高形态 [M]. 北京：新华出版社 , 2006.

[13] 刘贵富 . 产业链基本理论研究 [D]. 吉林 : 吉林大学 , 2006: 1-3.

[14] 罗珉 . 商业模式的理论框架述评 [J]. 当代经济管理 , 2009 (11): 1-8.

[15] 聂震宁 . 数字出版 : 距离成熟还有长路要走 [J]. 出版科学 , 2009 (1): 5-10.

[16] 彭学龙 . "复制" 版权之反思与重建 [J]. 知识产权 , 2005 (2): 47-49.

[17] 石培新 . 新经济现象及预测 [M]. 贵州：贵州人民出版社 , 2001.

[18] 汪向东 . 中国：面对互联网时代的 "新经济" [M]. 北京：生活 · 读书 · 新知三联书店 , 2003.

[19] 汪忠 . 数字出版的商业模式与传统出版企业的数字出版发展 [J]. 出版

发行研究 , 2008 (8): 58-63.

[20] 夏德元 . 数字出版与传播研究 [M]. 上海：上海人民出版社 , 2012.

[21] 新闻出版总署科技与数字出版司 . 实践 . 探索 . 启迪 - 数字出版案例选编 [M]. 北京：中国书籍出版社 , 2011.

[22] 熊玉涛 . 简谈数字出版的赢利模式及发展 [J]. 出版发行研究 , 2010 (6): 54-56.

[23] 徐飞 , 黄丹 . 企业战略管理 [M]. 北京：北京大学出版社 , 2008.

[24] 徐丽芳 , 刘锦宏 . 数字学术出版经济问题研究综述 [J]. 出版科学 , 2006 (6): 66-68.

[25] 余琛 , 赵雪芹 . 我国数字出版产业链问题分析 [J]. 现代商贸工业 , 2008(4):116-117.

[26] 庾志成 . 移动互联网的发展现状和发展趋势 [J]. 移动通信 , 2008 (9): 12-14.

[27] 郑松涛 . 我国数字出版发展态势分析 [J]. 河北青年管理干部学院学报 , 2006 (1): 22-23.

[28] 中国出版科学研究所 . 编辑实用百科全书 [M]. 北京 : 中国书籍出版社 , 1994: 8-14.

[29] 中国新闻出版研究院 .2010-2011 年中国数字出版年度报告 [M]. 北京 : 中国书籍出版社 , 2012: 28-36.

[30] 钟嵘（约 468 ～约 518）《诗品》中有记载：“《行路难》是东阳柴廓所造。（齐释）宝月堂憩其家，会廓士，因窃而有之。廓子赍手本出都，欲论此事，乃厚烙止之。”

[31] 周林、李明山：《中国版权史研究文献》，中国方正出版社 1999 年 11 月第 1 版，第 3-4 页。

[32] 周林：“中国著作权史研究的几条浅系，”载《著作权》2000 年第 1 期。

[33] 周蔚华等 . 数字传播与出版转型 [M]. 北京：北京大学出版社 , 2011.

[34] 曾楚宏 , 朱仁宏 , 李孔岳 . 基于价值链理论的商业模式分类及其演化规律 [J]. 财经科学 , 2008 (6): 102-110.

[35] 邹昭晞 . 公司战略经济学 [M]. 北京：首都经济贸易大学出版社 , 2006.

[36] Books in the Cloud: Business Moves Around eBooks Julio Alonso Arévalol, José Antonio Cordón García, Raquel Gómez-Díaz.

[37] Business Model Sustainability in Book Publishing Publishing Research Quarterly June 2012, Volume 28, Issue 2, pp 100-115.

[38] Business Models in Digital Book Publishing: Some Insights from Australia Xuemei Tian Æ Bill Martin Published online: 28 April 2009 Springer Science+Business Media, LLC 2009.

[39] Cheeniyil Lakshmi Kutty*, Jayasree Kaippillil Prabhakaran Hewlett Packard Global Delivery India Centre, Bangalore,INDIA SPIE-IS&T Electronic Imaging, SPIE Vol. 6076, 607604.

[40] Digital Convergence and the Future of Book Publishing: Is E-booka Viable Alternative? John Malala, University of Central Florida, Florida, USA THE INTERNATIONAL JOURNAL OF THE BOOK, VOLUME 5, NUMBER 2, 2008.

[41] Digital Publishing in Europe: a Focus on France, Germany, Italy and Spain Cristina Mussinelli Published online: 11 September 2010, Springer Science+Business Media, LLC 2010.

[42] Ebooks in libraries: an overview of the current situation Ashcroft, Linda Library Management, Volume 32, Numbers 6-7, 2011, pp. 398-407(10).

[43] Impacting Forces on eBook Business Models Development Publishing Research Quarterly September 2011, Volume 27, Issue 3, pp 230-246.

[44] In from the Edge: The Progressive Evolution of Publishing in the Age of Digital Abundance James Lichtenberg Published online: 20 March 2011 Springer Science+Business Media, LLC 2011.

[45] Innovating for the Mobile End-User Market: Amazon's Kindle 2 Strategy as Emerging Business Model Loebbecke, C. 2010 Ninth International Conference on Mobile Business and 2010 Ninth Global Mobility Roundtable (ICMB-GMR).

[46] Merging publishers' and libraries' institutional interests through business modelling Oliver Braet, (2011), "Merging publishers" and libraries' institutional interests through business modelling', Library Management, Vol. 33 Iss: 1 pp. 112-120.

[47] Michael Morris, Minet Schindebutte, and Jeffrey Allen. The entrepreneur's business model: Toward a unified perspective [J]. Journal of Business Research, 2003, 58 (1): 726-753.

[48] New Economy, new strategy, the latest digital technology innovations and applications Neerja Raman Hewlett Packard Laboratories, SPIE-IS&T Electronic Imaging, SPIE Vol. 6076, 60760F.

[49] Personalized Direct Marketing using Digital Publishing.

[50] Rappa. M Managing the digital enterprise-business models on the

Web[EB/OL].http: //digital enterpriseorg/models/models html, 2001.

[51] Rethinking Monographic Acquisition: Developing a Demand-Driven Purchase Model Michael Levine-Clark, Stephen Bosch, Kim Anderson, Matt Nauman.

[52] Sustaining Scholarly Publishing: New Business Models for University Presses: a report of the aaup task force on economic models for scholarly publishing Lynne Withey, Steve Cohn, Ellen Faran, Michael Jensen, Garrett Kiely, Eill Underwood, Bruce Wilcox, Richard Brown, Peter Givler, Alex Holzman, and Kathleen Keane Journal of Scholarly Publishing July 2011 doi: 10.3138/jsp.42.4.397 2011 The Association of American University Presses.This article is reprinted under a Creative Commons licence.

[53] The Future of Google Books: Infringement, Fair Use, and New Possibilities KenneTh Crews, KDC2113@Columbia.eDu, Columbia universiTy.

[54] Timmers. P, Busineess models for electronic markets [J]. Journal on Electronic Markets, 1998, 8 (2): 3-81.

[55] Weill, P, and Vitale.M R Place to space:Migrating to e business models [M]. MA: Harvard Business School Press, 2001: 96-101.